Nelles Verlag

Foto: S-F (Shutterstock.com)

Vereinigte Arabische Emirate

Autor:
Henning Neuschäffer

VEREINIGTE ARABISCHE EMIRATE

KARTENVERZEICHNIS

© Nelles Verlag GmbH, München

VEREINIGTE ARABISCHE EMIRATE

IMPRESSUM / KARTENLEGENDE

Liebe Leserin, lieber Leser,

AKTUALITÄT wird in der Nelles-Reihe groß geschrieben. Unsere Korrespondenten dokumentieren laufend die Veränderungen der weltweiten Reiseszene, und unsere Kartografen berichtigen ständig die auf den Text abgestimmten Karten.

Wir freuen uns über jeden Korrekturhinweis! Unsere Adresse: Nelles Verlag, Machtlfinger Str. 26 Rgb., D-81379 München, Tel. +49 (0)89 3571940, Fax +49 (0)89 35719430, E-Mail: Info@Nelles.com, Internet: www.Nelles.com

Haftungsbeschränkung: Trotz sorgfältiger Bearbeitung können fehlerhafte Angaben nicht ausgeschlossen werden, der Verlag lehnt jegliche Produkthaftung ab. Alle Angaben ohne Gewähr. Firmen, Produkte und Objekte sind subjektiv ausgewählt und bewertet.

LEGENDE

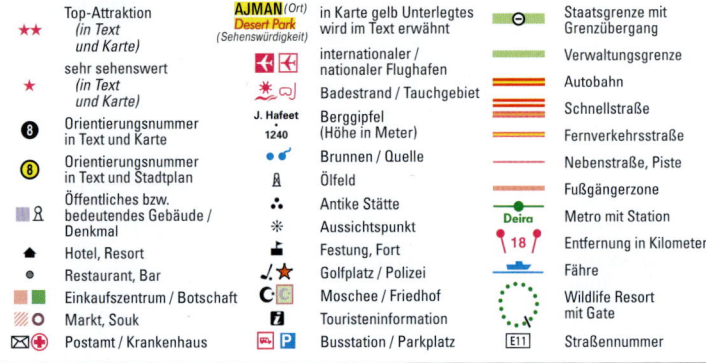

IMPRESSUM

VEREINIGTE ARABISCHE EMIRATE
© Nelles® Verlag GmbH
81379 München
All rights reserved

Druck: Bayerlein, Germany
Einband durch DBGM geschützt

1 FEATURES

2 LANDESKUNDE

3 EMIRAT ABU DHABI

4 EMIRAT DUBAI

Die Schreibweisen arabischer Begriffe (wie z. B. Zayed / Saeed; al- / Al) weichen teils voneinander ab, da sowohl in den einzelnen Emiraten als auch in der europäischen Touristik unterschiedliche Transliterations-Systeme angewandt werden.

Kamele am Wüstenhorizont

HÖHEPUNKTE

★★Emirates Palace/ Abu Dhabi (S. 89): Die schiere Größe dieses 2 Milliarden Petrodollar teuren Hotelpalastes und die Dekoration im Inneren sind imposant (Anmeldung nötig; Eintritt). Anschließend ein Bummel auf Abu Dhabis Strandpromenade **★Corniche Park**.

★★Sheikh-Zayed-Moschee/ Abu Dhabi (S. 95): Die größte Moschee des Landes strahlt Erhabenheit und Eleganz aus. Das Interieur ist prachtvoll.

★★Louvre Abu Dhabi (S. 96): Kunst aus aller Welt und Epochen – zu sehen sind u. a. berühmte Gemälde von Edouard Manet, Mondrian, Gauguin, Murillo, Jacques-Louis David, Giovanni Bellini, Picasso, Jacob Jordaens, Gustave Caillebotte, Osman Hamdi Bey und Leonardo da Vinci.

★Ferrari World / Abu Dhabi (S. 97): Vom Hightech-Fahrsimulator bis zum Puzzlespiel gibt es hier fast alles; u.a. **Formula Rossa**, die schnellste Achterbahn der Welt, und **Flying Aces** eine weitere Achterbahn für den Nervenkitzel.

★★Creek-Tour/ Dubai (S. 135): Eine Creek-Tour ist ein Muss – einfach mit einer **Abra** (Wassertaxi) nach Deira übersetzen, auf einer gecharterten Abra an den Hochhäusern entlanggleiten oder auf einer **Dhau** bei einem **★Dinnercruise** auf dem Wasser speisen.

★★Dubai Museum (S. 146): Unter Dubais alter Burg (von 1787) lässt sich im neuen Untergeschoss das Basarleben der 1950er Jahre nachempfinden – bis hin zu den Originaldüften.

★★Burj Khalifa / Dubai (S. 167): Der Andrang für die halbstündige Besichtigung des mit 828 Metern höchsten Gebäudes der Erde in Dubai ist enorm. Vorab reservieren! Begehrt sind die Nachmittagsstunden, um das Panorama von den Aussichtsetagen in 452 und 555 Metern Höhe zu genießen.

★★Madinat Jumeirah / Dubai (S. 163): Ein beliebter Treff für Jung und Alt, Araber wie Europäer. In den Gassen des nachgebauten Marktes finden sich edle Souvenirs, und es gibt für fast jeden Geschmack das richtige Restaurant.

★★Jumeirah Bab Al Shams / Dubai (S. 171): Nobles Wüstenhotel, von der Dachterrasse herrlicher Blick in die Wüste zum Sonnenuntergang; feine arabische Küche im allein schon besuchenswerten Wüstenrestaurant. Täglich um 17 Uhr Falkenshow!

★Gewürzmarkt und **★Goldmarkt / Dubai** (S. 128 u. 132): Neben dem orientalischen Gewürzmarkt glitzert es aus den 300 Läden des Goldmarktes.

★Local House und **★Arabian Tea House / Dubai** (S. 150): Das Restaurant Local House im **★★Bastakia-Viertel** ist ideal, um authentische arabische Gerichte zu probieren; das Arabian Tea House daneben serviert Snacks im Innenhof eines historischen Hauses.

★Dubai Mall / Jumeirah (S. 168): Das große Einkaufszentrum Dubais am Burj Khalifa bietet neben 1200 Geschäften ein umfangreiches Freizeitangebot und eines der weltgrößten Aquarien.

★Rooftop Lounge & Terrace / Dubai (S. 180): Die Lounge auf dem Dach des One & Only Royal Mirage Arabian Court Hotel am Jumeirah Beach ist einer der besten Plätze, um den Tag bei einem Cocktail ausklingen zu lassen.

★★Sharjah Heritage Area und **Art Area** (S. 197): Allein dieser großen Heritage Area wegen sollte man in Erwägung ziehen, einmal nach Sharjah zu fahren. Die Museen haben viel zu zeigen, ebenso wie die Künstler und das Kunstmuseum der Art Area.

★Fischmarkt / Sharjah (S. 196): In der „Fischbraterei" am Ende des Marktes kann man sich preiswert seinen frischen Einkauf zubereiten lassen. Sitzgelegenheit bieten die Plätze am Ittihad Square.

★Ras al Khaimah Museum (S. 219): Kein Superlativ, aber mit Liebe zum Detail gestaltet. Wenn man schon einmal in Ras al Khaimah ist, lohnt ein Besuch.

Rechts: Das Burj al Arab – Symbol einer Hotellerie der Superlative.

Foto: Thomas Stankiewicz

EINSTIMMUNG

An einem lauen Abend bis spät in die Nacht in die Sterne schauen, ein Glas Wein in der Hand und die Garantie, dass es morgen nochmal so schön wird; das leise Rauschen von Wellen am Sandstrand, während die Kinder nach einem aufregenden Tag in einem der Vergnügungsparks selig schlummern – das kann man in den Vereinigten Arabischen Emiraten erleben. Wobei diese orientalische Perle am Persischen Golf mit ihrer exzellenten Hotellerie und dem umfassenden (Wasser-)Sportangebot mehr als Sonne, Sand und Strand zu bieten hat. Denn da ist auch noch der Schnee! In der Indoorskihalle von Dubai kann man Buckelpisten bezwingen oder Schneemänner bauen. Direkt nebenan lockt die gigantische Mall of the Emirates, eine von mehreren fantastischen Einkaufserlebniswelten.

Lieber mehr Kultur? Dubai stellt in etlichen Galerien die Werke orientalischer Künstler aus. Abu Dhabi will künftig mit Niederlassungen von Guggenheim und Louvre aufwarten, und allein schon die umwerfende Architektur dieser neuen Kunstmuseen ist einen Besuch wert; nicht allein wegen des derzeit höchsten Gebäudes der Welt, des spektakulären Burj Khalifa in Dubai, belegen die Emirate einen Spitzenplatz in der Baukunst – willkommen im „Übermorgenland"! Die Rivalität zwischen der Hauptstadt Abu Dhabi und dem Touristenzentrum Dubai lässt immer wieder, mit der Hilfe unzähliger Gastarbeiter, neue Besucherattraktionen der Superlative entstehen.

Das alkoholfreie Emirat Sharjah profiliert sich als Kulturzentrum. Ajman empfiehlt sich für ruhigen Strandurlaub, ebenso Fujairah an der Ostküste. Omans wilde Gebirgshalbinsel Musandam lässt sich auf einem Ausflug über die kleineren Emirate Umm al Quwain und Ras al Khaimah erreichen zu gestalten.

Die Natur im Landesinneren der Emirate wird von der Wüste bestimmt, und ein Sonnenuntergang über den Dünen des Leeren Viertels, der größten Sandwüste der Erde, gehört zu den schönsten Momenten eines Emirate-Urlaubs.

Um 4000 v. Chr. Etwa um diese Zeit werden die ersten Menschen im Gebiet der heutigen Emirate sesshaft.

3500-2700 v. Chr. Hafit-Periode, benannt nach Gräbern am Fuß des Jebel Hafit bei Al Ain; erste Kultur, die hier Metall verwendet.

2500-1800 v. Chr. Umm-al-Nar-Periode. In Teilen der Emirate und Oman entwickelt sich ein Land namens Magan, das wegen seines Kupfers zu einem wichtigen Handelspartner Mesopotamiens wird; sein Handelsnetz auf der Arabischen Halbinsel erstreckt sich via Al Ain bis an die Küste der heutigen Emirate.

1250-350 v. Chr. Eisenzeit, zahlreiche Funde.

550 v. Chr. Unter Kyros dem Großen verstärkt sich der persische Einfluss im Gebiet der Emirate, *falaj*-Bewässerungskanäle entstehen.

324 v. Chr. Alexander der Große beauftragt seinen Navigator Nearchos mit der Erkundung des Persischen Golfes; vermutlich gehen einige antike griechische Siedlungen in und um Dubai auf diese Fahrt zurück.

2. Jh. n. Chr. Die Vorfahren der heutigen arabischen Stämme verlassen den Jemen und verteilen sich in den nächsten Jahrhunderten über die gesamte Arabische Halbinsel.

570-632 Leben des Propheten Mohammed, Begründer des Islams.

622 Mohammed flieht aus seiner Heimatstadt Mekka nach Medina. Mit dieser Flucht (*hidschra*) beginnt die islamische Zeitrechnung.

633 Araber aus Mekka und Medina unterwerfen die Golfküste der heutigen VAE.

711 Arabische Eroberer schaffen ein islamisches Weltreich, das vom Indus bis nach Spanien reicht; die Khalifen residieren in Damaskus.

8. Jh. Die Stadt Julfar (nahe dem heutigen Ras Al Khaimah) besitzt einen wichtigen Hafen, über den auch der Handel mit China abgewickelt wird.

1497 Der omanische Navigator Ahmed bin Majid weist dem Portugiesen Vasco da Gama den Weg nach Indien.

1507-1650 Dank überlegener Waffen gelingt es der portugiesischen Flotte, die Küsten Omans und des Persischen Golfs zu erobern.

1515 Portugiesen erobern den Hafen Julfar.

1761 Gründung der Siedlung Abu Dhabi durch Mitglieder der Bani-Yas-Stammesföderation, deren Siedlungsgebiet am Rande des Leeren Viertels bei den Liwa-Oasen liegt.

1800 Die Anhänger des Wahhabismus (einer erzkonservativen Auslegung des Sunna-Islams) fallen von dem Gebiet des heutigen Saudi-Arabien in den Oasen um Al Ain ein. In späteren Jahren wiederholte Attacken, zuletzt 1952 – dann allerdings wegen Erdöl.

1805 Militärische Aktion gegen den „Piraten-Stamm" der Qawasim bei Ras al Khaimah.

1820 Ras al Khaimah wird durch Beschuss der englischen Marine im Kampf gegen Piraten völlig zerstört, anschließend werden Verträge mit den Emiren ausgehandelt.

Foto: DTCM Frankfurt (Fremdenverkehrsamt Dubai)

Eine geschnitzte und beschlagene Tür zeigt die Kunstfertigkeit früherer Generationen.

1833 Etwa 800 Mitglieder der Bani-Yas-Föderation verlassen nach internen Streitigkeiten Abu Dhabi und wandern nach Dubai. Dort besetzen sie die Festung, proklamieren ihre „Unabhängigkeit" und gründen ein eigenes Emirat: Dubai.

1853 Abschluss des „immerwährenden Friedensvertrages" zwischen Großbritannien und den Emiren der Golfküste; die Piratenküste wandelt sich in die „Vertragsküste".

1855-1909 Zayed I. bin Khalifa al Nahyan, genannt „Zayed der Große", regiert in Abu Dhabi.

1902 Persische Händler meiden die hohen Zollgebühren ihrer Heimathäfen und lassen sich vorwiegend in Dubai nieder.

1928 Scheich Shakhbut wird Herrscher von Abu Dhabi.

1930 Die Erfindung der Zuchtperle in Japan führt zum Ende der traditionellen Perlentaucherei. Indische Händler lassen sich nieder, und Dubai beginnt mit dem Goldhandel.

1932 In Sharjah wird der erste Flughafen eröffnet: für die britische Imperial Airways und deren Route

Scheich Saeed al Maktoum regierte das Emirat Dubai von 1912 bis 1958.

England – Indien – Australien.

1939 Die britische Iraq Petroleum Company erhält die Ölkonzession für Abu Dhabi.

1946 In Dubai eröffnet die erste Bank.

1952 Saudis besetzen die Buraimi-Oasen nahe Al Ain – es geht um Erdöl. Unterstützt werden sie von der US-Firma ARAMCO.

1958 Erdölfunde in Abu Dhabi. Scheich Rashid bin Saeed al Maktoum wird Herrscher von Dubai und Gründervater der modernen Stadt.

1966 Erste Ölfunde in Dubai. Scheich Zayed II. bin

Sultan al Nahyan löst seinen Bruder Scheich Shakbut als Regent Abu Dhabis ab.

1968 England will alle Besitzungen östlich von Suez aufgeben. Beginn der Verhandlungen zur Gründung der VAE; die Emirate haben zusammen nur 180 000 Einwohner.

1971 Die Emirate Abu Dhabi, Dubai, Sharjah, Ajman, Umm al Quwain und Fujairah unterzeichnen am 2. Dezember den Staatsgründungsvertrag. Das Emirat Ras al Khaimah schließt sich drei Monate später der Föderation an. Oberstes Staatsorgan wird der 7-köpfige „Oberste Rat der Scheichs", mit einem Vetorecht für Abu Dhabi und Dubai.

1973 Erster Ölfund in Sharjah.

1981 Die sechs Anrainerstaaten des Persischen Golfs – Saudi-Arabien, Bahrain, Qatar, Kuwait, VAE und Oman – gründen angesichts des Iran-Irak-Kriegs den Golf-Kooperationsrat (GCC); erst Militärbündnis, heute auch Wirtschaftskooperation.

1985 Dubai gründet die Airline Emirates.

2003 Die Bevölkerung der VAE ist auf 4 Millionen angewachsen (über 75% Ausländer)

2004 Am 2.11. stirbt der erste Präsident und Gründervater der VAE, Scheich Zayed bin Sultan al Nahyan; Nachfolger wird sein Sohn Scheich Khalifa bin Zayed al Nahyan.

2006 Der Emir von Dubai stirbt, Erbprinz ist Scheich Mohammed bin Rashid al Maktoum.

2008 Die erste künstliche Insel in Palmenform, The Palm Jumeirah in Dubai wird fertig gestellt.

2009 Dubai eröffnet seine Metro. Finanzkrise; überdimensionierte Bauprojekte werden gestoppt.

2010 Der Burj Khalifa in Dubai, das mit 828 m höchste Gebäude der Erde, wird dank einer großen Finanzspritze aus Abu Dhabi fertiggestellt. In Abu Dhabi eröffnet der Themenpark Ferrari World.

2012 JW Marriott Marquis Dubai (355 m) eröffnet.

2014 In Dubai geht die neue Trambahn in Betrieb.

2016 Rd. 90 % der 2,3 Mio Dubaier sind Ausländer.

2019 In Dubai ist der künftig wohl über 900 m hohe Dubai Creek Tower in Bau.

2021 Das AKW Barakah, im äußersten Westen der VAE, geht in Betrieb.

2021/2022 Die wegen der COVID-19-Pandemie verschobene Weltausstellung findet von Oktober 2021 bis März 2022 unter dem Namen "Expo 2020" in Dubai statt, mit 23 Mio. Besuchern.

2022 Mohammed bin Zayed Al Nahyan aus Abu Dhabi wird neuer Präsident der VAE. Wer für mindestens 1,36 Millionen US-Dollar eine Immobilie in Dubai erwirbt, kann ein Fünfjahresvisum erhalten.

Foto: Peter Franzisky (Bedu Expeditionen)

Zwei Falkner zeigen ihre Dressurmethoden beim Hotel Bab al Shams

Foto: Camerapix

DIE DATTELPALME – BAUM DES LEBENS

Da die Dattelpalme (*Phoenix dactylifera*) in den Oasen der Wüste oft das höchste Gewächs war, sagte man, um seine Glücksgefühle auszudrücken „*ana fauq an-nakhl* – ich bin über der (Dattel-) Palme". Das ist das arabische Äquivalent zum deutschen „Ich bin im siebten Himmel" und dokumentiert die Bedeutung der bis zu 30 m hohen Palme und ihrer Früchte in vergangenen Zeiten. Denn die Dattel stellte bis zur Mitte des 20. Jh. eines der wichtigsten Grundnahrungsmittel auf der Arabischen Halbinsel und an der Golfküste dar. Da sie reichlich vorhanden und für jedermann erschwinglich war, nannte man sie in Oman *umm al faqir*, Mutter der Armen. Die Bergbewohner des Hajjar und die Beduinen im Leeren Viertel brachten ihr großen Respekt entgegen. Die Shihu, ein Stamm der bergigen Musandam-Halbinsel, kamen im Herbst in die Küstenebenen und verdienten sich bei der Dattelernte ein Zubrot; für die nomadisierenden Beduinen war die haltbare Dattel eine Lebensversicherung auf ihren langen Wegen bei der Suche nach Weidegründen. Der englische Reisende Wilfred Thesiger, der in den 1940er Jahren in Begleitung von Beduinen mehrmals das Leere Viertel durchquerte, berichtet in seinem Buch „Die Brunnen der Wüste", wie einer seiner Begleiter einen Dattelkern aus dem Feuer holte, den Thesiger achtlos hineingeworfen hatte.

Ebenso wertvoll war die Palme als Baumaterial: Der Stamm diente als Deckenstütze für den Hausbau, die Strünke der starken Palmwedel als Fenster- oder Türsturz. Sogar für Tempel verwendete man ihr Holz, so für den des Mondgottes Nanna in der sumerischen Stadt Ur in Mesopotamien (Irak). Aus den langen Blättern flocht man Bodenmatten, Transportkörbe, Fliegenwedel oder Fächer. In Ägypten fand sich eine über 5000 Jahre alte Mumie, die in ein Gewand aus Dattelblättern gehüllt war.

Kulturpflanze seit 7000 Jahren

Der genaue Ursprung der Dattelpalme als Nutzpflanze liegt noch im Dunkeln. Ägypter und Syrer könnten schon vor 8000 Jahren im Schatten dieser Pflanze gesessen sein, wie Tempelreliefs zeigen. Der Archäologe Geoffrey Bibby vertritt dagegen die These, dass sie erstmals im Industal gepflanzt wurde, u. a. weil sich hier die bisher ältesten, versteinerten Dattelkerne aus dem 6. Jahrtausend v. Chr. fanden. Von dort trat sie dann ihren Siegeszug durch den Orient an. Weiter verbreitet wurde sie möglicherweise auch dadurch, dass die griechischen Soldaten von Alexander dem Großen auf ihrem langen Marsch an ihren Rastplätzen Kerne auf den Boden spuckten.

In den Emiraten kannte man die Dattel schon vor 7000 Jahren, wie zwei 1998 auf der Insel Dalma bei Abu Dhabi gefundene Dattelkerne beweisen. Allerdings lag keine entsprechende Pflanzung in der Nähe, weshalb die Datteln wohl von Händlern stammten. Heute sind auf der Arabischen Halbinsel 422 000 ha mit Palmen bepflanzt; allein in den Emiraten stehen ca. 35 Millionen Pflanzen. Es gibt über 100 Dattelsorten, von saftig bis mehlig, wobei ein Großteil heute als Viehfutter verwendet wird. Die Qualität hängt u. a. von der Sonneneinstrahlung, der Bewässerung, dem Boden und dem Salzgehalt von Wasser und Erde ab. Ihre Wurzeln können bis zu 25 Meter in die Tiefe reichen, und je mehr Wasser ihnen zur Verfügung steht, um so süßer schmecken die Früchte. Im Winter kommen die Bäume mit etwa 7 Liter pro Tag aus, im Sommer haben sie jedoch Durst und brauchen das Vierfache. Nicht umsonst besagt ein Sprichwort, dass eine Palme mit dem Haupt in der Sonne und mit den Füßen im Wasser stehen sollte.

Links: Dattelernte.

Frostempfindliche Diva

Die frostempfindliche Dattelpalme, die eine Jahresdurchschnittstemperatur von mindestens 21 °C verlangt, ist eine Diva unter den Kulturpflanzen. Sie verlangt viel Aufmerksamkeit und Pflege. Die Blätter müssen gestutzt werden, damit die Palme in die Höhe wächst und nicht als Busch verkümmert. Dazu benutzen die Gärtner ein besonderes Messer, das man auf vielen Beduinenmärkten sieht. Es sieht ein bisschen aus wie eine Mondsichel mit Griff und Zähnen, damit werden die Blattstrünke nah am Stamm abgesägt. Um beide Hände für die Ernte freizuhaben, verwendet man einen breiten Gurt, ähnlich wie ihn Gewichtheber tragen, nur dass die Enden des Gurtes in einer Schlaufe enden. An diesen Schlaufen wird ein um den Dattelstamm geworfenes Seil befestigt. Ist der Gärtner oben im Wipfel, stemmt er sich mit den Füßen gegen den Stamm, hängt mit seinem ganzen Gewicht im Gurt und sägt die bis zu 10 Kilo schweren Fruchttrispen ab – keine ungefährliche Aufgabe. So mancher Gärtner ist bei dieser Arbeit schon aus 8 oder 9 m Höhe abgestürzt.

Besondere Kenntnisse und Sorgfalt verlangt die Pflege des Nachwuchses. Zwar stehen genug Kerne zur Verfügung, aber aus Erfahrung weiß man, dass die Früchte aus einer Dattelkern-Palme nicht die Qualität des Mutterbaumes erreichen. Die natürlichen Sprösslinge sind besser geeignet, doch man muss warten, bis sie ausreichend Wurzeln entwickelt haben, und selbst dann ist eine Umpflanzung heikel, viele gehen ein. Hinzu kommen Schädlinge wie der Rote Palmenrüssler, ein gefräßiger Käfer; Termiten oder die Dattelmotte. Bereits im jugendlichen Alter von 5 bis 8 Jahren können die Bäume Früchte tragen, doch erst nach weiteren 30 Jahren sind sie erwachsen und bringen den vollen Ertrag. Eine starke Palme erfreut ihren Besitzer bis zum Alter von 70-80 Jahren mit 50-150 Kilo pro Ernte, danach geht sie langsam in Ruhestand.

Dattelpalmen sind Windbestäuber, es gibt männliche und weibliche Palmen. Wenn sich im Frühjahr die männlichen Samen entwickelt haben, kann man nur hoffen, dass der Wind aus der richtigen Richtung weht, denn nur weibliche Bäume tragen Früchte. Darauf will man sich natürlich nicht verlassen und hilft seit jeher kräftig nach. Sei es, dass man die männlichen Blütenstände direkt in den weiblichen Baum bindet oder aber mit starken Gebläsen jede Palme gezielt bestäubt.

Dattel als Medizin

Der Vitamingehalt einer Dattel ist so hoch, dass schon sieben dieser Früchte die Tagesration eines Erwachsenen decken. Fast 50 verschiedene Mineralien und Spurenelemente – darunter Kalium, Kalzium, Eisen – und zudem Eiweiß sollen in den daumengroßen Früchten enthalten sein. Ihr hoher Zuckergehalt sorgt dafür, dass sie frisch oder getrocknet lange haltbar ist. Das war nicht nur für die Beduinen, sondern auch für die arabischen Seeleute von Bedeutung. Während den Besatzungen der europäischen Windjammer vergangener Jahrhunderte der Skorbut (eine Vitamin-Mangelkrankheit) die Zähne aus dem Mund fallen ließ, erfreuten sich ihre arabischen Kollegen auf den langen Reisen nach Indien, China oder Ostafrika bester Gesundheit. Apropos Haltbarkeit: Im Frühjahr 2005 gelang es israelischen Wissenschaftlern, aus einem Dattelkern einen Sprössling zu ziehen – der Kern war 2000 Jahre alt!

Dattel und Kern fanden auch Verwendung als Heilmittel. So stellte man aus Dattelmus, zerriebenen Kernen, getrockneter Myrrhe und Bienenwachs eine Paste her und rieb damit geschwollene Gliedmaßen ein. Timothy Severin berichtet in seinem Buch „Auf den Spu-

Foto: Camerapix

ren Sindbads" davon, wie die Omanis üble Quetschungen eines Schiffsbesatzungsmitgliedes mit einem Brei aus zerstampften Datteln und Salz erfolgreich behandelten. Aber auch gegen die kleinen Beschwerden zwischendurch konnte die Frucht eingesetzt werden. Gegen ständiges Niesen sollte ein wenig Dattelsaft in die Nasenflügel getropft werden. Zeigte sich ein Mann lustlos, sollte eine Mixtur aus Dattelsirup, Zimt und Kamel- oder Ziegenmilch seiner Libido auf die Sprünge helfen. Und selbst gegen schwachen Haarwuchs gab es ein Rezept: Man nehme den Knochen eines Hundes, eine Hand voll Dattelkerne und den Huf eines Esels, verkoche alles mit ordentlich Fett zu einer stark riechenden Paste und trage sie auf die betroffene Stellen auf.

Das mag kurios klingen, doch die medizinische Forschung hat tatsächlich eine heilende Wirkung von Dattelextrakten festgestellt. Auffallend ist die geringe Anfälligkeit der Beduinen für Krebserkrankungen – vielleicht wegen des hohen Dattelkonsums?

Datteln in der Religion

Allah hat die Erde und alles auf ihr geschaffen, die Palme war laut Überlieferung aber eher ein Versehen. Als er nämlich den Menschen fertig hatte, war noch ein Batzen Lehm übrig, und daraus formte er dann flugs eine Dattelpalme. Datteln waren die Lieblingsspeise des Propheten Mohammed, dessen Haus in Medina in einem Palmenhain stand, und er bezeichnete sie als ein Geschenk Gottes. Im Koran, der die Pflanze 26 mal erwähnt, wird sie auch Baum des Lebens genannt, der im Garten Eden wuchs. An anderer Stelle wird berichtet, die heilige Maria habe von dem Baum gegessen, als sie mit Jesus schwanger war: „Und schüttele den Stamm der Palme in deine Richtung, und sie wird frische reife Datteln auf dich fallen lassen. So iss und trink und sei frohen Mutes."

Noch heute legen viele Emiratis Wert darauf, im Fastenmonat Ramadan nach traditioneller Sitte als erstes ein paar Datteln zu essen, wenn die Sonne untergegangen ist.

DHAUS – DIE ARABISCHEN HOLZSCHIFFE

Kaum hat der Kapitän den Befehl zum Setzen des Segels gegeben, hallt es aus dunklen Kehlen über das Deck. „Muu-su-rek-ja-mo-ha-med, muu-su-rek-ja-mo-ha-med", kräftige Hände fassen das raue Hanftau und ziehen das charakteristische Dreiecksegel der Dhau in die Höhe. Über 1300 Jahre erklang dieser melodische Ruf, frei übersetzt mit „zuugleich", bis er 1970 vom Geratter der Dieselmotoren ersetzt wurde.

Auf den ersten Blick erwecken die Holzschiffe nicht unbedingt den Eindruck, als könne man damit mehr als eine der heute bei den Besuchern Dubais beliebte Dinnercruise im ruhigen Creek unternehmen. Schon Marco Polo hatte über die arabische Flotte gespottet: „Ihre Schiffe sind sehr schlecht, und viele von ihnen gehen unter, weil sie nicht mit Eisennägeln gebaut sind, sondern mit Fäden aus Kokosnussschalen zusammengenäht werden. [...] Und ich gebe Euch mein Wort, dass die meisten versinken, denn auf dem Indischen Ozean geht es oft sehr stürmisch zu". Herr Polo wäre vermutlich vorsichtiger gewesen mit seinem Urteil, hätte er mehr von der zu seiner Zeit schon beinahe 500 Jahre währenden Geschichte arabischen Seehandels gewusst.

Bis nach China

Bereits im 8. Jahrhundert segelten arabische Seefahrer mit ihren genähten Booten entlang der Küste Südarabiens nach Ostafrika und Sansibar und handelten mit Elfenbein, Gewürzen oder dem damaligen „schwarzen Gold" – Sklaven. Ein lukratives Geschäft, konnte die menschliche „Ware" doch mit 100 Prozent Gewinn in den Emiraten oder Oman verkauft werden. Ein Großteil der einfachen Schiffsbesatzung (*baharri*) bestand ebenfalls aus Sklaven. Um 750 war der erste Omani, Abu Ubayda, sogar bis ins entfernte China gesegelt und hatte einen der lukrativsten Märkte in der Geschichte der Seefahrt erschlossen. Bei nur einmaliger Fahrt konnte ein Händler so viel verdienen, dass ein sorgenfreier Lebensabend garantiert war. Allerdings dauerte eine Chinareise mindestens anderthalb bis zwei Jahre, also erheblich länger als der 5-Monats-Turn nach Ostafrika – und viele Händler kehrten nicht zurück. Noch Anfang des 20. Jahrhunderts ging trotz verbesserter Navigationsgeräte jedes zehnte Schiff verloren. Gehandelt wurde mit Gold, Edelsteinen, Seide, Gewürzen und teurem Porzellan – noch heute findet man in älteren Moscheen Arabiens und Ostafrikas chinesisches Porzellan als ein Zeichen der Wertschätzung in die Wände um die Gebetsnische gemauert.

Meister der Navigation

Die Fahrt nach China war eine navigatorische Meisterleistung. Zu Beginn des Überseehandels wagten sich die Seefahrer mangels Orientierungspunkten noch nicht aufs offene Meer und segelten entlang der Küsten zu ihren Zielhäfen. Markante Felsformationen erhielten prägnante Namen wie „Die Nase des Propheten" oder „Eselskopf" und waren jedem Kapitän geläufig. Doch die Wege an der Küste waren lang und bargen mit Untiefen, Stürmen und Piraten viele Gefahren.

Zwei Dinge ermöglichten schließlich die direkte Überfahrt der Ozeane. Ein kleines Holzbrett (*kamal*), am Ende einer Schnur befestigt, war ein einfach zu bedienendes Navigationsinstrument und gestattete eine bis auf ca. 50 Kilometer genaue Positionsbestimmung. Man peilte den Polar- und andere Sterne an und konnte zumindest die geografische Breite ermitteln, auf der sich ein Schiff befand (man nennt das auch Breitensegeln) und jeden beliebigen Zielhafen

Links: Immer noch seetüchtig – eine traditionelle Dhau bei einer Regatta.

ansteuern. Die Namen verschiedener Fixsterne wie Aldebaran, Algenib oder Algol gehen auf die Zeit zurück, als arabische Gelehrte die Kunst der Astronavigation entwickelten und Ozeane überquerten, während europäische Kapitäne noch Probleme hatten, das andere Ende des Ärmelkanals zu finden. Einer der berühmtesten arabischen Navigatoren war der Omani Ahmed bin Majid. Im 15. Jahrhundert verfasste er mehrere Bücher über die Navigation, in denen sämtliche Praktiken arabischer Kursbestimmung zusammengefasst sind. Daraus ging hervor, dass die Araber nicht einfach auf gut Glück losgesegelt waren, sondern ihre Wege genau berechnet hatten. In der europäischen Literatur wird der Portugiese Vasco da Gama als Entdecker des Seeweges nach Indien genannt. Unerwähnt bleibt, dass es ein arabischer Navigator war, den er in Ostafrika angeheuert hatte – der Legende nach jener Ahmed bin Majid – und von dem er sich den Weg zeigen ließ!

Die zweite Voraussetzung war die Kenntnis über die Regelmäßigkeit der Monsunwinde, die zweimal im Jahr die Richtung wechseln. Wenn im Spätherbst der Nordwestmonsun (*kazkazi*) einsetzte, war es Zeit, gen Indien aufzubrechen. An der Südspitze des Subkontinents angekommen wurden im Hafen von Calicut Proviant und Frischwasser aufgefüllt und Handel getrieben, bis der Südwestmonsun (*kuzi*) einsetzte, der die Schiffe nach China brachte. Timothy Severin, der 1980 mit einem Originalnachbau eines genähten Bootes diese Strecke bewältigte, beschreibt in seinem Buch „Auf den Spuren Sindbads von Arabien nach China" u. a. sehr eindrücklich, welch großen Wetterschwankungen die Besatzungen ausgesetzt waren. Wochenlange Flaute ließ sein Schiff kaum von der Stelle kommen,

nur um plötzlich von den heftigsten Windböen gebeutelt zu werden, sodass selbst ein 30 Zentimeter dicker Holzbalken wie ein Streichholz zerbrach. Aber Severin bewies, dass die arabischen Dhaus absolut hochseetauglich waren – genau wie ihre Besatzungen, trotz der kargen Lebensbedingungen. Für Vorräte war nicht viel Platz, lediglich Reis und Datteln waren ausreichend an Bord, aber auch diese Vorräte konnten bei einer zu langen Flaute zur Neige gehen. Frischwasser musste durch Regen nachgefüllt werden, und wenn des Abends am Ende der Schleppangelleine kein Fisch zappelte, gab es entweder Reis mit Datteln oder Datteln mit Reis. Für Hängematten oder gar Kojen war kein Platz, wie in früheren Zeiten suchte sich die Mannschaft ein freies Plätzchen an Deck.

Schiffsbau

Der Bau eines jeden Schiffes begann mit der Kiellegung. Dazu musste zunächst der passende Baumstamm gefunden werden, denn der Kiel sollte wegen der Stabilität aus einem Stück und nicht aus zwei aneinandergesetzten Balken bestehen. Überhaupt war der Kiel das wichtigste Teil eines Neubaus, denn anhand seiner Länge und Stärke bestimmte der Baumeister (*qallaf*) die spätere Form und Größe des gesamten Schiffes. Und alles ohne Bauplan! Aus dem Gedächtnis heraus gab er seiner Mannschaft aus Schreinern, Seilern und Segelmachern die nötigen Anweisungen, um innerhalb eines Jahres aus 140 Tonnen Teakholz, das aus Indien oder Persien stammte, einen großen Chinasegler zu bauen. Die Werkzeuge waren einfach: Mit Krummaxt, Hobel und Handsäge wurden Kiel, Spanten und Planken in die rechte Form gebracht. Um letztere mit ausreichend „Zwirn" vernähen zu können, drehte man aus ca. 640 000 Meter (!) Kokosfäden die nötigen Seile und bohrte 20 000 Löcher. Um die scharfen Lochkanten ab-

---

Rechts: Holzboote werden heute gerne für stilvolle Ausflüge genutzt.

Foto: Comexpix

zufeilen, verwendete man die rauen Schwänze von Stechrochen.

Ein guter Baumeister hatte immer mehrere Schiffsmodelle im Kopf, deren Größe übrigens in ihrem Fassungsvermögen von Dattelkörben angegeben wird. Bei einem 22 m langen Schiff waren das z. B. 660 Dattelkörbe, und dem Kenner sagt diese Zahl, dass es sich um ein großes Frachtschiff, eine *boom* handelt. Das Wort Dhau ist kein arabisches, es stammt aus einem der vielen ostafrikanischen Dialekte, und die Araber unterscheiden z. B. die kuwaitische *boom* (wie sie auch in den VAE genannt wird) von der indischen *kotia* und der omanischen *baggala*. Bei den großen Schiffen, die der Tourist heute in den Häfen liegen sieht, handelt es sich um letzteren Typ. Bei den Fischern ist heute noch ein etwas kleinerer Typ beliebt, der sich *sambuq* nennt. Man erkennt ihn an dem hochgezogenen Bug, der meist schwarzweiß bemalt ist.

Mit dem Eintreffen der Portugiesen um 1507 veränderten sich Architektur und Bauweise. Die arabischen Bau-

meister integrierten verschiedene Stilelemente, so z. B. das flache Heck oder Schnitzmuster, gravierendste Änderung war jedoch die Einführung eiserner Nägel. Jetzt, zu Beginn des neuen Jahrtausends, scheint das Ende der Dhaus gekommen. Eine Flotte dieser ehrwürdigen Schiffe legt zwar immer noch an die Kais von Dubai und Sharjah an, doch es werden keine neuen mehr gebaut – sie sind zu teuer!

Und was wird aus dem Seemannsgarn? Etwa der Geschichte, dass sich der Eisennagel lange nicht durchsetzen konnte, weil sich angeblich irgendwo auf dem Meeresgrund ein riesiger Magnet befände und sämtliche Nägel aus den Planken zöge, sobald ein Schiff darüber segelte – was selbstverständlich mit „eigenen Augen" gesehen worden war. Oder der Geschichte mit dem Hai? Ein Hai durfte nicht gegessen werden, wenn er einen Menschen verschlungen hatte, und so wurde sein Mageninhalt genau untersucht. Dabei soll einmal der gesamte Goldschmuck einer indischen Prinzessin gefunden worden sein ...

FALKEN

Als der teure Vogel zu lange in der Luft kreist und dann auch noch Richtung Hoteldach entschwebt und sich dort niederlässt, macht sich eine leichte Unruhe bei den beiden jungen Männern breit. Sie ahmen den Lockruf nach, dem ihr Vogel in langen Wochen und Monaten des Trainings zu folgen gelernt hat, eine tote Taube wird als Lockmittel am langen Seil durch die Luft geschwenkt. Als der Falke schließlich herabgleitet und sich auf die Taube stürzt, ist alles wieder im Lot, und das Lächeln kehrt in die Gesichter der beiden Falkner zurück. Was die Zuschauer der durchaus interessanten Falkenshow nahe dem Hotel Bab Al Shams, gut 50 Kilometer außerhalb von Dubai gelegen, zu sehen bekommen, ist heute ein weltweit beliebter Sport, dessen Tradition als überlebenswichtige Jagdart weit in die Vergangenheit zurückreicht.

Seine Ursprünge liegen irgendwo im Staub der offenen Steppengebiete Zentralasiens, die einem Jäger kaum Deckungsmöglichkeiten boten, um nahe genug an das begehrte Wildfleisch heranzukommen. Die Fluchtdistanzen waren zu groß, und selbst auf Pferden konnte das Wild kaum eingeholt werden. Wie die Beduinen Arabiens hatten deshalb auch diese Jäger Hunde bei sich, um ein müde gehetztes Tier niederreißen zu können, aber für die Hatz auf Flugwild war ein Hund denkbar ungeeignet. Vor etwa vor 4000 Jahren kam dann jemandem die kühne Idee, einen Raubvogel zu zähmen und für die Jagd einzusetzen. In den Ruinen von Chorsabad, einer babylonischen Stadt im Iran, fand sich ein 3600 Jahre altes Relief mit Falknerdarstellungen. Ein assyrisches Rollsiegel aus der Zeit um 1300 v. Chr. gilt als weiterer Beleg für die frühe Verwendung von Greifvögeln. Marco Polo

berichtet, dass die Jagd bei den Mongolen und am Hofe Kublai Khans besonders gepflegt wurde. In Indien geht die Beizjagd der Maharadschas auf das 4 Jh. v. Chr. zurück.

Falknerei in Europa

Wann und wie die Falknerei nach Europa kam, darüber gibt es unterschiedliche Angaben. So heißt es in vielen Quellen etwa, sie sei mit den Hunnen in Verbindung zu bringen, denn der gefürchtete König Attila führte auf seinen Fahnen das gekrönte Haupt eines Falken. Wie dem auch sei, im fünften und sechsten Jahrhundert war sie bei den Adligen Europas ein beliebter Sport. Einer der größten Falkner des Mittelalters war der Hohenstaufen-Kaiser Friedrich der Zweite, der mit muslimischen Herrschern korrespondierte. Er setzte sich intensiv mit den Vögeln auseinander und sein Buch „De arte cum avibus" (Die Kunst mit Vögeln zu jagen) besitzt noch heute große Aussagekraft – immerhin stammt es aus dem Jahr 1220! Auch englische Könige oder russische Zaren unterhielten Falknerhaushalte, und selbst die ansonsten eher wenig vom Glück verwöhnte schottische Königin Maria Stuart soll sich eines Merlins erfreut haben.

Es gab genaue Auflistungen, wem welches Tier zustand: „Ein Adler für einen Kaiser, ein Gerfalke für einen König, ein Wanderfalke für einen Grafen, ein Merlin für eine Adelige, ein Habicht für einen Freisassen, ein Sperber für einen Priester, ein Muskat für den Weihwasservorsteher." Bemerkenswerterweise wurde diese Liste von einer Äbtissin erstellt, denn auch der Klerus ging dieser Leidenschaft nach. Leider fehlt in obiger Auflistung, welcher Vogel einer Nonne zustand – auch diese hielten sich mitunter einen Raubvogel. Überliefert ist zum Beispiel die Beschwerde einer Äbtissin, die sich darüber beklagte, dass die ehrwürdigen Schwestern die Vögel mit in die Kapelle brächten.

Links: Die Burqa (Augenmaske) dient dazu, den Falken zu beruhigen.

Von der Erwerbsjagd zum Hobby

Für die Beduinen Arabiens war die Beizjagd – der Begriff stammt von beißen, womit der Biss des Falken ins Genick seiner Beute bezeichnet wurde – eine reine Erwerbsjagd. Falken sind Zugvögel, und wenn sie im Herbst auf dem Weg nach Süden die Wüste überqueren mussten, war die beste Gelegenheit, einen zu fangen. Bevorzugt waren junge Tiere, die zwar schon einen Jagdinstinkt entwickelt hatten, aber noch zu unerfahren waren, um einen Lockvogel von richtiger Beute unterscheiden zu können, was wiederum wichtig für das Training war. Zunächst wurde ihm die Haube (*burqa*) über die Augen gestülpt, um ihn zu beruhigen, dann wurde er langsam an seine neuen Herren gewöhnt. Schließlich begann das Abrichten zur späteren Jagd auf Hasen, Füchse und Vögel wie die Kragentrappe (*hubara*), ein Zugvogel mit persischer Heimat, der heute nur noch selten vorkommt. Man ließ den Vogel hungern, um ihn zur Jagd zu inspirieren. Durch einen an ein langes Seil gebundenen toten Vogel gaukelte man ihm Beute vor, und sobald er diese „geschlagen" hatte, gab es eine Belohnung – damit der Falke später die Beute nicht selber fraß. Anfangs war der Falke über ein Seil mit seinem Besitzer verbunden, erst später ließ man ihn frei fliegen.

Dieses Training musste einst in vier Wochen abgeschlossen sein, denn die Jagdsaison stand kurz bevor. Heute nimmt man sich erheblich mehr Zeit dafür, da können acht bis neun Wochen vergehen. Und es gibt einen weiteren, sehr essentiellen Unterschied zwischen Jagd und Luxushobby: War die von Oktober bis Februar dauernde Zeit der Zugvögel und mit ihr die Jagdsaison vorbei, entließ man den Vogel zurück in die Freiheit, denn man wusste, dass er die heißen Sommermonate nicht überleben würde. Heute ermöglichen artgerechte Haltungsmöglichkeiten und Klimaanlagen ein Überleben. Dieser Aufwand ist verständlich, hieße es sonst doch, einen Vogel im Wert eines Oberklassewagens entfleuchen zu lassen. Denn ein Falke wird mit bis zu 100 000 € und mehr gehandelt. Manche Besitzer können sich nicht einmal für eine kurze Geschäftsreise von ihrem Schützling trennen – und so ist es in den Emiraten kein ungewöhnlicher Anblick, einen Herrn mit Falken auf dem Arm aus seinem Hotelzimmer treten zu sehen. Jagdfalken dürfen gratis mit Emirates Airlines fliegen – etwa zum Luxus-Falknercamp der Maktoums in Pakistan, zur Kragentrappenjagd.

Einen Namen als Falkeneinkaufsort hat sich die Stadt Sharjah erworben, die ihre „Ware" aus Pakistan und dem Iran importiert, auch Zuchtfalken (Hybride). Den Preis bestimmen mehrere Faktoren: Gattung, Alter, Gesundheit, Aussehen und Geschlecht. Weibliche Falken werden bevorzugt, da sie um etwa ein Drittel größer als die Männchen werden und als kräftiger gelten. Der Wanderoder Peregrinfalke (*Falco peregrinus*) ist sehr selten geworden, was seinen Preis in die Höhe treibt. Sehr beliebt ist der Würgfalke (*Falco cherrug*), auch Sakerfalke genannt (arab. *saqr*). Der Lanner oder Lannerfalke (*Falco biarmicus*) ist auf der Arabischen Halbinsel weit verbreitet und heißt dort *shahin wakri*. Kenner können ihn vom Wanderfalken durch die schlankere Gestalt und den schmaleren Schwanz sowie die niedrigere Flügelschlagfrequenz unterscheiden. Apropos Schwanz: dessen Federn sind für eine gute Flugfähigkeit bei allen Falken von besonderer Bedeutung, weshalb Käufer die Länge prüfen.

Falkenkliniken und Zuchtstationen

Ein Käufer sucht auch nach verheimlichten „Unfallschäden" – denn es kann vorkommen, dass sich ein Falke den Flügel oder auch Schwanzfedern bricht.

Rechts: Jagdfalken müssen lernen, ihre Beute beim Falkner abzuliefern.

Foto: Peter Franzisky (Bedu Expeditionen)

Dann kommt er ins Vogelkrankenhaus. In Abu Dhabi und Dubai gibt es Falkenkliniken. Ihre Ausstattung kann so manches arme Land seinen menschlichen Bewohnern nicht einmal annähernd bieten: Beheizbare OP-Tische sind noch das Geringste, Röntgen- und EKG-Gerät gehören zur Grundausstattung. Die Dubai Falcon Clinic verfügt sogar über drei Krankenwagen!

Während das Austauschen gebrochener Schwanzfedern oder die Behandlung entzündeter Füße – vom zu langen Sitzen auf der Stange – noch relativ unkompliziert sind, wird es bei der Behandlung von Hornhautrissen im Auge unter Vollnarkose schon komplizierter. Nach erfolgreicher Operation wird der „Patient" dann zur Beobachtung auf die Intensivstation verlegt. Kleinere Eingriffe wie das Entfernen von bedrohlichen Würmern werden bisweilen ambulant durchgeführt. Die Kliniken der VAE haben sich in den letzten Jahren einen derart guten Ruf erarbeitet, dass sogar die Falkner der Nachbarländer hierherkommen.

20 Jahre alt können Falken in Gefangenschaft werden, wenn nicht Infektionen oder Würmer sie vorzeitig dahinraffen. Deshalb gehen die meisten Falkenbesitzer zu einem regelmäßigen Check-up und statten ihren Vogel mit einem Mikrochip aus, der die Krankengeschichte speichert. So kann der Arzt nachvollziehen, wann und wogegen das Geschöpf geimpft wurde – und bei einem Diebstahl ist das Tier eindeutig zu identifizieren.

Inbegriff von Mut und Ausdauer

Falken gelten als Inbegriff von Mut, Stolz und Ausdauer, weshalb sie von Europa bis Asien Eingang in die Mythologie gefunden haben – der ägyptische Sonnengott Horus etwa hat einen Falkenkopf. Bei den Kelten galt der Falke als Mittler zwischen dieser Welt und dem Jenseits. Zum Zeichen ihrer Wertschätzung haben die Vereinigten Arabischen Emirate diesem Vogel eine besondere Ehre zukommen lassen – er prangt auf ihrem Staatswappen.

KAMELE

Ata Allah, ein Geschenk Gottes

Plötzlich Stille. Langsam stolziert sie über den Laufsteg, die Beine schlank und wohlgeformt, eine Augenweide. Die Hüfte wiegt sanft hin und her, ein Raunen geht durch die Menge. Die spitzen Lippen des Schmollmundes formen ein überlegenes Lächeln, die langen Wimpern sind ungeschminkt und echt, umrahmen dunkelbraune Augen, die im wahrsten Sinne des Wortes von oben herab auf die Jury blicken. Und dann dieser traumhafte – Höcker. Tja, auch so etwas gibt es in den Emiraten, einen Schönheitswettbewerb: die Wahl zur „Miss Kamel". Dabei müsste es korrekterweise „Miss Dromedar (*Camelus dromedarius*)" heißen. Ihr Gattungsgenosse *Camelus ferus*, das asiatische Trampeltier mit seinen zwei Höckern, darf nicht mitmachen.

Seit über 4000 Jahren ist das Kamel ein wesentlicher Bestandteil im Leben der Menschen Arabiens, und selbst wenn es heute nicht mehr die wichtige Rolle als Reit- und Packtier, Woll-, Milch- und Fleischlieferant spielt wie früher, wird es in Gesang, Tanz und Gedichten nach wie vor hoch verehrt. Dass die arabischen Wörter für Kamel (*dschamal*) und „schön" (*dschamiel*) derselben Wurzel entstammen, sagt viel über die Wertschätzung der Höckertiere aus! Diese konnte jedoch die Ablösung als Transportmittel durch das Auto seit den 1970er Jahren nicht verhindern. Nichtsdestotrotz gibt es heute noch über 100 000 Kamele, und sollte das Öl einmal alle und zugleich der Auslandsaktienbesitz der Emiratis nichts mehr wert sein, wird man womöglich auf seine außerordentlichen Fähigkeiten zum Überleben in der Wüste wieder zurückgreifen müssen – was den Tieren vermutlich leichter fallen würde als den heutigen Dubai'in,

die sich die Rückkehr in ein klimaanlagenfreies Kamelhirtendasein wohl kaum noch vorstellen können.

Wüstentauglichkeit

Durch einige erstaunliche Tricks der Natur ist dieses Tier wie kaum ein anderes den harschen Bedingungen angepasst. Die Wimpern sind nicht der Schönheit wegen so lang, sondern sollen die Augen vor Sand schützen – deshalb sind auch die Nüstern mit speziellen Muskeln verschließbar. Schon der Geschichtsschreiber Plinius berichtete, das Kamel besitze ein Organ zur Speicherung von Wasser. Das ist so nicht ganz richtig, denn es kann an verschiedenen Stellen in seinem Körper Wasserreserven anlegen – im Höcker allerdings nur indirekt: Im Höcker speichern Kamele zwischen 18 und 27 Pfund Fett, das zur Energiegewinnung verbrannt wird. Dabei wird Wasserstoff frei, der sich mit eingeatmetem Sauerstoff zu Wasser verbindet. Das ergibt pro Pfund Fett etwa einen halben Liter.

Im Enddarm entziehen besondere Zellen dem Kot fast den letzten Tropfen Flüssigkeit, ebenso wie die Nieren einen Großteil der Urin-Flüssigkeit resorbieren. Letztere ergibt übrigens mit Eigelb vermischt ein angeblich hervorragendes Haarshampoo. Kamele versuchen so wenig wie möglich zu schwitzen. Nachts sinkt ihre Körpertemperatur stark ab und steigt am Morgen nur langsam an. Wird es sehr heiß, kann sich ihr Blut bis auf 43 °C erwärmen – für andere Säugetiere eine tödliche Hitze! Denn wie auch der Mensch entziehen sie die benötigte Flüssigkeit dem Blut, es verdickt und dies führt zu Herzversagen. Das Kamel dagegen versorgt sich aus einem Vorrat, der im Gewebe, im Magen und angeblich sogar in den Hufen gespeichert wird. Verliert ein Mensch ca. 12 % seines Wasservorrats, stirbt er, ein Kamel kann bis zu 25 % abgeben und diesen Verlust innerhalb von zehn Minuten wieder gutmachen – so lange

Rechts: Zum Jahresende strömen Beduinen aus der Wüste zum Al Dhafra Festival in Madinat Zayed.

Foto: Katiekk (Shutterstock.com)

braucht es, um 120 Liter Wasser zu saufen.

„Behalt einen kühlen Kopf", sagt man bei uns. Das Kamel tut es durch eine geniale Klimaanlage: Beim Ausatmen wird der im Atem enthaltene Wasserdampf in der Nase aufgefangen, um damit jene Blutgefäße zu kühlen, die Hirn und Netzhaut der Augen versorgen. Fällt diese allerdings aus, z. B. bei einer Operation, stirbt das Tier.

Die Frage, wie lange ein Kamel ohne Wasser auskommt, hängt von der Jahreszeit ab, ob es mit bis zu 400 Kilo (nur auf Kurzstrecken!) beladen ist und wie viel frisches Futter ihm zur Verfügung steht, denn auch aus diesem bezieht es Feuchtigkeit. Unbepackt und „vollgetankt" kann es im heißen Sommer etwa 25 wasserlose Tage überstehen.

Kamelrennen

Kamele sind in Arabien ein althergebrachtes Statussymbol. Heutzutage besitzen wohlhabende Familien vor allem Rennkamele (al hejin). Jedes Jahr im Oktober wird die Eröffnung der Rennsaison zelebriert, besonders in Abu Dhabi, Dubai und Ras al Khaimah. Bis in den April hinein finden dann jede Woche am frühen Morgen oder späteren Abend mehrere Wettläufe statt. Dann ist Sommerpause. Doch schon im August geht es ans Training, zu dem auch regelmäßiges „Jogging" über 40 km gehören. Manchmal sieht man z. B. ein Auto am Straßenrand dahinschleichen, an dessen Stoßstange ein paar Tiere angebunden sind. Training!

Bereits im Alter von drei Jahren bestreiten Kamele ihren ersten Wettlauf, allerdings nicht gleich über die volle Distanz von 10 km; 5000 Meter reichen für den Anfang. Die nächsten zehn Jahre haben sie dann die Gelegenheit, in die Annalen des Rennsports einzugehen. Damit das gelingt und die Tiere bei Geschwindigkeiten von 35 km/h nicht schlapp machen, werden sie mit ausgesuchter Nahrung versorgt. Für deren Zusammenstellung wurden eigens Ernährungsspezialisten, u. a. aus den Niederlanden, engagiert, die eine Diät aus

Foto: Peter Franzisky (Bedu Expeditionen)

Milch, Hafer, Gerste, Datteln, Vitamin-zusätzen, Spurenelementen und Honig zusammenstellten. Leider ist auch dieser Sport nicht von Doping verschont geblieben, obwohl den Übeltätern neben drakonischen Strafen der Verlust ihres Ansehens droht. Neben Anabolika soll übrigens Kaffee angewendet werden. Bei manchen Rennen ist es die Regel, dass die drei Erstplatzierten eine Urinprobe abgeben müssen, bevor die Preise verteilt werden.

Zwar sind im Winter die Temperaturen für Rennen besser geeignet, leider fällt jedoch in diese Zeit auch die Brunft, weshalb strikt nach Geschlechtern getrennt an den Start gegangen wird. Rund 90 % der Renntiere sind weiblich, da Stuten leichter und schneller sind als Hengste. Um zu verhindern, dass die teuren Züchtungen der Scheichs jedes Rennen gewinnen, und weil man den stolzen Beduinen auch die Gelegenheit geben möchte, sich nicht nur untereinander zu messen, gibt es drei verschie-dene Kategorien. Erstens die Rennen der *hejin al shuyoukh,* (Scheichzüchtungen unter sich), zweitens die *shuyoukh* gegen die *al qaba'il* (Scheich- gegen Beduinenzüchtung) und schließlich die *'abna al qaba'il* (nur Beduinentiere).

Kinder-Jockeys und Jockey-Roboter

Lange umstritten war der Einsatz von Kinder-Jockeys für Kamelrennen in den VAE. Manche dieser Leichtge-wichte waren nur vier oder fünf Jahre alt, und da sie sich nicht alleine oben halten konnten, wurden die Steppkes auf dem Kamelrücken festgebunden. Viele hatten Angst, und immer wieder kam es zu – auch tödlichen – Unfällen, etwa wenn ein Tier stürzte oder sich die Fesseln des „Reiters" lockerten und er im vollen Galopp abgeworfen wurde. Es waren vor allem pakistanische, suda-nesische, mauretanische oder afghani-sche Kinder, die man diesen Gefahren aussetzte. Immer wieder gab es Ansät-ze, diese Praxis zu unterbinden, zuletzt 2005, als man in den VAE festlegte, dass

Oben: Auf dem Kamelmarkt von Al Ain.

ein Jockey (*rakbi*) mindestens 18 Jahre alt und 45 Kilo schwer sein müsse. Nach Protesten von Menschenrechtlern und der UNO hatten die Kamelbesitzer aus einflussreichen Kreisen ein Einsehen und hielten sich meist an die Vorgaben. Allein 2005 wurden über 400 Kinder-Jockeys in ihre Heimat zurückgebracht – meist in Waisenhäuser, weil sie von ihren Eltern verkauft worden waren.

Heutzutage folgt man dem Beispiel des Herrschers von Qatar. Er bestellte ein Schweizer Produkt, das die Menschenrechtler beruhigte: ferngesteuerte Roboter-Jockeys, das Stück zu 4500 €. Sie werden auf den Sätteln festgeschraubt. Das ängstliche Geschrei der Kinder, ein bewährtes Mittel zum Antreiben der Tiere, kommt vom Tonband.

Kamelkliniken

Ein Rennkamel kann mehrere Millionen Euro wert sein. In Dubai gibt es deshalb ein spezielles Kamelkrankenhaus, wo bis zu zehn Tiere gleichzeitig behandelt werden können. Von Gelenkbeschwerden über Arthritis oder komplizierten Knochenbrüchen bis zu den gefährlichen Kamelpocken, auf alles ist man vorbereitet. Die OP-Tische sind so stabil konstruiert, dass ein 500-Kilo-Tier keine Probleme bereitet, und die Röntgenapparate sind ebenfalls so groß, dass ein ganzes Kamel hineinpasst. Und nach der Operation wartet die Reha mit Laufbändern und 50 Meter langem Schwimmbecken.

Den Nachwuchs überlässt man ebenfalls längst nicht mehr dem Zufall, und da eine Stute in der Natur nur alle zwei bis drei Jahre Nachwuchs bekommt (Tragzeit 12 Monate), wird künstlich nachgeholfen. Dafür gibt es spezielle Labors wie das „Embryo Transfer Zentrum" in Al Ain, dem 1989 erstmals ein solcher Transfer gelang. Dabei wird eine erfolgreiche Stute (nach dem Ende ihre aktiven Laufbahn!) befruchtet, das Embryo aber einer anderen zum Austragen eingepflanzt. Dies lässt sich innerhalb

kürzester Zeit mehrfach wiederholen. So gelang es z. B. innerhalb von nur 14 Monaten, 12 Fohlen einer „Mutter" von 12 verschiedenen Stuten austragen zu lassen. Normalerweise hätte so viel Nachwuchs ein halbes Jahrhundert gebraucht. Dass so etwas viel Geld kostet, ist klar, die 100 Mitarbeiter des Zentrums haben 6 Millionen Dollar zur Verfügung – pro Monat.

Stolzer Blick – klein bestückt

Den hochnäsigen Blick des Kamels erklären die Beduinen folgendermaßen: Eines seiner Vorfahren hatte die Ehre, dem Propheten Mohammed zu gehören, und die Legende berichtet, dass es Mohammed in einer brenzligen Situation das Leben rettete. Daraufhin zeigte sich dieser so dankbar, dass er diesem Kamel den hundertsten Namen Allahs verriet, während den Menschen bis heute nur 99 geläufig sind.

Eine gewisse Überheblichkeit muss „Mr. Kamel" aber schon vorher besessen haben. Denn auf die Frage, warum sein Penis im Verhältnis zum restlichen Körper so klein und auch noch nach hinten gerichtet ist, erhält man folgende Antwort: Als Noah mit seiner Arche unterwegs war, geriet diese aufgrund der Liebesaktivitäten der großen Tiere heftig ins Schlingern. Um sein Schiff zu retten, nahm er den Tieren ihre Geschlechtsteile in nummerierter Reihenfolge ab und verstaute sie in einem Schrank. Wieder festen Boden unter den Füßen, verließen die Tiere das Schiff, und ein jedes erhielt sein Glied zurück. Zum Schluss blieben zwei Tiere – der Esel drängelte sich vor, bekam den Kamelpenis und rannte davon. Als das Kamel vor Noah stand und das kleine Eselorgan sah, wollte es sich partout nicht damit zufrieden geben. Es verlangte sein Eigentum und verließ erhobenen Hauptes die Arche. Noah in seiner Verzweiflung wusste sich nicht anders zu helfen als ihm nachzurennen – und den Penis mit einem schnellen Griff von hinten anzupappen.

DIE ARABISCHE KÜCHE

„Bism' illah" – Im Namen Allahs, mit dieser Formel beginnt jedes Essen in den Emiraten (und allen muslimischen Ländern). Sollten Sie das Glück haben, zu einem Essen eingeladen zu werden, was durchaus vorkommen kann, ein guter Rat: Fangen Sie langsam an, denn man isst gern und viel! Was für eine europäische Köchin ein Kompliment – leere Schüsseln am Ende der Mahlzeit – ist für ihre arabische Kollegin eine Beleidigung. Deshalb wird aufgetragen, bis sich der Tisch biegt bzw. der Boden mit Tellern, Schüsseln und Schalen übersät ist.

Die Tage, da sich die Emiratis nur von den Produkten ihres eigenen Landes ernährten, sind lang vorbei. Seit sich das Land dem internationalen Tourismus geöffnet hat, versuchen sich vor allem die Hotelrestaurants mit Spezialitäten aus aller Welt zu übertreffen.

Schon in den 60er Jahren hielt die libanesische Küche auch in den privaten Haushalten der Emirate Einzug, als aufgrund des Bürgerkriegs in der Levante viele Bewohner Libanons in den Emiraten Zuflucht suchten. So gibt es heute allein bei den Vorspeisen (mezze) eine Vielzahl an Gerichten, von denen man, probierte man sie alle, reichlich satt würde. Dazu gehört u. a. hommos, ein Brei aus Kichererbsen und Olivenöl, den man gern auch mit kleinen Fleischstücken verzehrt, tahin (Sesampaste) oder mutabbal, ähnlich wie hommos, aber aus Auberginen zubereitet, tabouleh, ein Salat aus fein gehackter Petersilie und Zwiebeln, oder fatoush, ein grüner Salat mit geröstetem Brot.

Vor allem die indische Küche hat großen Einfluss auf die kulinarische Szene in den Emiraten. In den kleinen Restaurants an der Straße gibt es viele biryani-Gerichte, sprich einen Berg Reis mit Fisch, Fleisch oder Huhn darunter.

Oder shawarma, ein Fladenbrotsandwich mit Drehspießfleisch, ähnlich dem türkischen Döner. Die indischen Gewürze – diverse Curry- und Massala-Mischungen – sind längst unentbehrlich geworden.

Gefülltes Kamel

Eine einfache Mahlzeit bestand früher vielleicht aus Fladenbrot oder Reis, der aus Indien oder Pakistan importiert wurde, und frischer Ziegen- oder Kamelmilch (aus der auch eine Art Käse zubereitet wurde). Hin und wieder schlachtete man eine Ziege oder ein Schaf, nur an Feiertagen oder zu besonderen Anlässen wurde auch mal ein Kamel geschächtet.

An den Küsten bereicherte frischer Fisch die Tafel. Mit Salz eingerieben und getrocknet, konnte er lange haltbar gemacht und an die Wüstenbewohner verkauft und an die Wüstenbewohner verkauft werden – auf den Märkten sieht man ihn noch heute im Angebot. Vor dem Kochen wird er in Wasser eingelegt und dann mit viel Zwiebeln und Tomaten zu einem Eintopf zubereitet. Dazu reicht man Datteln. Für uns ungewohnt, wird die Dattel zu allen möglichen Hauptgerichten als Beilage gegessen. Reis mit Datteln heißt ruz bil tamar. Auch zu Fisch passt sie hervorragend. Ein Gericht der Seeleute war besonders nach kalten Regengüssen beliebt: Dazu zerdrückte man mehrere Kilo Datteln, knetete Speiseöl und sehr viel Knoblauch hinein und erhitzte den Klumpen in einer Pfanne; diese Dattelspeise wärmte den Körper schnell wieder auf.

Keine Mahlzeit ohne Fladenbrot, möglichst frisch gebacken. Aus Mehl, Wasser und Salz ist der Teig schnell geknetet, dann zu kleinen Bällchen geformt, zu Fladen gewalzt und auf die offene Glut gelegt, zwei, drei Mal gewendet, fertig.

Auch mit wenigen Zutaten verstanden es die Frauen schon immer, mit Hilfe von Gewürzen wie Thymian, Ingwer, Minze, Nelken und Pfeffer eine gewisse

Rechts: Typisch arabisch – Lamm „Mandi"; gewürzter Reis mit Lamm aus dem Lehmofen.

Foto: abamiyoa al-hadi (Shutterstock.com)

Abwechslung in die Küche zu bringen. Fleisch wurde mit getrockneten Limonen verfeinert, Reis manchmal mit teurem Safran, meist aber mit billigerem Kurkuma.

Während im Alltag nicht allzu aufwändige Speisen wie *koussa mahshi* (gefüllte Zucchini) oder *harees* (ein Brei aus langsam gegartem Weizen und Lammfleisch) gegessen wurde, dauerte die Zubereitung der Festtagsspeisen an den religiösen Feiertagen (und heute auch am Nationalfeiertag) mehrere Tage. Dazu gehörte auch „Gefülltes Kamel". Die Zutaten: ein junges Kamel, zwei bis drei junge Ziegen, mehrere Hühner sowie Mandeln, Pistazien, Zimt, Kardamom – und jede Menge Reis. Hühner und Ziegen werden gekocht und gewürzt, die Ziegen mit den Hühnern gefüllt, das Kamel mit den Ziegen. In der Zwischenzeit ist in einer großen Erdgrube ein großes Feuer zu einem Haufen Glut verbrannt, darauf werden Steine platziert, die die Hitze speichern. Dann das gefüllte Kamel in die Grube legen, die Grube mit Holz und Sand luftdicht abdecken – tja, und nun wartet man zwei Tage. Vor Öffnen der Grube nicht vergessen, den Reis aufzusetzen und dann – *„bi hinna ua shifa"*, guten Appetit!

Leider gibt es in den Emiraten kaum Restaurants, in denen man als Urlauber derart original speisen könnte. Lediglich während des Nationalfeiertages werden in den Heritage Areas traditionelle Gerichte auch für Touristen zubereitet.

Übrigens, wenn Sie die Köchin loben möchten, sagen Sie ihr *„tusla mideik"* – frei übersetzt: Gott segne deine Hände.

Traditionelle Tischsitten

Vor dem Essen Hände waschen ist ganz wichtig, denn nach traditioneller Sitte isst man ohne Besteck, also mit den Händen – allerdings nur mit der rechten, die linke Hand gilt als unrein. Mit der Linken kann man aber ruhig zum Wasser- oder Saftglas greifen.

Passen Sie auf, dass sie sich nicht die Finger verbrennen, denn meist ist der

Foto: Vollmar E. Janicke

Reis, auf dem das Fleisch serviert wird, mit heißem Öl getränkt.

Sitzt man mit Beduinen um ein großes rundes Tablett, so isst man immer nur von dem Bereich, der direkt vor einem liegt. Es gilt als äußerst unhöflich, quer über die Platte zu greifen, um sich ein schönes Stück Fleisch zu angeln. Außerdem ist das gar nicht nötig, denn der Gastgeber wird dem Gast sowieso immer die besten Stücke rüberschieben. Und selbst wenn man ein halbes Kamel verdrückt haben sollte, wird man am Ende des Mahles mitleidig betrachtet – mit der Bermerkung, man habe doch kaum etwas gegessen!

Immer wird auch der Schädel des geschlachteten Tieres serviert, meist auf einem extra Reis-Tablett, denn er gilt als Nachweis, dass man es extra für den Gast geschlachtet hat. Augen in der Suppe muss man in den Emiraten nicht befürchten, sie werden nicht gegessen,

Oben: Garküche am Hafen von Fujairah. Rechts: Kaffee und Datteln – als Willkommensgruß und zum Abschied.

als Delikatesse hingegen gilt das Hirn.

Nach dem Essen ist wieder Hände waschen angesagt, in der Wüste wird dazu eine Schüssel mit warmem Wasser gereicht, in den Städten verfügt fast jedes Haus auch über ein Gästebad.

Nachspeisen

Nach dem Hauptgang, der mit den Worten *„al hamdulillah* – Gott sei gedankt" beendet wird, wird ein Nachtisch serviert, meist Obst und Süßes, etwa *esh asayara* – das Brot des Harems, eine Art Käsekuchen mit Sahne; *baklawa*, ein Blätterteiggebäck mit Pistazien und Honig; oder *halwa tamar*, ein süßes Dattelkonfekt.

Eine der beliebtesten Nachspeisen ist *Umm Ali* („Mutter Alis"), zu der es folgende Geschichte gibt. Ali war so etwas wie der arabische Till Eulenspiegel, immer Flausen und Späße im Kopf, mit welchen er seine Mitmenschen bisweilen zur Verzweiflung trieb. Aber er war nicht bösartig, selbst wenn er manches Mal über die Stränge schlug. Auch der Sultan blieb von seinen Possen nicht verschont, und eines Tages, als Ali es wieder einmal zu weit getrieben hatte, ließ er ihn verhaften und in den Kerker werfen. Alis verwitwete und arme Mutter sprach – zum wiederholten Male – beim Sultan vor und bat um Gnade. Doch dieser ließ sich diesmal nicht erweichen, zu oft hatte er unter dem Gespött der Leute gelitten, wenn Ali beispielsweise heimlich den Schweif seines Lieblingspferdes abschnitt, ohne das der Sultan es zunächst bemerkt hatte. „Höre Umm Ali, Dein Sohn verdient strenge Strafe!" „Oh weiser und gerechter Sultan", antwortete sie, „er ist mein einziger Sohn, die Jugend ist unreif und ihr wisst um sein gutes Herz. Habt Erbarmen." So flehte sie und der Sultan hatte ein Einsehen, allerdings stellte er zur Wahrung seines Gesichtes folgende Bedingung. „So höre, ehrwürdige Mutter Alis, bereitest Du mir eine Speise zu, die ich noch niemals gekostet habe und die

Foto: DTCM Frankfurt (Fremdenverkehrsamt Dubai)

mir wohl mundet, so soll Dein Sohn aus dem Kerker entlassen werden." „Ich höre und gehorche", dankte Umm Ali und zog sich zurück. Doch wie sollte sie, eine einfache Frau dem Sultan eine Speise zubereiten, die er niemals zuvor gekostet hatte, zumal sich in seiner Küche die edelsten Gewürze fanden? Betrübt ging Sie nach Hause und sammelte die wenigen Zutaten ihrer Vorratskammer und bereitete aus Milch, Mehl, Zucker, Rosinen und Mandeln eine puddingartige Süßspeise. Damit trat sie vor den Sultan, der sehr skeptisch auf den Topf schaute, aus dem es aber verführerisch roch. Die Speise war noch warm (wie sie auch heute serviert werden sollte!), er probierte – und kannte sie nicht, sie schmeckte ihm jedoch vorzüglich, und Umm Ali konnte mit ihrem Sohn nach Hause gehen.

Kaffee und Weihrauch zum Abschied

Nach dem Essen wird der obligatorische *qahwa* (Kaffee) serviert. Früher röstete man die aus Äthiopien importierten Kaffeebohnen in einer kleinen Pfanne über dem Feuer, zermahlte sie dann im Mörser und mengte indischen Kardamom bei – letzterer würzt und ist gut für den Magen. Anschließend in der typischen Schnabelkanne (*dalla*) mit heißem Wasser übergossen, musste er eine Weile ziehen, und damit er nicht abkühlte, stand die Kanne dicht am Feuer. Heute bekommt man fertige *qahwa*-Kardamom-Mischungen im Supermarkt, und die Thermoskanne hat das Feuer ersetzt. Aber serviert wird der Kaffee immer noch in den kleinen Tässchen, und wer genug hat, schüttelt sie leicht hin und her. Übrigens: Hier wird geschlürft, und zwar kräftig!

Ein Sprichwort sagt: *Ba'd al'oud ma fi qu'ud*, das bedeutet, wenn der Weihrauchbrenner herumgereicht worden ist, ist es Zeit zu gehen. Das passiert meist sehr abrupt, von einer Sekunde auf die andere erheben sich die Gäste, und unter viel „*Allah yisalmak* – Gott segne Dich" und „*Fi amaan illah* – Gehe im Schutz Gottes" verabschiedet man sich.

Foto: Camerapix

LANDESKUNDE

GESCHICHTE DER VEREINIGTEN ARABISCHEN EMIRATE

Der britische Archäologe Geoffrey Bibby (1917-2001) suchte 1953 gemeinsam mit dänischen Forschern das sagenhafte *Dilmun*. Das war ein antikes Reich aus der Zeit um 2500 v. Chr., von dem die Wissenschaft durch die Entzifferung mesopotamischer Keilschrifttexte seit dem frühen 19. Jh. wusste. Was sie lange Zeit nicht wusste, war, wo man Dilmun und die beiden anderen in den Texten erwähnten Reiche *Meluhha* und *Magan* suchen sollte. Bibby vermutete Dilmun auf der heutigen Insel Bahrain und konnte dies anhand zahlreicher Funde tatsächlich belegen. Aber es dauerte lange, denn wegen der hohen Sommertemperaturen konnte er nur in den Wintermonaten arbeiten, die Zeit war knapp und die Insel groß. Daher kam ihm der Anruf eines Freundes äußerst ungelegen, der ihn bat, nach Abu Dhabi zu kommen. Der Freund hatte bei der Erdölsuche etwas vermeintlich Interessantes gefunden. Erst nachdem er Bibby zusagte, für ein Flugzeug und Unterkunft zu sorgen, stimmte dieser zu und nahm sich ein Wochenende frei. Bibby hat den Ausflug nie bereut: Auf einer Insel neben Abu Dhabi fanden sich 50 Gräber, deren Aufbau von einer unerwartet hoch entwickelten Kultur zeugten. Für intensive Forschung fehlte zunächst die Zeit, aber die kleine Insel gab einer ganzen Epoche ihren Namen. Da ihr Boden mit Feuersteinen übersät war, taufte man sie *Umm al Nar*, Mutter des Feuers.

Gräber als Zeitzeugen

Was mit einem Wochenendausflug begonnen hatte, setzte man ein paar Jahre später mit intensiven Forschungen fort. Fragmente verschiedener Epochen wurden aus dem Boden gegraben, darunter Pfeilspitzen, Keramiken, Steinwerkzeuge, aber bisweilen auch wertvolle Grabbeigaben. Gräber sind so etwas wie die Eckteile dieses Geschichtspuzzles, die eine Orientierung ermöglichen, denn Siedlungsreste sind selten gefunden worden. Nach ihren ersten Fundorten benannt, stehen ihre Namen gleichzeitig für die jeweilige Epoche, in der sie entstanden.

Das mit großen Lücken unvollständige Bild zeigt eine erste Besiedlung im Raum der heutigen Emirate um 5000 v. Chr., die Menschen lebten wahrscheinlich von Viehzucht, wie die in den Resten von Feuerstellen gefundenen Knochen vermuten lassen. Pfeilspitzen und Knochen von Wildtieren lassen vermuten, dass es hin und wieder Gazellenbraten gab. Rätselhaft sind Keramikscherben, die dem Obeid-Typus zugeordnet werden, der um 4500 v. Chr. im weit entfernten Irak hergestellt worden war. Bis heute ist unklar, wie sie an die Fundstellen u. a. bei Umm al Quwain oder Ras al Khaimah kamen.

Umm al Nar, die Mutter des Feuers

Im Team des Herrn Bibby arbeitete eine Deutsche, Karin Frifelt, die sich auch im Inland umsah und am Fuß des Jebel Hafit seltsame Grabtürmchen fand, die in ihrer Form einem Bienenkorb ähneln. Sie sind, neben neuerlichen Keramikscherben und den ersten Metallgegenständen, der eindeutige Nachweis einer kulturellen Weiterentwicklung, die um 3500 v. Chr. ihren Anfang genommen hatte. Vorher bestattete man die Toten in einfachen Erdgruben, jetzt errichtete man aus grob behauenen Steinen Gräber mit zweischichtigen Mauern, Kupfer und Bronze wurden zur Herstellung von Waffen verwendet. In den nächsten tausend Jahren, die diese *Hafit-Periode* umspannt, verfeinerte sich die Keramik, die Bauweise der Gräber wurde

Links: Spinnen mit der Handspindel, vorgeführt von einer Frau in traditioneller Kleidung; sie trägt eine Gesichtsmaske (burqa).

Foto: Camerapix

anspruchsvoller, und ab 2500 v. Chr. war die Region der VAE Teil des *Umm-al-Nar*-Kulturkreises, dessen Überreste Bibby später finden sollte. Sie sind natürlich nicht so eindrucksvoll wie die in Ägypten zu dieser Zeit entstandenen Pyramiden, aber sie geben den VAE einen Platz in der Vorgeschichte.

Angeblich soll der damalige Gouverneur von Al Ain und spätere Präsident der Emirate, Scheich Zayed, sich Anfang der 1960er Jahre über seltsame Steinquader gewundert haben, die er in der Nähe seiner Heimatstadt im Sand entdeckt hatte. Er lud die auf Umm al Nar arbeitenden Archäologen ein, sich seine „Funde" anzusehen, und diese waren begeistert, standen sie doch vor genau den gleichen Gräbern wie an der Küste. Damit wurde deutlich, wie groß dieser Kulturkreis gewesen sein musste, zumal sich später auch in allen anderen Emiraten weitere überirdische

Grabbauten fanden. Ihre runden Wände bestanden aus sehr passgenau bearbeiteten Kalksteinblöcken, die Eingänge waren verschlossen und mit Tierdarstellungen von Kamel, Oryx-Antilope oder Bullen verziert. Das Innere war in mehrere Kammern unterteilt, die über Generationen mit Toten belegt wurden. Auf Umm al Nar sind auch Siedlungen dieser Zeit erhalten geblieben, darin fanden sich u. a. kupferne Fischerhaken und auf Drehscheiben sorgfältig gearbeitete Keramik. Geoffrey Bibby schrieb dazu: „Wir müssen unsere Meinung vom unzivilisierten Fischer des prähistorischen Abu Dhabi wohl revidieren."

Prähistorisches Handelsnetz

Keilschrifttexte berichten von drei großen Reichen, die zusammen mit Mesopotamien ein dichtes Handelsnetz bildeten. Dazu gehörte neben Dilmun auch Meluhha, das im Industal (Pakistan) lag und mit der Harappa-Kultur in Verbindung gebracht wird. Vierter im Bund war das Kupferland *Magan*, des-

Oben: Ausgrabungen einer uralten Siedlung bei Hili (Al Ain). Rechts: Das Great Hili Tomb, ein restauriertes Rundgrab, ist mehr als 4000 Jahre alt.

Foto: Henning Neuschäffer

sen Minen im Hajjargebirge der heutigen Staaten Oman und VAE lagen. Freigelegte Schmelzöfen, Sandmulden und Barren zeugen davon, wie das begehrte Kupfer in ein handliches Format gegossen wurde. Dann ging es per Karawane von Al Ain an die Küste, wo es mehrere Häfen gab, den Fundstücken nach zu urteilen dürfte aber das Gros von Umm al Nar aus gen Mesopotamien verschifft worden sein. Dilmun, Meluha und Magan waren jedoch nicht nur „Zuliefererländer" der Sumerer in Mesopotamien, sondern standen auch untereinander im regen Austausch, wie die zahlreichen Keramikfunde der Harappa-Kultur an der Küste der Emirate nahe legen.

Um 2000 v. Chr. brach das Netz zusammen. Das Industal wurde von Überschwemmungen und indogermanischen Stämmen heimgesucht, und auch Magan verschwand in dieser Zeit aus den Aufzeichnungen der Sumerer. Warum, ist ungewiss; vermutet wird, dass die Kupferproduktion zum Erliegen kam, weil es kein Brennholz zum Befeuern der Öfen mehr gab. Lediglich

das von Geoffrey Bibby freigelegte Dilmun existierte weiter, sein Ende ist nicht genau datiert. Die Siedlungen an der emiratischen Küste blieben zwar bestehen, aber ihre Blütezeit war vorbei und in den folgenden Jahrhunderten, als Kupfer vom Eisen abgelöst wurde, gaben verschiedene persische Dynastien ein Gastspiel in den VAE.

Die Perser

Den Anfang machten die Achämeniden, deren König Kyros II, auch der Große genannt, um 550 v. Chr. die Küste dominierte. Dem persischen Einfluss zu verdanken war das geniale Bewässerungssystem (*falaj*), mit dem die Oasen mit Grundwasser aus den Bergen versorgt werden konnten. Als der Grieche Alexander der Große nach der Schlacht bei Issos (333 v. Chr.) Persien überrannte, begnügte er sich mit der Erkundung des Persischen Golfes durch seinen Offizier Nearchos.

Später waren es die Parther, die von Persien aus bis ins dritte nachchristliche

Foto: Rainer Hackenberg

den Niedergang des Weihrauchhandels die wirtschaftliche Situation, und die in Stämmen organisierte Bevölkerung begann auszuwandern. Teile des Azd-Stammes wanderten gen Norden und Osten der Arabischen Halbinsel. Letztere Gruppe setzte sich gegen die im heutigen Oman ansässigen Perser durch und besiedelte auch die Ostküste der Emirate. Die nach Norden wandernden Gruppen besiedelten zunächst das Innere der Arabischen Halbinsel. In späteren Jahrhunderten zogen einzelne Stämme wieder gen Süden und besiedelten die Wüstenregionen bei Abu Dhabi. Viele der heute in den Vereinigten Arabischen Emiraten lebenden Stämme können ihre Ahnenreihe bis zum Azd-Stamm zurückverfolgen.

Muslimische Seehändler

Um 430 n. Chr. begründete Bischof Nestorius im fernen Konstantinopel die Lehre von den zwei Naturen des Jesus Christus – menschlich und göttlich. Deshalb setzte ihn das Konzil von Ephesos 431 ab. Aber die Sassaniden konnten sich dafür begeistern, und so wurde die christliche Lehre des Nestorius neben der des Zarathustra zur zweiten Religion der Sassaniden. In den Emiraten fanden Archäologen auf der Insel Sir Bani Yas, etwa 170 km westlich von Abu Dhabi, die Überreste eines nestorianischen Klosters aus dem sechsten Jahrhundert. Ob der christliche Glaube sich auch auf das Festland ausbreiten konnte, ist nicht überliefert, viel Zeit dafür hatte er auch nicht.

Denn aus dem Herzen der Arabischen Halbinsel erwuchs eine neue Religion: der Islam. Sie fand schnell Anhänger, auch bei den Menschen an der Golfküste, allerdings gibt es keine gesicherten Kenntnisse darüber, wann und durch wen ihnen diese neue Lehre vermittelt worden ist. Entscheidend war die Zeit nach dem Tod des Propheten Mohammed 632; es kam zu Streitigkeiten über die Nachfolgeregelung innerhalb der

Jahrhundert den Golf beherrschten. Aus deren Anfangszeit fanden sich interessante Dinge in emiratischer Erde, darunter Münzgussmulden, Gräber von Kamelen und Pferden, letztere mit Goldamuletten dekoriert. Aus den Zeiten nach Christi Geburt sind sogar griechische Amphoren und römische Weingläser erhalten geblieben – ein Hinweis auf die entspannte Lebensart der Parther. Zu entspannt, wie es scheint: Um 240 n. Chr. wurden sie von den aus Persien stammenden Sassaniden abgelöst, die das Land Mazun nannten und es bis zur Islamisierung der Arabischen Halbinsel im 7. Jahrhundert kontrollierten.

Für die spätere Bevölkerung der Emirate ist ein anderes Ereignis von Bedeutung, dessen genaue Datierung nicht möglich ist, aber etwa um 200 n. Chr. beginnt. Auf dem Gebiet des heutigen Jemens verschlechterte sich durch

Oben: Nach dem Tod Mohammeds 632 festigte sich der Islam auf der Arabischen Halbinsel (Moschee in Hatta). Rechts: Schon im 13. Jh. brachten arabische Schiffe Gewürze aus Indien an die Golfküste.

Foto: Rainer Hackenberg

jungen Gemeinschaft, doch ab 650 sorgte die Dynastie der Umayyadenkalifen zunächst für Stabilität. Zwar lagen die Emirate weit entfernt vom damaligen Macht- und Religionszentrum Damaskus, aber im näher gelegenen Persien etablierten sich theologische Schulen, die nicht nur den Islam festigten, sondern auch die arabische Sprache in den Nachbarländern verbreiteten.

Ab 750 herrschten die Abbsiden in Bagdad, ihre berühmtester Kalif war Harun al Rashid (786-809), bekannt aus den Erzählungen „1001 Nacht" und den darin enthaltenen Geschichten von Sindbad dem Seefahrer. Der stammte zwar ursprünglich aus der Stadt Sohar in Oman, doch seine Geschichten spielen in einer Zeit, da der Überseehandel einen steilen Aufschwung nahm.

In den arabischen Schriften jener Zeit taucht immer wieder der Name einer Stadt auf, *Julfar*. Sie lag in der Nähe des heutigen Ras al Khaimah, ihre Bewohner lebten in Holzhäusern, gehörten zum Stamm der Azd, und sie betrieben lebhaften Handel bis ins entfernte Chi-

na; reich beladen mit Seide und Porzellan kehrten ihre Schiffe zurück. Es war eine ereignislose, aber gute Zeit. Im Inland erlebte die Kupfergewinnung durch verbesserte Brennöfen eine kurzzeitige Wiederbelebung, und in den Gewässern des Persischen Golf wurde nach kostbaren Perlen getaucht.

Für Unruhe sorgten die bewaffneten Auseinandersetzungen zwischen den berühmten Häfen jener Zeit: Das persische Basra, Julfar und Sohar kämpften um eine Vormachtstellung, und Mitte des 10. Jh. gelang es den persischen Buwaihiden, nicht nur Julfar, sondern auch Sohar mitsamt seiner Flotte zu zerstören. Doch die Buwaihiden konnten sich nicht lange halten, und in den kommenden Jahrhunderten beherrschte das Königreich Hormuz den Persischen Golf und den Seehandel.

Vasco da Gama sucht Indien

Auf seiner Reise nach China besuchte Marco Polo 1272 die Stadt Hormuz, die er als sehr wohlhabend beschrieb.

45

Foto: Archiv für Kunst und Geschichte, Berlin

Waren, die über den gefährlichen Weg der Seidenstraße kamen, dann von arabischen Zwischenhändlern weitertransportiert und u. a. in Venedig zu enormen Preisen gehandelt wurden. Seit langem hegte jeder europäische Staat den Wunsch, an die Quellen zu gelangen, den Handel zu kontrollieren und damit reich zu werden. Aber die Seidenstraße lag außerhalb europäischer Kontrollmöglichkeiten; Nordafrika, den Nahen und Mittleren Osten beherrschten die Muslime, und als Lösung kam nur der Seeweg nach Indien in Frage. Während ein Italiener im Auftrag Spaniens in die falsche Richtung segelte und dabei 1492 Amerika entdeckte, tasteten sich die Portugiesen entlang der afrikanische Küste nach Süden vor, bis Bartholomäus Diaz 1487 das Kap der Guten Hoffnung umrundete. Seine Mannschaft wollte jedoch nicht weiter und zwang ihn zur Umkehr, so überließ er die Suche nach dem letzten Wegstück seinem Kollegen Vasco da Gama, der 1497 an der ostafrikanischen Küste landete und nach dem Weg fragen musste. Der Legende nach traf er auf Ahmed bin Majid aus Julfar (Ras al Khaimah), der ihm den Weg zeigte. Am 20. Mai 1498 erblickte Vasco da Gama die indische Stadt Calicut. Und noch zu Lebzeiten soll Ahmed bin Majid erahnt haben, wie ihm das christliche Europa seine Hilfsbereitschaft danken würde.

„Händler kamen aus Indien, ihre Schiffe voll beladen mit Gewürzen, Edelsteinen, Perlen, Seidenstoffen, Gold, Elfenbein und vielen anderen Waren, die sie an die Händler von Hormuz verkauften". Ein persisches Sprichwort besagte, „Wäre die Welt ein Ring, so glänzte Hormuz darauf als Edelstein". Zu diesem Königreich gehörte auch die Stadt Julfar, deren berühmtester Sohn um 1432 geboren und zum besten Seefahrer und Navigator seiner Zeit wurde, Ahmed bin Majid. Im Alter von 65 Jahren kannte er den Indischen Ozean wie seine Westentasche und traf bei einem Aufenthalt an der ostafrikanischen Küste auf einen europäischen Kollegen, der nicht weiter wusste. Es war der Portugiese Vasco da Gama.

Europa kannte nicht erst seit Marco Polos Beschreibung all die herrlichen

Die Europäer kommen

Nur fünf Jahre später tauchte eine Flotte von sechs Schiffen unter dem Kommando von Afonso de Albuquerque in arabischen Gewässern auf, nutzte ihre waffentechnische Überlegenheit und versenkte mit ihren schweren Kanonen jedes arabische Schiff, das ihr begegnete. Einige Städte wie Khor Fakkan leisteten Widerstand, wurden kurz und klein geschossen und die Bevölkerung massakriert. Andere ergaben sich widerstandslos. Ab 1507 kontrollierte Portugal Seeweg und Handel entlang

---

Oben: Vasco da Gama profitierte von den Navigationskenntnissen Ahmed bin Majids aus Julfar (Ras al Khaimah). Rechts: Mit der Karacke „Flor de la Mar" eroberte Afonso de Albuquerque 1507 Muskat, Khor Fakkan und Hormuz — strategisch wichtig für den Seeweg der Portugiesen nach Indien.

Foto: DoublePHOTO studio (Shutterstock.com)

der arabischen Küste und wurde zur europäischen Großmacht. Die Basis lag auf der Insel Hormuz, Julfar war ebenfalls in seiner Hand und für die nächsten 70 Jahre blieb es die einzige europäische Seemacht in diesen Gewässern.

Ab 1580 begann der Abstieg, denn mehrere Nationen griffen die uneingeschränkte Machtstellung Portugals in Arabien und Europa an. Zunächst fiel Portugal in diesem Jahr an das habsburgische Spanien. Dann schlug die Stunde der englischen Königin Elisabeth I. Erst ließ sie ihrer Rivalin Maria Stuart den Kopf abschlagen, und ein Jahr später, 1588, versank die spanische Armada im Pulverdampf englischer Kanonen. Derart gestärkt, gründete sie die Handelsgesellschaft East India Company, um im Indienpoker kräftig mitzumischen. 1601 schickte sie ein erstes Schiff aus, das zwei Jahre später vollbeladen mit wertvollem Pfeffer aus „Ostindien" (dem heutigen Indonesien) zurückkehrte. Damit forderte sie eine dritte Seemacht heraus, die äußerst erfolgreich Handel mit dem fernen Osten trieb. Seit 1595

operierten holländische Händler in Asien, die sich nun ebenfalls organisierten und die Verenigde Oost-Indische Compagnie (VOC) gründeten. Portugal, England und Holland standen sich damit als Gegner im Kampf um Arabiens Gewässer gegenüber. Aber auch vor Ort tat sich etwas. Seit ca. 1500 regierte das Geschlecht der persischen Safaviden im Iran, dessen wichtiger Hafen Bander-e-Abbas von den Portugiesen besetzt war. 1602 gelang den Persern mit der Eroberung der Insel Bahrain ein erster Schlag gegen Portugal.

Einmal erschien auch eine osmanische Flotte vor der Küste Omans, eroberte um 1581 kurz die Hafenstadt Muskat, die Türken konnten sich aber nicht halten und wurden von den Portugiesen verjagt – endgültig. Zunächst waren es die Engländer, die den Safaviden als Partner bei der Eroberung ihres Hafens Bander-e-Abbas zur Seite standen und sich somit im Persischen Golf positionierten. Ein wichtiger Erfolg war die anglo-persische Expedition 1622 gegen Hormuz, die den Portugiesen ihren Hauptflottenstützpunkt entriss, der daraufhin nach Muskat verlegt wurde. Die Briten waren auf dem besten Weg, Portugal als alleinige Macht abzulösen. Denn 1650 gelang es dem Sultan von Oman, Muskat zu erobern und die Portugiesen endgültig aus Arabiens Gewässern zu vertreiben.

In Europa begann ein Krieg zwischen England und Holland um die Vormacht zur See, der Schatten bis nach Arabien warf. Holland hatte sich dort bis dahin zurückgehalten, nur eine Erkundungsfahrt der „Zeemeeuw" unter Kapitän Claes Speelmann ist für das Jahr 1645 verzeichnet. Er sollte nach neuen Handelsplätzen suchen. Ihm sind die ersten europäische Aufzeichnungen über emiratische Städte zu verdanken, wie Dibba an der Ostküste.

Die Geißel des Indischen Ozeans

In den letzten portugiesischen Dokumenten vor der Vertreibung taucht erstmals der Name eines emiratischen Stammes auf, der später mehr von sich reden machen sollte – Qawasim. Doch zunächst schlug die Stunde der omanischen Seefahrer: Mit der Eroberung Muskats fiel den Omanis ein Teil der portugiesischen Flotte in die Hände; sie wurden so mächtig, dass sie bei den Europäern als die Geißel des Indischen Ozeans gefürchtet waren. Die Safaviden beklagten einen Rückgang ihrer Handelsgeschäfte in Bander-e-Abbas, denn Muskat zog allen Verkehr auf sich. Sie baten nicht die Engländer, sondern Hollands Flotte um Unterstützung, was deren Rivalität anheizte. Zur Sicherung holländischer Interessen schickte der Gouverneur von Sri Lanka, Rijklof van Goens, die „Meerkat" 1666 in den Persischen Golf. Es kam nicht zu Kämpfen, aber weitere detaillierte Aufzeichnungen von der emiratischen Küste entstanden.

Bis Anfang des 18. Jahrhunderts herrschte ein Gleichgewicht zwischen Persern, Engländern und Holländern. Dann veränderten mehrere Ereignisse die Situation, an deren Ende England nur noch einen Gegner haben sollte: den emiratischen Stamm der Qawasim.

Zunächst brach in Oman ein Bürgerkrieg aus, der das vorläufige Ende dieser Seefahrernation bedeutete. Die Qawasim nutzten die Gunst der Stunde und versuchten, ihren Einflussbereich durch Gründung von Handelsposten im Persischen Golf zu erweitern. Das Safavidenreich war durch innere Konflikte geschwächt, versuchte sich gegen die aufstrebenden Qawasim zu wehren und verbündete sich kurzzeitig mit den Holländern. Doch in Europa setzte sich England im Krieg endgültig gegen die Niederlande durch, die sich daraufhin langsam aus Arabien zurückzogen. Auch das persische Safavidenreich überlebte nicht, und ab 1750 waren nur noch England und die Qawasim im Kampf um die Vorherrschaft übrig.

Von der Piraten- zur Vertragsküste

Die Geschichte dieser Zeit konzentriert sich auf die See, an Land passierte wenig. 1761 wanderte eine Gruppe Beduinen aus dem Landesinneren bis an die 180 km entfernte Küste und stieß dort auf eine Insel, die ihr wegen des Süßwasservorkommens als neuer Siedlungsplatz zusagte (aus dem später die Hauptstadt Abu Dhabi entstand).

Vier Jahre später bereiste der Deutsche Carsten Niebuhr die Ostküste Südarabiens und berichtete von dem Örtchen Khor Fakkan. Diese lieferten sich immer wieder Scharmützel mit den Engländern, denn sie betrachteten den Persischen Golf als ihre Heimat, in der die Engländer nichts zu suchen hatten. Diese wiederum waren der Überzeugung, ein Recht auf die Ausbeutung Indiens und einen gesicherten Weg dorthin zu haben und titulierten ihre arabischen

Rechts: Bis zur Erfindung der Zuchtperle in Japan 1930 machten die Emirate gute Geschäfte mit dem Perlenhandel.

Foto: Henning Neuschäffer

Gegner als Piraten. Die Araber trieben zudem traditionell Sklavenhandel, den das christliche Britannien im 19. Jh. allmählich nicht mehr dulden wollte. Die Briten machten also Jagd auf Sklavenschiffe der Araber, und die Qawasim überfielen britische Handelsschiffe.

Um 1819 schließlich attackierten die Engländer unter dem Kommando von William Grant Keir die als Piratenküste bezeichnete Region um Ras al Khaimah, den Heimathafen der Qawasim. Die wehrten sich zunächst erfolgreich, doch ein Jahr später wurde der Ort völlig zerstört. Sicherheitshalber beschoss die englische Flotte auch gleich Sharjah und Dubai, um ihre Macht zu demonstrieren. Anschließend wurden die ersten Verträge mit den lokalen Scheichs ausgehandelt, schließlich ging es England um die Sicherung seines langen Seeweges nach Indien. Dieser war immer wieder neuen Bedrohungen ausgesetzt, das hatte der Franzose Napoleon Bonaparte ihnen deutlich vor Augen geführt. Zwar scheiterte dessen Unternehmung, via Ägypten von Norden her in das britische Kolonialimperium vorzudringen, aber England war gewarnt.

Weitere Abkommen mit lokalen Herrschern der Golfküste folgten, so der 1853 ausgehandelte „immerwährende Friedensvertrag". Auf den Landkarten wurde aus der Piraten- nun die geschätzte „Vertragsküste" (*Trucial States*). Da sich im nahen Persien Ende des 19. Jh. weitere europäische Nationen wie z. B. Deutschland mit Handelsniederlassungen etabliert hatten und Russland und Frankreich großes Interesse an dieser Region zeigten, suchte England seine Verbündeten durch Exklusivverträge enger an sich zu binden. 1892 sagten die Emire den Briten zu, mit keiner anderen Nation diplomatische oder wirtschaftliche Beziehungen einzugehen, im Gegenzug garantierte man ihnen die Nichteinmischung in interne Auseinandersetzungen.

Aufbruch in die Moderne

Wirtschaftlich ging es den Emiren prächtig. Der Perlenhandel florierte, und allein in den Häfen der Emirate lag eine

Foto: Volkmar E. Janicke

Flotte von fast 1000 Perlentaucherbooten. Das Emirat Dubai entwickelte sich nach seiner Gründung 1833 zu einem der wichtigsten Handelsplätze der Region. Aber als 1930 in Japan die Zuchtperle „serienreif" wurde, brach der Perlenhandel ein und die Scheichtümer versanken, abgesehen von Dubai, in Armut. Hoffnung versprach die Erdölsuche, doch erst 1966 schoss dann endlich die erste, lang ersehnte schwarze Fontäne aus dem Boden.

Die Scheichtümer waren zwar kein britisches Protektorat, denn dieser politische Status hätte eine Einmischung Englands in die internen Stammesauseinandersetzungen bedeutet, dennoch wachte das Empire sehr wohl über die weitere Entwicklung. Man stationierte einen Vertreter der britischen Regierung in Dubai und organisierte zugleich eine regelmäßige Zusammenkunft der

obersten Scheichs, den *Trucial States Council*, um strittige Fragen gemeinsam zu lösen. Eine wesentliche war der zukünftige Grenzverlauf sowohl zwischen den einzelnen Emiraten als auch zu den Nachbarstaaten. 1955 hatten saudiarabische Truppen einige Oasen bei Al Ain besetzt und dies mit historischen Gebietsansprüchen begründet. Eine bessere Ausrede fiel den amerikanischen Ölfirmen, die dahinter steckten, nicht ein. Trotz gelungener diplomatischer Lösung machte dieser Vorfall deutlich, dass weitere Spannungen zu erwarten waren. Sorgen bereitete auch die Entwicklung im Iran, wo der Schah nach Unruhen und kurzzeitigem Exil 1953 mit eiserner Hand (und amerikanischer Unterstützung) durchgriff und sein Land hochrüstete. Er machte aus seiner Verehrung für die persischen Großreiche der Antike keinen Hehl, und die Golfküste fürchtete territoriale Übergriffe. In dieser Situation kündigte England 1968 seinen Rückzug aus allen Gebieten östlich des Suezkanals an und löste damit zunächst Entsetzen aus. Nachdem man sich vom

---

Oben: Scheich Zayed II. bin Sultan al Nahyan aus Abu Dhabi, erster Präsident der VAE. Rechts: Scheich Rashid bin Saeed al Maktoum aus Dubai war der erste Ministerpräsident der VAE.

ersten Schrecken erholt hatte, suchten die Oberhäupter aus Bahrain, Qatar und den sieben Emiraten nach einer Lösung.

Da saßen nun neun ehrwürdige Stammesführer, die es gewohnt waren, unabhängig und souverän die Geschicke ihrer Territorien zu leiten. Die wirtschaftlichen Voraussetzungen waren völlig unterschiedlich, denn nicht in allen Emiraten war Öl gefunden worden. Bahrain und Qatar stiegen sehr bald aus den Verhandlungen aus, da sie zu den glücklichen Ölbesitzern gehörten und aufgrund der geografischen Distanz ihre Zukunft in einem eigenen souveränen Kleinstaat sahen. Die sieben verbleibenden Verhandlungspartner stritten darüber, wie eine gemeinsame Regierung gebildet werden könnte und wie viel Kompetenz ein jeder an diese zentrale Regierung abzugeben habe. Ende 1971, kurz vor dem Abzug der Briten, waren sich die Herren aus Abu Dhabi, Dubai, Sharjah, Ajman, Umm al Quwain und Fujairah einig, und so wurde am 2. Dezember die neue Föderation unter dem Namen *Al Imarat al Arabiyya al Muttahida*, Vereinigte Arabische Emirate (VAE), gegründet. Drei Monate später unterschrieb dann auch Scheich Saqr bin Mohammed al Qasimi, Emir von Ras al Khaimah, die Beitrittsurkunde. Angeblich hatte er das Ergebnis einer Erdölbohrung abgewartet, die jedoch keinen Erfolg brachte.

Das Regierungssystem der VAE

Liest man in westlichen Magazinen über die politischen Systeme des Nahen Ostens, wird oft „mehr Demokratie" gefordert. Das mag – aus westlicher Sicht – berechtigt sein, jedoch wird dabei oft übersehen, dass diese Länder eine andere Tradition, eine andere Vorstellung von Menschenrechten und eine andere historische Wahrnehmung haben. Im Orient haben zudem gerade demokratische westliche Staaten mit kolonialistischer Machtpolitik, Intrigen (aus arabischer Sicht „Verschwörungen") und gebrochenen Versprechen (wie dem britisch-

Foto: Henning Neuschäffer

französischen Sykes-Picot-Abkommen von 1916, das den Arabern damals schon die Unabhängigkeit versprochen hatte) nicht den besten Eindruck hinterlassen.

Heute sieht sich die arabische Welt mit der Forderung konfrontiert, sich ausgerechnet Demokratien wie die USA oder Großbritannien zum Vorbild zu nehmen, die – mutmaßlich aus energiepolitischen und strategischen Motiven – ihre Soldaten unter einem fragwürdigen Vorwand in den souveränen arabischen Staat Irak schicken, während der die arabische Seele quälende Dauerbrenner, die Palästina-Frage, ohne befriedigende Antwort bleibt.

Arabische Staaten haben seit den 1950er Jahren schon einiges ausprobiert: Feudalismus, Diktatur, Nationalismus, Sozialismus, Kommunismus und Islamismus – und manches hat sich als Irrweg herausgestellt. Die Araber wollen eigene Regierungsformen finden. Dabei kann der Westen zwar helfen, sollte aber nicht bestimmen. Das politische System in den ölreichen VAE jedenfalls scheint stabil.

Foto: Henning Neuschäffer

Die Position eines Emirs an der Golfküste lässt sich aufgrund der historischen Stammesgesellschaft vereinfacht als die eines Landesvaters beschreiben. Er war für Wohl und Wehe seines Volkes verantwortlich, und durch umsichtiges Regieren und gerechte Behandlung, bisweilen auch Druck, ordneten sich ihm andere Stämme unter, und je größer die Gemeinschaft, umso größer die Chance, sich im Kampf um Weiderechte und Wasserstellen durchzusetzen. Einem rücksichtslosen Despoten hätten sich die Stämme bald widersetzt. Außerdem musste er über einen gewissen Wohlstand verfügen, denn es wurde von ihm auch verlangt, seine „Untertanen" in Notzeiten zu versorgen. Je angesehener der Emir, umso angesehener und damit wiederum einflussreicher wurde seine Familie. Im Lauf der Zeit bestimmte sie dann – eine Art Gewohnheitsrecht – auch die Nachfolger.

Oben: Diese Flagge symbolisiert den gemeinsamen Staat der sieben Emirate.

Vetorecht für Abu Dhabi und Dubai

Das heutige Regierungssystem basiert auf diesem System. Bei der Staatsgründung 1971 wurde aus dem „Trucial Council" der Oberste Rat (Supreme Council), in dem alle sieben Emire vertreten sind. Jeder hat eine Stimme, fünf genügen für eine Entscheidung. Im Obersten Rat wird die gemeinsame Wirtschafts-, Außen- und Verteidigungspolitik festgelegt, auch in den Bereichen Gesundheit und Bildung trifft das Gremium die Entscheidungen. Autonom blieben die sieben Emire vor allem auf dem Gebiet der Legislative für ihr Herrschaftsgebiet, daraus ergaben sich in der Vergangenheit z. B. unterschiedliche Einreisebestimmungen.

Aufgrund ihrer wirtschaftlichen Vormachtstellung haben die Emire des ölreichen Abu Dhabi und des Handelszentrums Dubai ein Vetorecht. Erster Präsident und „Landesvater" der Wahlmonarchie wurde 1971 Scheich Zayed, Mitglied der mächtigen Al-Nahyan-Familie und Emir von Abu Dhabi, dem reichsten

Emirat, das die Föderation ja auch finanziert. Nach dessen Tod stellte diese Familie auch seine Nachfolger: 2004 Scheich Khalifa bin Zayed Al Nahyan und 2022 Mohammed bin Zayed Al Nahyan. Der vom Präsidenten ernannte Vize ist zugleich Ministerpräsident (Regierungschef) und stammt aus der mächtigen Maktoum-Familie Dubais; 1958-1990 war das Scheich Rashid bin Saeed al Maktoum, von 1990 bis 2006 Scheich Maktoum bin Rashid al Maktoum, ab 2006 Scheich Mohammed bin Rashid al Maktoum.

Der Präsident aus Abu Dhabi und der Ministerpräsident aus Dubai ernennen die Mitglieder des 21-köpfigen Ministerrates. Diese sind zwar alle Akademiker, wichtiger für ihre Nominierung ist jedoch die Abstammung aus einer der herrschenden oder herrschernahen Familien.

Das dritte wichtige Gremium ist der Nationale Föderationsrat, dessen 40 Mitglieder von den Emiren ernannt werden (die Hälfte davon künftig indirekt durch Wahlmänner). Er hat zwar „nur" eine beratende Funktion, immerhin muss der Ministerrat ihm jedoch seine Gesetzentwürfe vorlegen, die dann abgelehnt werden können. Parteien und Gewerkschaften gibt es nicht, und die vielen Gastarbeiter haben keine Rechte. Der Ölreichtum Abu Dhabis spielt eine wichtige Rolle im Funktionieren dieses Systems, und die Frage, wie es nach dem Versiegen der Ölquellen weitergeht, bleibt offen.

Der Golfkooperationsrat

Nach seiner Gründung suchte der neue Staat schnell den Anschluss an die internationale Staatengemeinschaft, nicht zuletzt aufgrund der stärker werdenden Bedrohung durch den Iran, der 1971 drei zum Emirat Sharjah gehörende erdölträchtige Inseln besetzt hatte. Abu Dhabi war bereits seit 1967 Mitglied in der OPEC, jetzt wurden es die VAE, weitere Eintritte erfolgten in die UNO und die Arabische Liga, mittlerweile werden diplomatische Beziehungen zu rund 150 Ländern unterhalten.

Während die Emirate im Irak-Iran-Krieg 1980-88 noch dem Angreifer Saddam Hussein finanziell unter die Arme griffen, unterstützten sie 1991 die internationale Allianz zur Befreiung Kuwaits nach dem Einmarsch der irakischen Armee durch die Aufnahme von Flüchtlingen, Bereitstellung von Militärstützpunkten für alliierte Truppen und eigene Soldaten. Wie in vielen anderen arabischen Ländern jedoch fand der Einmarsch von US- und britischen Truppen in den Irak 2003 bei den Emiratis keinen großen Zuspruch.

Der Irak-Iran-Krieg war ein wesentlicher Grund, warum sich die Golf-Anrainerstaaten Vereinigte Arabische Emirate, Saudi-Arabien, Kuwait, Qatar, Bahrain und Oman 1981 an den Verhandlungstisch setzten und eine Union gründeten, den Golfkooperationsrat (GCC, Golf Cooperation Council). Stand ursprünglich eine engere militärstrategische Zusammenarbeit zur Debatte, ist daraus längst eine Wirtschaftsunion geworden, die auch über eine gemeinsame Währung nachdenkt.

Wohlfahrtsstaat für Emiratis

Den Bürgern der Emirate geht es gut, denn der Wohlfahrtsstaat stellt ihnen (im Gegensatz zu den Gastarbeitern) alles Nötige zur Verfügung: Die medizinische Versorgung ist ausgezeichnet und weitgehend kostenlos – nötigenfalls auch eine Spezialbehandlung im Ausland. Die Krankenhäuser sind mit den neuesten technischen Geräten ausgestattet. Emirati-Kinder zahlen von der Grundschule bis zum Hochschulabschluss keine Schulgebühren. Wie familienfreundliche Politik betrieben wird, zeigt das Emirat Abu Dhabi: Dort erhalten Jungvermählte ein eigenes Haus sowie ein Startguthaben von 17 000 Euro – es sind ja nicht alle VAE-Bürger Ölscheichs.

KULTUR

Die Bevölkerung der VAE

Beduine, das Wort klingt nach Lagerfeuer, Freiheit und Kamelritten zwischen den Dünen weiter Wüstenlandschaften – allerdings nur in europäischen Ohren. Hunger, Hitze und permanenter Durst passen nicht in das romantische Bild, das man sich in der westlichen Welt vom Leben in der Wüste macht. Unterhält man sich mit der älteren Generation in den Emiraten, wird der romantische Kamelritt zur tagelangen Quälerei auf der Suche nach frischen Weidegründen. Selbst T. E. Lawrence, jener berühmte „Lawrence von Arabien", beschrieb dieses Leben als eines am Rande des Todes.

Bis zur Staatsgründung 1971 und dem einsetzenden Ölboom lebten die Menschen unter diesen harschen Bedingungen, gerade mal 180 000 Einwohner zählte der neue Staat. Abu Dhabi oder Dubai waren Ansammlungen von kleinen Palmenblatthütten (*barastis* oder *areesh*), nur wohlhabende Perlenhändler und die regierenden Scheichs konnten sich feste Häuser aus Korallenstein leisten.

An der Küste lebte man vom Fischfang, den spärlichen Erzeugnissen einer minimalistischen Landwirtschaft und der Perlentaucherei. Letztere war ein hartes Brot, die Arbeit lebensgefährlich. Bis zu hundert Tauchgänge pro Tag griffen die Lungen an, das Salzwasser schädigte die Augen, Quallen und Haie stellten eine weitere Bedrohung dar. Um ihre Familien während der mehrmonatigen Abwesenheit ernähren zu können, ließen sich die Taucher ihren Lohn im Voraus auszahlen. Kam einer von ihnen ums Leben, mussten Bruder oder Sohn ihn ersetzen.

Im Landesinneren versorgten die Oasen mit ihren Dattelhainen die sesshafte

Links: Die meisten Muslime in den Emiraten sind Sunniten.

Bevölkerung und die nomadisierenden Beduinen.

In dieser Umgebung hatte der Einzelne kaum Überlebenschancen, deshalb war die Gemeinschaft so wichtig. Die kleinste Einheit dieser Gesellschaft stellte die Familie dar, mehrere Familien bildeten einen Clan. Der Zusammenschluss verschiedener Clans, deren Bindeglied ein gemeinsamer Ahnherr war, bildete den Stamm. Die Stämme herrschten nicht über ein zusammenhängendes Territorium, sondern beanspruchten jene Regionen, wo sich die zugehörigen Clans und Familien niederließen. Das hatte z. B. bei der Gründung der VAE zur Folge, dass die Stadt Khor Kalba dem Verwaltungsbereich des Emirs von Sharjah zugerechnet wurde, obwohl das Territorium drumherum zum Emirat Fujairah gehört.

Obwohl mit Schaffung eines modernen Staats auch ein Nationalgefühl entstand, spielen die alten Strukturen nach wie vor eine wichtige Rolle. Auch bei der Besetzung wichtiger Ämter in Politik und Wirtschaft ist die historische Nähe gewisser Stammesfamilien zu den herrschenden Clans von Vorteil. Die Familie ist immer noch das stärkste Bindeglied, und es ist selbstverständlich, dass man sich gegenseitig unterstützt. So sagt der Bruder vielleicht eine Auslandsreise ab, weil er lieber einen finanziellen Beitrag zum Hochzeitsfest seiner Schwester beisteuert.

Heute leben rund 9,5 Millionen Menschen in den VAE, über die Hälfte davon in den drei großen Metropolen Abu Dhabi, Dubai und Sharjah. Doch nur ein Viertel davon sind „locals", also Einheimische, der restliche Anteil, die so genannten „expats", (von *expatriate*, Gastarbeiter) kommen aus fast 140 verschiedenen Ländern. Mit dem Beginn des Erdölzeitalters begann der massive Zuzug von ausländischen Arbeitskräften, denn es fehlte an technischem Know-how. In den einfachen Berufen arbeiten Inder als Maurer oder Gärtner, Pakistanis als Taxifahrer – was manchmal zu

Foto: Rainer Hackenberg

unfreiwilligen Stadtrundfahrten führen kann –, und beinahe jeder Haushalt beschäftigt eine philippinische Frau als Kindermädchen und Hausangestellte, einen indischen Gärtner und vielleicht noch einen Chauffeur. In ärmeren arabischen Ländern Nordafrikas sind die Bewohner der Golfstaaten als hochnäsig und arrogant verschrien. Aber deren Länder bieten Arbeit, und so verdrängt mancher Marokkaner, Ägypter oder Jordanier seinen Stolz und geht als Kellner, Hotelpage oder Lehrer nach Saudi-Arabien, Bahrain oder in die Emirate. Wer es gut erwischt, unterrichtet als Privatlehrer in Abu Dhabi oder Dubai. Kein Hauptgewinn ist dagegen eine Schule in den kleinen Siedlungen des Leeren Viertels, wo ein machtloser Lehrer einer Horde von Beduinenjungen Lesen und Schreiben beibringen soll. Leitende

Angestellte kommen meist aus Indien, ohne ihr Organisationstalent würde bisweilen Chaos herrschen.

Während die Asiaten mangels Arbeitsplätzen in ihrer Heimat in die Emirate kommen, werden die Europäer neben dem schönen Wetter, attraktiven Gehältern und dem recht lockeren Lebensstil auch von steuerlichen Vorteilen an den Golf gelockt. Sie arbeiten für Zweigstellen international operierender Konzerne, als Architekten oder haben sich mit einem Nischenbusiness selbstständig gemacht. Künftig werden wohl auch immer mehr europäische Rentner ihren Lebensabend in den Emiraten verbringen. Bis jetzt ist es zwar nur in Dubai möglich, ohne Arbeit, dafür mit dem Erwerb eines Appartements ein „Wohnvisum" zu erhalten. Aber vielleicht entdecken auch die anderen Emirate den attraktiven „Langzeit-Rentner-Tourismus" á la Florida.

Von den nomadisierenden Beduinen gibt es heute nicht mehr viele, man schätzt ihre Zahl auf etwa 20 000. Trotz der seit 1970 erheblich verbesserten Le-

---

Oben: Acht Millionen „Expats" (Gastarbeiter) halten das Wirtschaftswunder der Emirate in Gang. Rechts: Junge Frauen – zwar in schwarz gekleidet und mit bedecktem Haar – zeigen sich immer häufiger allein in der Öffentlichkeit.

Foto: Rainer Hackenberg

bensbedingungen taten sie sich anfangs schwer, die mit der Staatsgründung einhergehenden Veränderungen zu akzeptieren. Doch sie lernten schnell dazu, wie die Geschichte mit den Pässen beweist: Um in den Genuss von staatlichen Zuschüssen zu kommen, brauchten sie einen Pass. Also gingen sie nach Abu Dhabi, deklarierten sich zu emiratischen Staatsbürgern, erhielten den benötigten Pass und die erwünschte finanzielle Unterstützung. Danach zogen sie in das benachbarte Sultanat Oman und beantragten dort ebenfalls einen Pass ...

Frauen in den Emiraten

Die Frauen in den VAE sind auf dem Vormarsch. Zwar ist ihre Rolle besonders in den ländlichen Regionen noch an traditionelle Aufgaben wie die Erziehung der Kinder und Versorgung des Haushaltes gebunden, doch in den Großstädten findet eine Veränderung statt, die nicht zu übersehen ist. Rein äußerlich erscheinen sie immer noch in Schwarz gekleidet, doch bei vielen

jungen Mädchen rutschen die Schals immer weiter nach hinten – oder bleiben schon mal im Schrank. In den Cafés sieht man nicht mehr nur Gruppen junger Männer beisammen sitzen, immer öfter sitzen ebenso selbstverständlich Frauen am Nebentisch und genießen das Leben in der Öffentlichkeit. Doch das sind nur Äußerlichkeiten. Seit Jahren legen emiratische Väter mehr Wert auf eine gute Ausbildung ihrer Töchter als auf eine schnelle Heirat, und so ist das durchschnittliche Hochzeitsalter auf über 20 Jahre gestiegen. Nach der Schule studieren sie entweder an der landeseigenen Universität in Al Ain oder gehen ins Ausland, um später in den Emiraten in leitenden Positionen zu arbeiten. Manche wollen gar nicht so hoch hinaus und emanzipieren sich in anderen Berufen. Während z. B. im benachbarten Saudi-Arabien Frauen nicht mal ihr eigenes Auto fahren dürfen, arbeiten in Dubai seit 2002 weibliche Taxifahrerinnen – wenn auch unter der Auflage, nur weibliche Passagiere zu transportieren. Im Frühjahr 2005 lud die

57

Foto: Volkmar E. Janicke

Sheikh-Zayed-Universität zu einer Veranstaltung ein, bei der es um das Thema „women as global leaders", Frauen in Führungspositionen, ging, und dass dies nicht bloß Theorie ist, beweist die Tatsache, dass 2004 Scheicha Lubna al Qasimi aus Sharjah Ministerin für Wirtschaft und Planung wurde.

Gastfreundschaft

Die arabische Gastfreundschaft ist legendär und wird auch von modernen Reisenden gern in Anspruch genommen. Sie hat ihren Ursprung im harten Leben der Wüste, denn getreu dem Motto „Der Gast von heute kann dein Gastgeber von morgen sein", wurde jeder Fremde bedingungslos im Zelt willkommen geheißen. Sobald der Zeltbesitzer den Gruß des Fremden „assalaamu aleykom" mit dem obligatorischen „ua aleykom assalaam" beantwortet hatte, stand der Hausherr für das Leben seines

Besuchers ein. Drei Tage galt das Gastrecht, in dem der Gast den vollen Schutz nicht nur des Gastgebers, sondern des gesamten Clans oder Stammes genoss. Eines der extremsten Beispiele dieser Gastfreundschaft ist wohl die Geschichte jenes Bedu, der eines Tages einen Fremden in seinem Zelt begrüßte. In dem Gewehr, welches der Fremde bei sich trug, erkannte er die Waffe seines Sohnes. Da die direkte Frage nach der Herkunft unhöflich ist, bewunderte er das Gewehr, woraufhin der Fremde freimütig von dem Kampf erzählte, in dessen Verlauf er den Besitzer getötet hatte. Und der Gastgeber? Er verzog keine Miene, bewirtete den Mörder seines Sohnes volle drei Tage. Danach gab er sich ihm zu erkennen, doch nicht etwa um sofort Rache zu nehmen, nein, er ließ ihn ziehen, denn nach diesen drei Tagen Aufenthaltsrecht gilt für weitere drei Tage ein unausgesprochener Schutz, der so genannte Bund des Salzes, denn Gast und Gastgeber hatten vom gleichen Salz und Brot gegessen. Im Arabischen heißt es: „*fi bainah chubs ua milich* – Zwischen uns

Oben: Eine Einladung zum Kaffee – Symbol arabischer Gastfreundschaft.

58

ist Brot und Salz". Er gab ihm lediglich zu verstehen, dass er bei einer Wiederkehr zum Kampf gefordert würde. Diese Tradition lebt bis heute fort und zeigt sich in der enormen Hilfsbereitschaft der Emiratis. Es kann vorkommen, dass jemand, der suchend mit einer Straßenkarte am Wegesrand steht, nicht den Weg gezeigt bekommt, sondern gleich im Privatwagen dorthin gebracht wird. Der Autor dieser Zeilen wurde einmal während des Ramadans zum Essen eingeladen. Er war jedoch nicht allein, sondern als Leiter einer Gruppe von 12 Personen unterwegs. Die lapidare Antwort des Einladenden: „Kein Problem – bring sie mit!"

Die arabische Sprache

Ähnlich der deutschen Sprache, die neben dem Hochdeutschen viele Dialekte kennt, gibt es auch im Arabischen neben dem Hocharabischen viele Dialekte, die es bisweilen sogar für Araber schwierig machen, sich untereinander zu verstehen. Zu den schwersten Dialekten gehört das Arabisch des Maghreb wie das *moghrebi* in Marokko, denn dort vermischen sich Berbersprache, Französisch und Arabisch. Je weiter man aber nach Osten kommt, um so klarer werden die Dialekte, die jedoch immer noch ihre Besonderheiten aufweisen. In Ägypten beispielsweise verschluckt man gern den Buchstaben „q", so wird aus „qahwa" (Kaffee) „ahwa". Das Golfarabisch ist grundsätzlich ein recht klares Arabisch, das gut verstanden werden kann. Eine Ausnahme bilden die Shihuh, ein Bergstamm der nördlichen, zu Oman gehörenden Musandam-Halbinsel, deren Sprache eine Mischung aus persischem Farsi und Arabisch ist. Eine weitere Ausnahme sind die Beduinen des Leeren Viertels, die einen etwas schwierigen arabischen Dialekt sprechen.

Wortreiche Begrüßung

Eine Begrüßung unter Beduinen spiegelt sehr anschaulich das Bedürfnis nach neuesten Nachrichten jeder Art wieder, hing in früheren Zeiten davon doch das Überleben ab. Wichtig waren z. B. Informationen über die letzten Regenfälle, wann, wo und in welcher Ergiebigkeit sie niedergegangen waren. Der Ankömmling wurde zuerst befragt, bevor er dann wiederum Fragen stellte, wollte er doch z. B. wissen, ob in der Region, die er bereisen wollte, Stammesfehden zu befürchten seien. Eine typische Begrüßung läuft heute noch so ab:
A: „assalaamu aleykom" (Friede sei mit Euch)
B: „ua aleykom assalaam" (Auch mit Euch sei Friede)
A: „shay oulum?" (Gibt es was Neues?)
B: „ma shay!" (Nichts!)
A: „shay achbar?" (Gibt es Nachrichten?)
B: „ma shay!" (Nichts!)
A: „ma smaat b'schey?" (Hast Du etwas gehört?)
B: „ma shay! bahou! (Schluss!) sobkom?" (Und selbst?) – Daraufhin stellt B die gleichen Fragen, die ebenfalls in gleicher Form beantwortet werden, erst dann setzt man sich zum obligatorischen Kaffee zusammen.

Offizielle Landessprache ist Arabisch, aber da die Emirate im internationalen Handel eine zunehmend wichtige Rolle spielen und Englisch seit Jahren in der Schule unterrichtet wird, kommt man heute sehr gut damit durch. Es wird von den Emiratis jedoch sehr geschätzt, wenn sich jemand die Mühe macht und zumindest die Begrüßungssätze im Kopf hat.

Unter männlichen Familienmitgliedern ist es üblich, sich die Hände zu schütteln und kurz einander mit der Nasenspitze zu berühren – ein Ritual, dass heute auch unter guten Freunden ausgetauscht wird. Danach folgt eine Art Wortgefecht, das bis zu fünf Minuten dauern kann. Es wird nach der Gesundheit, den Kindern, der Familie oder dem allgemeinen Zustand gefragt, keinesfalls jedoch nach der Ehefrau, dies gilt als unhöflich. Von Europäern wird dieses Ritual oft als formale Floskel abgetan,

2

Kultur

da die Fragen nach Gesundheit oder der Familie immer mit *„Alhamdullilah – Gott sei gedankt"* beantwortet werden. Doch auf die Begrüßung wird viel Wert gelegt, es gilt besonders der älteren Generation gegenüber als äußerst unhöflich, nur mit einem knappen „Wie geht's?" zu grüßen. Erst wenn man in Ruhe beisammen sitzt, werden vielleicht auch schlechte Nachrichten kundgetan. Männer schauen sich übrigens bei der Begrüßung in die Augen, denn die europäisch-höfliche Variante des Sich-Verbeugens machten früher nur die Sklaven.

Die Begrüßung von Frauen ist für den Gast immer etwas heikel. Grundsätzlich sollte man davon ausgehen, dass man einer Frau nicht die Hand schüttelt. Sollte die eigene Hand doch mal automatisch ausgestreckt werden und dann etwas verloren in der Luft hängen, weil die Dame sie nicht ergreift, muss man sich jedoch nicht schämen; die emiratischen Frauen wissen meist, dass dies höflich gemeint ist.

Der Prophet und der Islam

„Seit der Zeit der Griechen und Römer sind die europäischen Denker und Geschichtsschreiber gewohnt, die gesamte Weltgeschichte nur vom Standpunkt der europäischen Geschichte und im Lichte abendländischer Kulturerfahrungen zu betrachten. Fremde Zivilisationen fassen sie nur 'beziehungsweise' ins Auge – das heißt, nur insoweit als ihr Dasein einen unmittelbaren Einfluss auf die Geschicke des europäischen Menschen aufweist – und somit sieht das abendländische Auge in der Geschichte der Welt und ihrer mannigfaltigen Kulturen kaum mehr als eine erweiterte Geschichte des Abendlandes." Das schrieb Mohammed Asad, ein zum Islam konvertierter Österreicher, in seinem Buch „Der Weg nach Mekka" (S. Fischer Verlag, Berlin 1955).

Nach dem Glauben der Muslime hat Gott übrigens keinen Sohn; Mohammed wird zwar als vorbildlicher Mensch und Prophet hoch verehrt, aber keineswegs als göttlich angebetet.

Die positiven Seiten, die der Islam als seit fast 1400 Jahren zivilisationsprägende Kraft hat, werden in der gegenwärtigen Fundamentalismus/ Terrorismus-Debatte meist ignoriert. An dieser Stelle sei nur die Tatsache erwähnt, dass es z. B. keine Steuereintreibung gibt, sondern ein Ministerium zur Verwaltung (*ministry of awqaf and islamic affairs*) der durch die moralischen Vorschriften des Koran in Bezug auf *zakat* (freiwillige Almosensteuer, 2,5-10 %) eingenommenen Gelder. Deutschland ohne Steuereintreiber wäre bankrott.

Manch ein Urlauber, der verkündet, er fliege um sich zu vergnügen in die Emirate – einen Staat in Arabien, der Bastion des Islams – erntet Kopfschütteln, wohl wegen der geografischen Nähe zum rigiden wahhabitischen Saudi-Arabien, dem Nabel des Islamismus. Die wachsende Zahl von Urlaubern aus Europa spricht allerdings für sich, könnte sich doch kein nennenswerter Tourismus in einem intoleranten islamistischen Land etablieren.

Die Emiratis pflegen einen liberalen Umgang mit Andersgläubigen in ihrem Staat, in dem wegen der zahllosen Gastarbeiter aus aller Herren Länder fast alle Religionen vertreten sind. So lange niemand missioniert oder gegen die Staatsreligion Islam agitiert, hat die Regierung nichts einzuwenden, und so gibt es in den größeren Städten wie Abu Dhabi, Dubai oder Sharjah neben christlichen Kirchen auch Hindu- und Sikh-Tempel. Touristen sollte aber bewusst sein, dass der Genuss von Alkohol in der Öffentlichkeit ebenso wie der öffentliche Austausch von Zärtlichkeiten zwischen Mann und Frau bei Strafe verboten ist.

Einer der Gründe, warum sich die neue Religion Islam mit den arabischen Eroberungszügen im 7. Jahrhundert so

---

Rechts: Ein kostbarer Koran, gestaltet von einem Kalligrafen im 10. Jahrhundert.

Foto: Camerapix

schnell ausbreitete und innerhalb von hundert Jahren bis nach Spanien hineinreichte, war ihre Toleranz gegenüber den andersgläubigen Unterworfenen. Zudem winkte allen, die sich zum Islam bekehrten, Steuerbefreiung.

Der Prophet Mohammed wurde 570 n. Chr. geboren und empfing im Alter von 30 Jahren seine erste Offenbarung, die er aus Furcht zunächst für sich behielt. Später erzählte er seiner Frau Khadidscha davon, die ihn dazu ermutigte, „an die Öffentlichkeit" zu gehen. Das war gewagt, denn diese Offenbarungen waren eine soziale Revolution: Die damalige Gesellschaft kannte eine strenge Hierarchie, und plötzlich sollte der hohe Stammesscheich vor diesem neuen Gott gleich sein mit einem niederen Sklaven. Frauen bekamen erstmals Rechte zugesprochen, sollten u. a. erbberechtigt sein. Wirtschaftlich stellte die neue Lehre Mohammeds ebenfalls eine Bedrohung dar, denn die Kaaba in seiner Heimatstadt Mekka war damals schon ein heiliger Platz, den viele Pilger aufsuchten und so Geld in die Stadt brachten. Auch damit sollte es vorbei sein, denn wer kannte den neuen Gott? Niemand! Und außerdem: Sollten alle Vorväter und Väter geirrt haben, einem falschen Glauben aufgesessen sein?

Schließlich wurde aus dem anfänglichen Spott gegen Mohammed blanker Hass, vor dem er mit seiner kleinen Anhängerschaft 622 n. Chr. in die Stadt Yatrib fliehen musste. Yatrib bekam später den Namen Medina al Nabi (Stadt des Propheten), kurz Medina. Diese Flucht, *hijra* (Hedschra), wurde später zum Beginn der islamischen Zeitrechnung.

Die Bevölkerung Yatribs war in einem Streit gespalten, den Mohammed schlichten konnte und dadurch an Vertrauen, Einfluss und Macht gewann. Jüdische Stammesangehörige hingegen vertrieb er aus Medina. Er forderte nun seine Heimatstadt Mekka auf, seiner neuen Lehre zu folgen. Es kam zu bewaffneten Auseinandersetzungen, die er schließlich für sich entscheiden konnte. Er zog in Mekka ein, zerschlug die Statuen der alten Götter der Kaaba – und starb kurz darauf.

Foto: prima (Fotolia)

Ein Streit über Mohammeds Nach-folge entzweite die junge Gemeinde, es kam zu einer Spaltung, die sich bis heute in den beiden großen Glaubens-richtungen der Schiiten und Sunniten fortsetzt. Die Schiiten sind eine Minder-heit, die hauptsächlich in Persien (Iran) lebt. Der grobe Unterschied besteht in der Frage, wer als Nachfolger des Pro-pheten denkbar sei: Die Schiiten sagen, nur ein Nachkomme in direkter, bluts-verwandter Linie zu Mohammed; bei den Sunniten gibt es mehrere Lehrmei-nungen, die weniger dogmatisch sind.

Erst Jahre nach seinem Tod wurde damit begonnen, die Offenbarungen Mohammeds schriftlich festzuhalten – im Koran. Seine frühen Anhänger und Freunde schrieben gemeinsame Erleb-nisse und Aussagen des Propheten auf, die Hadithe. Sie sind neben dem Koran die zweite wichtige Grundlage für das heutige Handeln der Muslime.

Oben: Die zweite Säule des Islam ist das Gebet – fünfmal am Tag.

Die fünf Säulen des Islam

Die Emiratis sind mehrheitlich sunni-tische Muslime (Schiiten nur ca. 15 %) und überwiegend Anhänger der kon-servativen hanbalitischen Rechtsschule. Sie beachten die fünf Säulen des Islams: Die erste ist das Bekenntnis zum Glau-ben (*schahada*) und der Einzigartigkeit Gottes (deshalb kann er auch keinen Sohn haben, was die Moslems bei den Christen „bemängeln"). Wer zum Is-lam übertreten möchte, muss nur das Bekenntnis „La illaha illa'llah" („Es gibt keine Gottheit außer Gott") vor Zeugen aussprechen.

Die zweite Säule ist das regelmäßige Gebet (*salat*). Vorgeschrieben sind zwar fünf pro Tag, und die westliche Literatur vermittelt manchmal den Eindruck, als würde jeder Moslem zwischen Atlantik und Asien pünktlich zum Gebetsruf das Haupt beugen. Dem ist nicht so, und da es im Gegensatz zum Christentum kei-ne Priester als Mittelsmänner gibt, son-dern jeder Gläubige sozusagen einen „direkten Draht zu Allah" hat, nehmen sich auch die Emiratis die Freiheit, das eine oder andere Gebet zu verschieben.

Das Fasten im Monat Ramadan (*saum*) dagegen wird von den meisten beachtet. Ausgenommen sind allerdings Kinder unter sieben, Schwangere, Kranke und Reisende. Der islamische Kalender richtet sich nach dem Lauf des Mondes und verschiebt sich gegenüber dem gregorianischen um elf Tage rückwärts, deshalb fällt der Ramadan etwa alle 25 Jahre in die heißeste Jahreszeit. Dann bei 45 °C im Schatten zu fasten (d. h. tagsüber nicht zu essen, nicht zu rauchen und vor allem nicht zu trinken!) war in früheren Zeiten, ohne Klimaanlage nicht leicht. Aber selbst heute gilt es, kurz vor dem Ramadan eine dringende Sache noch schnell zu erledigen – oder sie um vier Wochen zu verschieben!

Die vierte Säule ist die Abgabe von Almosensteuern (*zakat*). Für die Höhe dieser Steuer gab es auch in der Zeit des Tauschhandels, als Bargeld rar war, feste Richtlinien. Man orientierte sich z. B. an der Anzahl der Kamele, die ein Mann besaß. Unterste Armutsgrenze (und somit steuerfrei) waren vier Tiere, ab dem fünften war eine Ziege fällig, der höchste Steuersatz lag bei zwei dreijährigen Kamelstuten, die ab einer Herde von 120 Kamelen abzugeben waren.

Fünfte und letzte Säule ist die Pilgerreise nach Mekka (*hadsch*). Ältere Menschen werden oft respektvoll mit „ya hadsch" bzw. „ya hadschia" angesprochen, da man davon ausgeht, dass sie die Pilgerreise unternommen haben.

Musik und Tanz

Es gibt einen alten Schwarz-Weiß-Film aus den 1950er Jahren, der zwar über die Anfänge der Ölsuche berichtet, aber in einer kurzen Sequenz sind ein paar Beduinen beim Tanz zu sehen. Aus den Lautsprechern dringen plötzlich kehlige Laute, im Hintergrund gibt eine Trommel den Rhythmus an. (Wer je von einem Bedu zum Tanz aufgefordert werden sollte: Hören Sie auf die Trommel,

die gibt den Rhythmus für die Schrittfolge vor!) Die Sänger stehen im Halbkreis nebeneinander, im Gürtel den traditionellen Dolch, in der rechten Hand wippt der *khazairan* (der Kamelstecken), und in der Mitte tanzt der spätere Präsident der Vereinigen Arabischen Emirate, Scheich Zayed bin Sultan al Nahyan. Er schwingt einen Karabiner über seinem Kopf und bewegt sich mit kleinen, tänzelnden Schritten vor den Sängern. Das ist ein typisches Bild. Es gab viele solcher Tänze und Musikstücke, denn vieles konnte besungen werden: Da waren die Einheit und Stärke des Stammes, der Mut eines einzelnen Kämpfers, die Ausdauer des Lieblingskamels, Geschichten vom Kampf und natürlich von der Liebe, ob glücklicher oder verschmähter. In den langen Nächten am Feuer wurden unzählige Liebeslieder vorgetragen. Bei den Tänzen ging es bisweilen hoch her, beim *razha*, einem Kriegstanz, wurde in die Luft geschossen oder die Schwerter über dem Kopf geschwungen, ebenso beim *ayyala*.

Erstaunlicherweise tanzten nicht nur Männer, auch die Frauen nahmen bei gesellschaftlichen Anlässen daran teil. Während der religiösen Feiertage Eid al Fitr am Ende des Ramadan oder Eid al Adha während des Pilgermonats wird z. B. der *na'ashat* aufgeführt. In bunten, prächtig verzierten Kleidern stehen etwa zwanzig junge Mädchen, ihr schwarzes, hüftlanges Haar fällt ihnen offen über die Schultern, und im Rhythmus der Musik wippen ihre Köpfe hin und her, und das Haar fliegt im hohen Bogen herum. Dass bei solchen Tänzen auch moralische Normen bisweilen zweitrangig sind, beweist ein Brauch bei den Beduinen der Wahiba-Wüste in Oman. Dort gibt es einen Tanz, den *mazifina*, bei dem sich zwei Pärchen gegenüberstehen, die Arme um die Hüften des anderen gelegt, und abwechselnd in kleinen Schritten aufeinander zugehen. Sie gehören zwar zur gleichen Familie oder Stamm – sind aber unverheiratet. Bei den erzkonservativen Wa-

Foto: Peter Franzisky (Bedu Expeditionen)

habiten in Saudi-Arabien wäre so etwas undenkbar!

Aber nicht nur die nomadisierenden Beduinen sangen, auch die sesshaften Oasen- und Stadtbewohner hatten ihre Tänze und Gesänge. In jeder Berufsgruppe gab es spezielle Lieder, um die harte Arbeit zu erleichtern. Die Fischer sangen beim Einholen der Netze, die Seeleute beim Hissen der Segel oder dem Abkratzen der Muscheln vom Bootsrumpf, selbst in der Landwirtschaft wurde gesungen. Der Musikwissenschaftler Isaam el Mallah, der sich sehr intensiv mit der Musik des Nachbarlandes Oman auseinandersetzt, unterscheidet über 140 verschiedene Musikgattungen, zu denen u. a. auch religiöse oder Gesellschaftslieder gehören. Ob Hochzeit, Geburt eines Kindes oder Trauerfall, wenn Menschen zusammenkamen, wurde in verschiedensten Variationen gesungen.

Oben: Trommeln geben den Rhythmus für die Schrittfolge des Tanzes vor.

Arabisches Kunsthandwerk

Bis zu Beginn der 1970er Jahre standen der Bevölkerung der Emirate kaum die entsprechenden Mittel und Materialien zur Verfügung, weshalb sich das Handwerk auf die Herstellung von Gegenständen für den Gebrauch im Alltag beschränkte. Dabei entwickelten die Menschen jedoch sehr viel Fantasie, und sie verwendeten die wenigen Rohstoffe in vielfältigster Weise. Allein aus den Blättern der Dattelpalme und den Gräsern der Bergtäler wurden Matten, Körbe, Aufbewahrungsbehälter und Schüsseln für das Melken der Kamele geflochten. Zur Verzierung verwendete man Ziegenleder oder Kaurimuscheln. Aus den Fasern der Dattelblätter drehte man Seile, die beim Bootsbau zum „Vernähen" der Planken dienten, denn erst mit der Ankunft der Portugiesen 1507 kam der eiserne Nagel als Schiffsbaumaterial nach Arabien.

Akazienbäume lieferten das Holz für Mörser und Tabletts, Trinkgefäße und Wasserbehälter drehte man auf einfachen Töpferscheiben aus Ton. Kamel- und Ziegenhaar stand zur Produktion von Mänteln, Zeltbahnen und Kleidung zur Verfügung. Zum Färben der Wolle verwendete man früher pflanzliche Säfte oder zu feinstem Pulver zerriebenes Gestein.

Wer sich zufällig während des Shopping-Festivals in Dubai aufhält, kann einheimischen Frauen im Heritage Village beim Weben, Klöppeln und Sticken über die Schultern sehen.

Berühmt ist der beduinische Silberschmuck, denn Silber war als einziges Edelmetall verfügbar. Nicht durch Bergbau – es gibt kaum Silber im arabischen Wüstenboden –, sondern durch Handel war es weit verbreitet. Schon zu Zeiten der Weihrauchstraße (ca. 400 v. Chr. bis 500 n. Chr.) wurden Münzen zu Schmuck verarbeitet. Allerdings waren die Mengen begrenzt, was u. a. ein Grund dafür sein mag, dass im Todesfall der Schmuck einer Frau (Männer tragen auch heute selten Schmuck) eingeschmolzen und neu verarbeitet wurde. Diese Tradition hat sich übrigens erhalten, weshalb es kaum antiken Schmuck zu kaufen gibt.

Erst als mit dem Kaffeehandel im 18. Jahrhundert der Maria-Theresien-Thaler als Zahlungsmittel seinen Siegeszug auf der gesamten Arabischen Halbinsel begann, etablierte sich eine nennenswerte Silberschmiedekunst. Wegen seines gleichbleibend hohen Silbergehaltes von gut 84 % war er nicht nur bei den Händlern, sondern auch bei den Beduinen beliebt. Sie schmolzen die Münzen entweder ein oder integrierten sie als Anhänger in ihre schweren Silberketten. Die Scheide der Krummdolche (*khanjar*) verzierte man mit feinen Silberdrähten, ebenso die Griffe.

Heute gibt es in Geschäften und Märkten viele kunsthandwerkliche Artikel wie Wasserpfeifen, Stoffe oder Backgammonspiele, sie haben ihren Ursprung jedoch nicht in den Emiraten, sondern stammen aus Syrien, Marokko oder Persien.

Traditionelle Kleidung

Frauen in den Emiraten sind sehr modebewusst, das wird dem westlichen Besucher bei einem Blick in die Schaufenster teurer Modeboutiquen schnell klar. Ob Chanel, Dior oder Dolce & Gabbana, es gibt alles zu kaufen – und wird auch getragen. „Wo?", mag man sich fragen, denn im Straßenbild herrscht bei den Frauen das vorurteilbeladene Schwarz vor. Diesen schwarzen Umhang oder Mantel (*abaya*) tragen die Frauen nur, wenn sie das Haus verlassen. Natürlich dient er der Wahrung moralischer Normen, doch auch in der Vergangenheit schmückten sich die Frauen mit farbenprächtigen, reich verzierten Kleidern und warfen sich die Abaya zum Schutz vor dem Straßenstaub über.

Die traditionelle Kleidung der Frau besteht aus einer oben weit geschnittenen Hose (*sirwal*) aus Baumwolle, deren Bünde sehr eng und mit einem Reißverschluss versehen sind. Darüber trägt sie ein zur Hose farblich passendes Kleid (*kandoura*). Halsausschnitt, Ärmel und Hosenbeine sind selbst bei der Alltagskleidung mit Paillettenstickereien verziert, die unter dem weiten „Überkleid" (*thaub*) hervorschauen.

Die Damen der Stadt tragen zur Abaya noch eine Kopfbedeckung (*shayal*), die eher einem Schal als einem Kopftuch gleicht. Die Kombination von Tradition und Moderne bringt bei den jungen Mädchen so manche Stilblüte hervor. Designerkleidung, eine Bluejeans und bauchfreies T-shirt unter der *abaya* sind schon fast normal, aber eine Baseballkappe über dem *shayal* entbehrt nicht einer gewissen Komik.

Auch die arabische Frau kommt nicht mit nur einem Paar Schuhe aus, denn zu jeder Farbenkombination der Kleider benötigt sie ja auch die passenden Sandalen, und da die Schuhe das einzige „Accessoire" sind, das erlaubtermaßen zu sehen sein darf, wird auf Eleganz besonders viel Wert gelegt.

Ein besonderes Kleidungsstück ist die

Foto: Rainer Hackenberg

burqa, eine Gesichtsmaske aus Stoff, die aufgrund intensiver Färbung manchmal fast metallisch in der Sonne schimmert. Sie wird von den Wüstenbewohnerinnen getragen und hat bisweilen durch einen breiten Stoffstreifen, der von der Stirn über die Nase bis zum Kinn reicht, ein fast martialisches Aussehen. Diese Burqa ist ein sehr individuelles Accessoire. Kein Beduine käme auf die Idee, seiner Frau eine Maske mitzubringen, denn diese wird nach Wunsch maßgefertigt. Die Fraune selbst sagen über die Maske, dass es keine Schande sei, ohne sie zu gehen, sondern ein Ausdruck individueller Schönheit, sie zu tragen. Nur vor Gott (während des Gebetes) und vor ihrem Ehemann wird sie abgenommen. Durch das Verhüllen ihres Gesichtes bewahrt die arabische Frau für ihren Gatten einen Wert, der Muslimen in Europa wegen der Übersexualisierung der Mode, der Werbung und der Medien (durch Satelliten-TV den Emiratis wohlbekannt) bedroht scheint: ihre Intimität.

Männer im Nachthemd?

Das knöchellange Gewand der arabischen Männer heißt *dischdascha* oder *kandoura* und ist bei den Städtern meist weiß. In den letzten Jahren sind andere, dezente Farben hinzu gekommen, etwa fliederfarben. Bei den Beduinen des Leeren Viertels sind dagegen kräftige Farben schon lange üblich. Besonders in den kühleren Wintermonaten tragen sie dunkle Brauntöne. Je nach Jahreszeit sind dickere oder dünnere Stoffe angesagt. „Chasch-Chasch" wird eine dicke Baumwollmischung genannt, die recht steif ist und beim Gehen, wenn der Stoff an den Beinen reibt, das namensgebende Geräusch macht.

Die einfache Alltags-Dischdascha ist meist aus Baumwolle, manchmal mit Seide gemischt, die ihr einen schimmernden Glanz verleiht; für besondere

Oben: Außerhalb des Hauses tragen Frauen in der Regel Schwarz. Rechts: Die Männer kleiden sich in die Dischdascha; der Kopf wird mit der Gutra bedeckt, die von einer schwarzen Kordel (Agal) gehalten wird.

Anlässe trägt der Emirati reine Seide. Ähnlich wie beim Schottenrock interessiert die Frage: „Was trägt man darunter?" Oben meist ein dünnes T-shirt mit weitem Ausschnitt. Für unten gibt es lange Unterhosen, im Sommer kurze Boxershorts, beide in weiß – sonst schimmert es durch. Eine weitere Möglichkeit ist ein um die Hüften geschlungenes Tuch (*wizaar*), wobei der ungeübte Europäer aufpassen muss, dass er beim Hinsetzen nicht zuviel zeigt. Wilfred Thesiger berichtet in „Die Brunnen der Wüste", dass die ihn begleitenden Beduinen ihm anfangs bisweilen zuzischelten "Your nose!" – Deine Nase!", woraufhin er sich zunächst etwas verwirrt ins Gesicht griff...

Die von Touristen manchmal respektlos als Nachthemd bezeichnete Nationaltracht unterscheidet sich auf den ersten Blick nicht von den weißen Kandouras der Nachbarländer. Doch es gibt durchaus Unterschiede. Die saudiarabische Dischdascha hat zum Beispiel einen dem europäischen Hemd ähnlichen Kragen und wird an den Ärmelenden mit Manschettenknöpfen geschlossen. Im benachbarten Sultanat Oman hingegen fehlt die Brusttasche, die Ärmelenden sind weiter geschnitten und werden offen getragen, und vom einfachen Rundkragen baumelt eine Quaste. Darauf wird eine Prise Parfüm gestäubt, denn eine Sprichwort sagt: „Ein guter Duft macht das Leben leichter". Diese Quaste ist in den letzten Jahren auch bei den jungen Emiratis sehr in Mode gekommen. Während sie in Oman jedoch nur wenige Zentimeter lang ist, baumelt sie in den Emiraten manchmal bis zum Bauchnabel.

Ein praktischer Sonnenschutz

Hin und wieder sieht man einen Emirati mit einem kleinen gestickten Käppi auf dem Kopf, das ist die *tagia* oder auch *gahfija*. Darüber wird normalerweise das *gutra* genannte weiße Kopftuch getragen. Abgerundet wird

Foto: Camerapix

dieser Sonnenschutz von dem *agal*, der schwarzen „Kordel". In früheren Zeiten war der Agal die „Wegfahrsperre" für des Beduinen-Kamel, d. h. er band des nachts ein Seil um die Vorderbeine seines Tieres, damit es nicht weglief, tagsüber schlang er es sich griffbereit um den Kopf. Die jüngere Generation lässt die schwarze Kordel schon mal weg (sie kann nämlich ziemlich unbequem sein) und trägt das weiße Kopftuch im omanischen Stil am Hinterkopf „verknotet".

Neben den obligatorischen Sandalen sei noch der *bisht* erwähnt. Das ist der dünne, meist schwarze oder braune Mantel mit goldener Bordüre, den z. B. Regierungsmitglieder bei offiziellen Anlässen wie dem Empfang ausländischer Staatsgäste tragen. Ursprünglich war der Mantel aus Kamelhaar und sehr schwer, aber in den kühlen Nächten wärmte er und der Morgentau drang nicht hindurch. Während der heißen Mittagszeit steckte der Beduine seinen Reitstecken (*khazairan*) in den Sand, hängte den Bisht darüber und schuf sich so einen kleinen Schattenplatz.

WIRTSCHAFT

Auf der Suche nach dem „Schwarzen Gold"

Ohne Erdöl wären die Vereinigten Arabischen Emirate vielleicht noch immer nur eine ans Meer grenzende Wüste, dünnst besiedelt von Kamelnomaden, Perlenfischern und ein paar Händlern. Die Suche nach dem „Schwarzen Gold" fing alles andere als vielversprechend an, denn das Ansinnen eines gewissen Frank Holmes war dem Emir von Bahrain unverständlich – „Was soll ich mit Erdöl, damit können die Leute ihren Durst nicht stillen, wir brauchen Wasser!" Also bot ihm der clevere Neuseeländer Holmes an, zuerst nach Wasser zu bohren, wenn er im Gegenzug eine Konzession zur Suche nach Öl erhielte.

Dieser Handel stellt sich aus heutiger Sicht, da man längst weiß, dass im Boden der Arabischen Halbinsel etwa 30 % der bekannten Welt-Erdölvorräte lagern, wie ein Megaschnäppchen dar. Doch in den 1920er Jahren schien, was Frank Holmes vorhatte, aberwitzig: Erdöl in Arabien, das klang lächerlich, hatte doch ein Schweizer Geologe in einem Gutachten festgestellt, dass in den weiten arabischen Wüsten nicht ein Tropfen davon zu finden sei – obwohl auf der anderen Seite des persischen Golfes der schwarze Saft von allein aus dem Boden quoll. Die Sickerquellen dort waren seit Jahrhunderten bekannt; auf den Werften Persiens dichtete man damit die Planken der Schiffe ab, und seit 1900 waren britische Erdölfirmen dort fleißig am Bohren.

Das ermutigte Holmes, es in Arabien zu probieren. Überzeugt, aber ohne Geld, sprach er bei verschiedenen britischen Institutionen und Firmen vor.

Man wünschte ihm alles Gute, doch Geld gab es keines. Das änderte sich schlagartig Mitte 1932, als eine Nachricht wie eine Bombe einschlug: Frank Holmes hatte mit Unterstützung eines amerikanischen Sponsors zuerst sein Versprechen gegenüber dem Emir von Bahrain gehalten, war auf Wasser gestoßen – und hatte dann Erdöl gefunden, viel Erdöl.

Nun ging es darum, den britischen Anspruch auf möglichst große Anteile auf der Arabischen Halbinsel zu sichern, wobei den britischen Politoffizieren an der Golfküste ihre einflussreiche Stellung zugute kam. Während US-Firmen sich den Löwenanteil auf saudischem Gebiet sichern konnten, begannen Ende der 1930er Jahre britische Erdölsucher mit der Erforschung der Gebiete in Abu Dhabi und Dubai. Sie beschränkten sich dabei nicht nur auf das Festland und sog. *on-shore*-Bohrungen, sondern suchten auch *off-shore* unter dem Meeresboden nach Öl.

Der 2. Weltkrieg sorgte für eine Unterbrechung, doch bald ging die Suche weiter. Schließlich wurde man 1958 in Abu Dhabi fündig: Man entdeckte große Gas- und Ölreserven, und der Herrscher Scheich Shakhbout bin Sultan al Nahyan eilte freudestrahlend zur Fundstelle. Doch dann passierte das Gegenteil von dem, was zu erwarten war: Statt nun Straßen und Häuser zu bauen, eine neue Infrastruktur für ein vermeintlich besseres Leben zu schaffen, zögerte der Scheich, denn er sah voraus, dass dieses „bessere" Leben auch den Verlust der alten Lebensweise bedeuten würde. Er sollte Recht behalten, konnte den Lauf der Zeit aber nicht stoppen und wurde 1966 von seinem Bruder, Scheich Zayed, als Regent Abu Dhabis abgelöst. Unter dessen Ägide begann der Aufstieg der Stadt, denn er war der Überzeugung, dass Ölgeld nicht von Nutzen sei, wenn es nicht zum Wohle des Volkes investierte. Das brachte ihm hohen Respekt der Bevölkerung ein, sein Tod 2004 wurde sehr betrauert.

Wirtschaft 2

Links: Der Tourismus-Boom in Dubai hat eine spannende Hotelarchitektur hervorgebracht (Jumeirah Emirates Towers).

Erdöl – wo und wie lange noch?

Auch in anderen Emirate wurde man fündig, als erstes 1966 in Dubai, in Sharjah dauerte es bis in die 1970er Jahre, in Ras al Khaimah gar bis 1984. In Umm al Quwain strömt bis dato „nur" Gas aus dem Boden, und das kleine Ajman sowie Fujairah besitzen weder Öl- noch Gasvorkommen. Alle diese Emirate zusammen werden von Abu Dhabi in den Schatten gestellt, dass mit ca. 95% der emiratischen Vorkommen Spitzenreiter ist. Zwar muss man teilweise bis zu 10 000 Meter tief bohren, aber die Suche ist noch nicht abgeschlossen und erstreckt sich auch auf die Küstengewässer. Während die ADCO (Abu Dhabi Company for Onshore Oiloperations) die Förderstätten auf dem Festland verwaltet, kümmert sich die ADMA-OPCO (Abu Dhabi Marine Operating Company) um die Off-shore-Gebiete im persischen Golf. Beide unterstehen der ADNOC (Abu Dhabi National Oil Company), die eine tägliche Fördermenge von gut 3 Millionen Fass (ca. 477 Millionen Liter!) zu verwalten hat.

Die Frage ist, wie lange auf den größten Feldern Abu Dhabis, wie es Umm Shaif, Murban oder Das Island, noch Öl gepumpt werden kann. Bleibt es bei dieser Förderrate, reicht es noch für etwa 100 Jahre, denn die Reserven werden auf etwa 98 Milliarden Fass veranschlagt. In Dubai werden wohl schon innerhalb der nächsten Jahre die Bohrtürme abgebaut werden, denn dessen Reserven sind erheblich geringer, und es werden täglich nur ca. 70 000 Fass Öl aus dem Boden gesaugt. Diese Prognosen sind relativ stabil, es sei denn, man stößt auf noch unbekannte Ölgebiete oder verbessert die Fördermethoden. Letzteres gelang mit der Einführung der horizontalen Bohrung. Konnte man früher nur einen geringen Prozentsatz in der Nähe des Bohrschachtes abschöpfen, lassen sich mit dieser neuartigen Methode, bei der von einem vertikalen Bohrloch in verschiedenen Richtungen horizontal Bohrer in die ölführende Schicht getrieben werden, die bereits bekannten Reserven ergiebiger ausbeuten.

Während Abu Dhabi durch die Ölmilliarden der emiratischen Bevölkerung ein pro Kopfeinkommen von durchschnittlich 40 000 $ im Jahr beschert (im Vergleich: Deutschland 35 000 $), stehen seine Bemühungen zur Diversifizierung der Wirtschaft noch am Anfang. In den übrigen Emiraten ist man dagegen bereits seit Jahren bemüht, die staatlichen Einkünfte allmählich vom Erdöl zu lösen.

Derzeit verfügen die VAE noch über die siebtgrößten Ölreserven der Welt. Da der Iran dem Westen immer wieder mit der Sperrrung der Straße von Hormuz für Öltanker droht, haben die VAE 2012 eine Pipeline zwischen dem Ölfeld Habshan und dem Hafen von Fujairah am Indischen Ozean eröffnet.

Industrie und Handel

Die großen Öl- und Gasvorkommen spielen auch in anderen Industriezweigen eine wichtige Rolle. Denn da die Emirate kaum über nennenswerte Bodenschätze außer dem Öl verfügen, haben sie sich aufgrund der günstigen Energiepreise als Standort für die Herstellung von Erzeugnissen mit hohem Energieaufwand entwickelt. An erster Stelle stehen die in fast jedem Emirat zu findenden Zementwerke; einige der Rohmaterialien wie Kalkstein oder Sand gibt es ausreichend, und die einzelnen Bestandteile müssen in einem Drehrohrofen bei Temperaturen von ca. 1450 °C zu sog. Klinker gebrannt werden. Eines der größten Aluminiumschmelzwerke der gesamten Golfregion ist die Anlage von DUBAL (Dubai Aluminium Company), denn auch bei der Herstellung dieses Metalls werden Temperaturen zwischen 1200 und 1300 °C

Rechts: Noch ist die Erdölförderung die Hauptgrundlage der Wirtschaft der VAE.

Foto: Rainer Hackenberg

benötigt. Die dabei frei werdende Abwärme wird übrigens in der benachbarten Meerwasserentsalzungsanlage zur Gewinnung von Trinkwasser genutzt. Andere Industriezweige – wie die Produktion von Düngemitteln sowie einige Konservenfabriken – spielen in den Emiraten nur eine Nebenrolle.

Die Vereinigten Arabischen Emirate sind Mitglied in verschiedenen Wirtschaftsorganisationen, darunter die OPEC (Organisation Erdöl exportierender Länder) und ihre kleine Schwester, die OAPEC (Organisation Arabischer Erdöl exportierender Länder). Wichtiger jedoch für die Emiratis ist der Golfkooperationsrat, der zusammen mit den anderen fünf Anrainerstaaten Kuwait, Saudi-Arabien, Qatar, Bahrain und Oman gegründet wurde. Ursprünglich war die Vereinigung als militärisches Bündnis gegen den übermächtigen Iran gedacht. Doch mittlerweile ist der GCC, dessen Mitglieder einmal jährlich zu einem Treffen zusammenkommen, zu einer Art „EG" am Golf geworden; neben dem kulturellen Austausch stehen

vor allem gemeinsame Wirtschaftsfragen auf der Agenda. Auf gemeinsame Importrichtlinien hat man sich schon geeinigt, in den nächsten Jahren soll die Währungsunion folgen.

Handelszentrum der VAE ist Dubai, das auf eine lange Tradition zurückblickt. Das beweisen 1000 Jahre alte Überreste einer Karawanserei im Stadtteil Jumeirah. Und immer, wenn Not am Mann war, ersannen die Dubai'in eine Lösung. Als im Jahr 1930 die Perlentaucherei dramatisch einbrach, weil ein findiger Japaner Zuchtperlen auf den Markt warf, entwickelten sie das – gelegentlich etwas zwielichtig erscheinende – Konzept des Re-Exports. In den 1930er Jahren kaufte Dubai Gold legal ein und, noch im Land, legal an indische Händler weiter, wobei diese das Edelmetall wiederum – überwiegend illegal – in ihre Heimat „einführten". Während des 2. Weltkriegs, als die britische Regierung eine – reichliche – Notversorgung mit Reis und Zucker zur Verfügung stellte, kauften Dubais Händler diese Güter günstigst ein und verscherbelten sie

Foto: Gordon Dixon (iStockphoto)

einer der weltweit größten Rüstungs-
importeure, und Deutschland einer
ihrer wichtigsten Lieferanten, etwa für
Spürpanzer oder Minenjagdboote.

Neue Freihandelszonen

Ein weiteres Erfolgskonzept war die
Schaffung von Freihandelszonen. Das
Prinzip ist einfach: Man schafft eine
Zone möglichst nah an einem Hafen,
in der die eintreffenden Güter zollfrei
ins Land kommen, diese Zone aber
nicht verlassen, sondern dort von ausländischen Firmen weiter verarbeitet
werden. So kann z. B. eine europäische
Textilfirma in Asien Stoffe einkaufen, sie
zollfrei nach Dubai importieren und in
ihrer firmeneigenen Produktionsstätte
weiterverarbeiten. Die erste und bekannteste ist die Jebel Ali Free Trade
Zone, die 1985 neben dem größten
künstlich geschaffenen Hafen der Welt
entstand. Der Hafen, zusammen mit
dem internationalen Flughafen, sichert
die Anbindung an die großen Absatz-
märkte Asiens. Aber auch die Märkte in
Übersee sind gut erreichbar.

Ausländische Geschäftsleute in Du-
bai-Stadt brauchen für ihre Firma einen
einheimischen Sponsor. Das ist in der
Freihandelszone anders: Das investierte
und das erwirtschaftete Kapital bleibt
zu 100 % im Firmenbesitz und darf ohne
Abzüge ins Heimatland transferiert werden. Zoll und Gewerbesteuern entfallen
ebenso wie hohe Lohnnebenkosten: In
Dubai gibt es billiges, gut ausgebildetes
ausländisches Personal, das weder Tarif-
vertrag noch Gewerkschaft kennt. Nur
2 % der Arbeitskräfte in den VAE sind
Emiratis.

Da die bürokratischen Hürden für die
Einrichtung einer Niederlassung niedrig
sind, haben sich allein in Jebel Ali über
1000 Firmen angesiedelt. In ganz Dubai
verteilen sich rd. 5000 internationale
Niederlassungen aus den verschiedensten Wirtschaftsbereichen auf mehrere
Freihandelszonen, darunter eine Inter-
net- und eine Medienstadt.

dann auf dem Schwarzmarkt iranischer
Städte.

Mancher Verkäufer rüstungsna-
her Waren bewegt sich heute in einer
Grauzone, wenn er Geschäfte mit den
Emiraten macht: Die VAE haben schon
als Drehscheibe für Rüstungsgüter
fungiert, die im Herstellungsland mit
einem Exportverbot für bestimmte
Länder belegt waren. Als etwa der Iran
oder Irak für europäische Firmen durch
ein Handelsembargo verschlossen waren, die Emirate aber nicht, verkaufte
man Güter wie z. B. Motoren, die auch
gut in Panzer passen, legal in die Emirate – wohl wissend (natürlich nicht offiziell), dass die Emirate diese dann den
Interessenten auf der anderen Seite des
persischen Golfes anbieten würden. So
verstieß der Verkäufer nicht gegen das
Waffenexportverbot, dem die Emirate
ja nicht unterliegen. Die VAE sind heute

Oben: Die Bautätigkeit in Dubai wurde von der Finanzkrise stark gebremst. Rechts: Der Wüstenstaat
hat ein Wasserproblem, das Hatta Fort Hotel besitzt
eigene Quellen.

Foto: Cameapix

Die Krise bremst den Boom

Die Weltfinanzkrise 2008/2009 ging selbst an den Emiraten nicht spurlos vorbei. Die boomende Bauwirtschaft legte 2009 über 50% der geplanten Projekte auf Eis, da die Finanzierung nicht mehr gesichert war, Immobilienpreise stürzten bis 2011 um bis zu 80 % ab, Mietpreise sanken um über 25 %. Westliche Gastarbeiter warteten häufig ihre Kündigung gar nicht erst ab, sondern verließen das Land, ohne sich noch um Haus, Auto oder überzogene Bankkonten zu kümmern. Besonders Dubai erlebte eine massive Auswanderungswelle, deshalb kam die Bitte des Emirats um Zahlungsaufschub für Kreditrückzahlungen keineswegs so überraschend, wie es in manchen Medien im Herbst 2009 zu lesen war. Dubais Herrscher konnten von Glück reden, dass ihre Kollegen in Abu Dhabi umsichtiger gewirtschaftet hatten und aus ihrem Fundus von rund 300 Milliarden Dollar nun so manches Prestigebauprojekt vor dem Ruin retten konnten.

Touristischer Aufstieg

Saubere weiße Strände unter strahlender Sonne an 360 Tagen im Jahr, freundliches Personal in einer Luxus-Hotellerie, wie sie die Welt noch kaum gesehen hat – und das nur wenige Flugstunden vom europäischen Winter entfernt. Die Emirate haben den Tourismus als lukrativen Markt für sich entdeckt. An erster Stelle steht Dubai, dessen Luxushotel Burj Al Arab Entwicklung und Zukunft des Tourismus in diesem Land symbolisieren soll.

Die ersten Touristen kamen bereits 1932 an die Golfküste, allerdings blieben sie nicht lange, denn der Flughafen von Sharjah war nur eine staubige Piste mit Aufenthaltsraum, wo die Passagiere während des Auftankens warteten, um dann gleich nach Indien weiterzufliegen. Doch Sharjah war das erste Emirat, das Anfang der 1970er Jahre an seinen Gestaden Badehotels errichtete – leider waren seine gerade gefundenen Ölquellen nicht so ergiebig wie gedacht, und so ging es eine für den Tourismus etwas unglückliche Liaison mit Saudi-Arabien ein, die zwar die Fertigstellung der Hotels finanzierte, im Gegenzug aber ein strenges Alkoholverbot durchsetzte.

Abu Dhabi hatte lange überwiegend Geschäftsleute zu Gast. Zunehmend werden jedoch kleine unbebaute Inseln als exklusive Urlaubsorte erschlossen. Mit dem Emirates Palace Hotel hat 2004 in Abu Dhabi eines der luxuriösesten Häuser der VAE eröffnet. Generell setzt Abu Dhabi in Sachen Tourismus mehr auf Kultur und arabische Tradition.

Bei der Planung von Megaprojekten eilt das Emirat Dubai voraus: Zum spektakulären Hotelturm im Meer, dem Burj Al Arab, gesellte sich im Jahr 2010 das Armani Hotel im neuen höchsten Gebäude der Welt, dem Burj Khalifa, dessen Fertigstellung jedoch Abu Dhabi notfallmäßig durch eine Finanzspritze hatte retten müssen. Von der Finanzkrise, die 2009 schlagartig viele Bauprojekte beendete und zahlreiche Expats zum fluchtartigen Verlassen der Stadt nötigte, hatte Dubai sich längst erholt, als 2020 die Covid-Krise begann. Man will die Gästezahl auch künftig weiter steigern; der Tourismus trägt mehr als 11 % zum Bruttoinlandsprodukt des Emirats Dubai bei (2019: 16,7 Mio. Touristen).

Landwirtschaft in der Wüste

Die Emirate verfügen kaum über natürliches Agrarland, nur an der Ostküste, im Emirat Fujairah, gibt es einige wenige Landstriche, die genügend Regen erhalten und wo auf gewachsenem Boden gepflanzt werden kann. Deshalb sind enormen Anstrengungen unternommen worden – etwa durch den Import von fruchtbarer Erde – die landwirtschaftliche Nutzfläche zu vergrößern. Sie beträgt jetzt ungefähr 300 000 ha, doch das sind nur etwa 3 % der Landesfläche (Deutschland: rd. 50 %) und nur 1

% ist bewässert. Dennoch versucht man, durch klimatisierte Gewächshäuser und verbesserte Bewässerungsmethoden die Verdunstungsverluste einzuschränken und mehr Unabhängigkeit von Obst- und Gemüseimporten zu erreichen. Aber ein Gang über den Markt macht deutlich, dass ägyptische Orangen oder iranische Äpfel nicht so bald zu ersetzen sein werden.

Besonders aufwändig ist die Rinderhaltung. 30 000 Milchkühe stehen in klimatisierten Ställen, tierärztlich bestens betreut, und fressen sich – mangels Weiden – an Futtermittel satt, trotzdem kann es in den Sommermonaten zu einem Engpass in den Frischmilchregalen der Supermärkte kommen.

Fischreiches Meer

Anders ist die Situation auf dem Fischmarkt, denn bei 100 000 Tonnen Fang pro Jahr ist der Nachschub nicht gefährdet, gehören die Gewässer vor der Ostküste doch zu den fischreichsten überhaupt. Beliebte Speisefische sind Thunfisch, Königsmakrele und Hai, als Viehfutter enden die getrockneten Sardinen. Allerdings machen sich die negativen Einflüsse verbesserter Fangmethoden und moderner Ausrüstung bemerkbar: Für einige „Meeresfrüchte" wie z. B. Hummer mussten Fangquoten eingeführt werden, weil die Bestände drastisch gesunken waren. Und ohne staatliche Subventionen in Form von günstigen Krediten beim Bootskauf und gesicherte Abnahmepreisen würde wohl so mancher Fischer sein Netz an den Nagel hängen.

Engpass Süßwasser

In den VAE ist eines der ältesten Bewässerungssysteme erhalten geblieben, das die Versorgung selbst abgelegenster Oasen mit Wasser sicherstellte. Die *falaj* genannten Kanäle kamen wohl mit den Persern im 5. Jh. v. Chr. nach Arabien. Dabei wurden am Rand

Rechts: Bis zu vier Millionen Liter Wasser benötigt ein Golfplatz pro Tag (hier: Emirates Golf Club in Dubai).

Foto: Thomas Stankiewicz

der Berghänge Brunnenschächte in die Tiefe getrieben, um das Grundwasser anzuzapfen und es – anfangs unterirdisch – über kilometerlange Kanäle bis zur Oase zu leiten. Es war eine harte, gefährliche Arbeit, Stollen und Kanäle mussten immer wieder von Gesteinsschutt gesäubert werden. Nur die vertrauenswürdigsten Männer eines Ortes wurden für diese Aufgabe ausgesucht.

Heute wird in den Emiraten mit Wasser umgegangen, als wäre der Persische Golf kein Salzmeer, sondern ein riesiger Süßwassersee. Sämtliche Autobahnen zwischen Dubai, Abu Dhabi oder in die Wüste nach Al Ain sind auf ihren je 140 Kilometern begrünt. Ein Golfplatz benötigt in den Emiraten etwa 4 Millionen Liter Wasser – täglich. In Dubai wird bereits auf 10 Plätzen gespielt, zwei weitere sind im Bau, und in Abu Dhabi gibt es ebenfalls mehrere Anlagen. Zwar wird für Grünanlagen und Golfplätze heute Wasser verwendet, das aus Abwasser aufbereitet wurde und nicht unbedingt Trinkqualität hat, aber 75 % des Trinkwasserbedarfes muss unter hohem Energieaufwand aus Meerwasserentsalzungsanlagen gewonnen werden – derzeit eine Milliarde Liter pro Tag! Das restliche Viertel kann zwar momentan noch mit aufgefangenem Grundwasser aus dem Hajjargebirge gedeckt werden, aber auch hier zeichnen sich bereits Probleme ab. Denn nach unkontrollierten Brunnenbohrungen für den Eigenbedarf in den 70er und 80er Jahren sank der Grundwasserspiegel auf fast 850 Meter. Damit verbunden ist eine zunehmende Bodenversalzung bewässerter Flächen.

Schon heute liegt allein im Emirat Dubai der Wasserverbrauch bei über 550 Litern pro Kopf und Tag (Deutschland: rd. 130), doch dabei wird es bei steigender Bevölkerungs- und Gästezahl nicht bleiben. Ein Problem ist die zunehmende Verschmutzung des Meerwassers an der Küste durch intensive Bautätigkeit und Verunreinigung durch Öl: Ab einer bestimmten Kontamination kann es nicht mehr entsalzt und zu Trinkwasser verarbeitet werden. Aber noch werden in den Luxushotels die Handtücher täglich gewechselt...

Abu Dhabi – Corniche mit Skyline

EMIRAT ABU DHABI

IRAN
OMAN
Ras al Khaimah
QATAR
Umm al Quwain
Doha
Sharjah · Ajman
Dubai · Fujairah
ABU DHABI
Hatta
Al Ain · Buraimi
UNITED ARAB
EMIRATES
LIWA-OASIS
Meziyrah
OMAN
SAUDI ARABIA
Arabian Gulf

ABU DHABI

LIWA-OASEN

AL AIN

EMIRAT ABU DHABI

Das Emirat **Abu Dhabi** *(Vater der Gazelle)* ist das mit Abstand reichste und größte Mitglied der Föderation, die Emiratskapitale Abu Dhabi fungiert als Hauptstadt der VAE. Mit 68 000 km² stellt es fast 90 % des Staatsgebiets und ist beinahe doppelt so groß wie Belgien. Doch während in dem europäischen Staat über 10,3 Millionen Menschen Platz finden müssen, ergab die letzte Volkszählung für das größte der sieben Emirate gerade mal 2,7 Millionen Einwohner (davon 2,2 Mio. Gastarbeiter).

Was Abu Dhabi an Einwohnern fehlt, macht es an Erdöl- und Gasvorkommen leicht wieder wett; es verfügt über drei Viertel der Gesamtvorkommen der Emirate. Ungefähr 22 Mrd. Barrel Öl, etwa 10 % der Weltreserven, sollen in den Tiefen seines Wüsten- und Meeresbodens schlummern. Derzeit werden pro Tag rund 2,9 Mio. Barrel (ein „Fass" entspricht 159 Liter) gefördert, und bei einem Preis von 70 $ pro Fass ergibt das eine Tageseinnahme von 203 Mio. $ – macht 74 Milliarden pro Jahr.

Die herrschende Al-Nahyan-Familie zahlt zwischen 10 und 20 % davon in den gemeinsamen Finanzhaushalt der

Links: Im Gebetsraum der Sheikh-Zayed-Moschee in Abu Dhabi.

Föderation ein; der respektable „Rest" wird für eigene Investitionen und Geldanlagen verwendet.

Vor der 400 km langen Küste, die von der westlichen Grenze zu Saudi-Arabien bis an die östliche Grenze des Emirats Dubai reicht, liegen zahlreiche, überwiegend kleine Inseln. Sie interessieren besonders Ornithologen, als Brutplätze bedrohter Vogelarten. Andere sind immerhin so groß, dass sie schon in der Antike besiedelt wurden, so fanden sich auf Sir Bani Yas sogar die Reste eines christlichen Klosters. Auf der Insel Das liegt eines der größten Off-Shore-Ölfelder Abu Dhabis.

An der Küste westlich von Abu Dhabi bestimmen weite Salzebenen, *sabkhas*, das Bild. Städte sind erst nach 1970 entstanden, darunter Tarif und der Raffineriestandort Ruwais. Die weiten Ebenen reichen über 200 km Richtung Süden ins Landesinnere; hier liegen die großen Ölfördergebiete, die durch ein dichtes Pipelinenetz mit den Raffinerien an der Küste verbunden sind.

Noch weiter südlich beginnt das „Leere Viertel", *rub al khali*, die größte Sandwüste der Erde. In ihren Dünen verläuft die umstrittene Grenze zu Saudi-Arabien, um die es lange wegen möglicher Ölvorkommen scharfe Auseinandersetzungen gab.

In den Liwa-Oasen nahe dieser Grenze lebte die Stammesföderation der

» Karte S. 80–81, Info S. 109–111

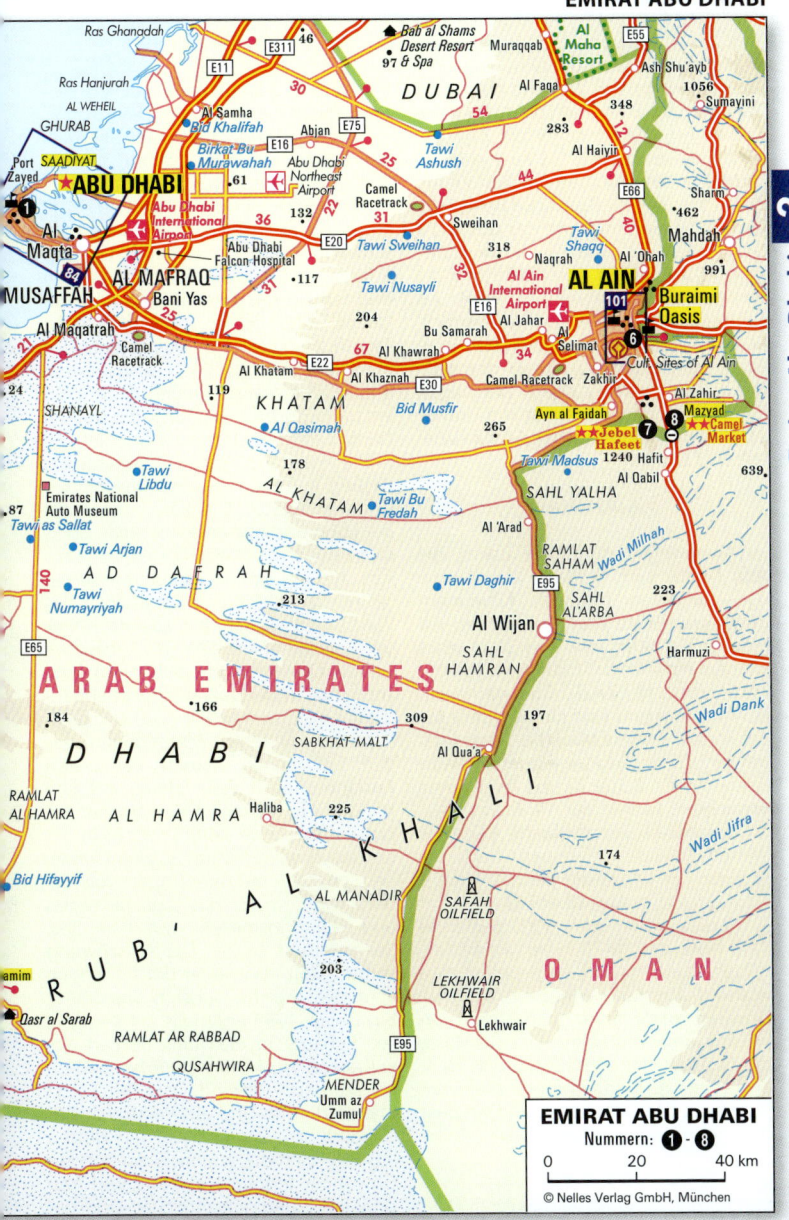

Ras Ghanadah
Ras Hanjurah
AL WEHEIL
GHURAB
Port Zayed
SAADIYAT
★ABU DHABI
Al Maqta
MUSAFFAH
AL MAFRAQ
Al Maqatrah
Bani Yas
Camel Racetrack
SHANAYL
Emirates National Auto Museum
Tawi as Sallat
Tawi Libdu
Tawi Arjan
A D D A F R A H
Tawi Numayriyah
amim
Qasr al Sarab
RAMLAT AL HAMRA
Bid Hifayyif
R U B ' A L K H A L I
RAMLAT AR RABBAD
QUSAHWIRA

E11
E311
Al Samha
Bid Khalifah
Birkat Bu Murawahah
Abjan
E16
E75
Abu Dhabi Northeast Airport
Abu Dhabi International Airport
Abu Dhabi Falcon Hospital
E20
KHATAM
Al Qasimah
AL KHATAM
Tawi Bu Fredah
E65
A R A B E M I R A T E S
D H A B I
166
184
SABKHAT-MALT
AL HAMRA
Haliba
225
AL MANADIR
203

Bab al Shams Desert Resort & Spa
97
D U B A I
Muraqqab
Al Faqa
Al Maha Resort
Ash Shu'ayb
E55
Tawi Ashush
Camel Racetrack
Sweihan
Tawi Sweihan
Tawi Nusayli
Bu Samarah
204
67
Al Khawrah
Al Khatam
Al Khaznah
E22
E30
117
119
Bid Musfir
265
178
Tawi Madsus
Al 'Arad
Tawi Daghir
Al Wijan
SAHL HAMRAN
309
Al Qua'a
197
SAFAH OILFIELD
LEKHWAIR OILFIELD
Lekhwair
MENDER
Umm az Zumul
E95

54
283
Al Haiyin
44
Naqrah
Al 'Onah
318
AL AIN
Al Ain International Airport
E16
Al Jahar
Selimat
34
Zakhir
Camel Racetrack
Ayn al Faidah
Jebel Hafeet
Hafit
Al Qabil
SAHL YALHA
RAMLAT SAHAM Wadi Milhah
SAHL AL'ARBA
223
Harmuzi
Wadi Dank
174
Wadi Jifra
O M A N

348
Sumayini
1056
Sharm
462
Mahdah
991
Buraimi Oasis
Cult. Sites of Al Ain
Al Zahir
Mazyad
Camel Market
Tawi Madsus
1240
Al Qabil
639

30
46
25
61
36
132
24
31
26
33
27
25
37
25
2
140
213
140
P4

Bani Yas, die bereits 1580 in einer venezianischen Karte erwähnt wird. Die Bani Yas waren ein Verbund aus ca. 15 Stämmen, zu dem auch die Al Bu Falah und Al Bu Falasah gehörten. Zwei Familien dieser beiden Stämme spielten nicht nur bei der späteren Besiedlung der Küste eine maßgebliche Rolle, sondern beherrschen heute das politische Geschehen der Emirate, die Al Nahyan (Al Bu Falah) in Abu Dhabi und die Maktoum (Al Bu Falasah) in Dubai. Das Herrschaftsgebiet der Bani Yas erstreckte sich weit in den Nordosten bis hin zu einer Oasensiedlung, die in den letzten dreißig Jahren zu einer prächtigen Gartenstadt gewachsen ist: die Universitätsstadt Al Ain, an der Grenze zum Sultanat Oman.

★ABU DHABI

„Wir wateten durch die Bucht, die Abu Dhabi vom Festland trennt, und nach weiteren fünfzehn Kilometern durch eine leere Wüste erreichten wir eine große Burg, die sich über einer kleinen verfallenen Stadt am Rande der Küste erhob. Neben der Burg gab es ein paar Palmen und eine kleine Quelle, an der wir die Kamele tränkten. Dann setzten wir uns vor die Burgmauer und warteten, bis die Scheichs von ihrer Siesta erwachten. Es war der 14. März 1948." So beschreibt der englische Reisende Wilfred Thesiger in seinem Buch *Die Brunnen der Wüste* die heutige Hauptstadt der VAE ★ **Abu Dhabi** ❶.

Damals lebten etwa 5000 Seelen in dem Nest, das zu 70 % aus Palmblatthütten (*barastis*) und ein paar wenigen Häusern aus Korallengestein bestand. Draußen vor der Stadt begrüßte die von Wüstensand umgebene Qasr al Hosn, die Festung des Herrschers, den Neuankömmling. Man ernährte sich vom Fischfang, der Kamelzucht und ein paar mickrigen Dattelpalmen.

„Vater der Gazelle"

Um 1761 jagten Beduinen aus den Liwa-Oasen eine Gazelle. Das prächtige Tier blieb jedoch immer außerhalb der Reichweite ihrer Waffen, und so zog sich die Verfolgung über Tage hin, bis zur Küste, wo die Gazelle eine 200 Meter breite Furt zu einer Insel durchschwamm und verschwand. Die Beduinen warteten die Ebbe ab, suchten und fanden das Tier trinkend an einer Quelle. Dies schien den arabischen Jägern ein idealer Siedlungsplatz. Sie marschierten zurück, überzeugten ihre Stammesangehörigen, und bald entstand dort die Siedlung, die sie *Abu Dhabi* nannten – „Vater der Gazelle".

Die Insel war gut zu verteidigen, wichtig in Zeiten von Stammesfehden um Weideplätze. Die Furt konnte nur bei Ebbe und nur an einer Stelle überquert werden. Ein Wachturm reichte zur Absicherung. Um die Insel verhinderten seichte Gewässer und Sandbänke das Vordringen von Schiffen, aber nach Norden lag die offene See des Persischen Golfes. Ein Hafen entstand, und bald stieg man in den lukrativen Perlenhandel ein.

Neben weiteren Angehörigen aus den Liwa-Oasen kamen die ersten Ausländer nach Abu Dhabi, indische Händler, die Perlen in ihre Heimat exportierten. Da sie sahen, dass in der neu gegründeten Stadt an allem fehlte, begannen sie mit dem Import von Gebrauchsgütern für das tägliche Leben und Nahrungsmitteln wie Reis, Tee, Speiseöl und Zucker. Der Aufschwung sorgte dafür, dass einer der führenden Stammesscheichs, Scheich Shakhbut bin Dhiab, 1793 ebenfalls auf die Insel zog. Er baute um die Quelle ein Fort, das er Qasr al Hosn nannte. Hosn bedeutet Festung, während Qasr mit Palast übersetzt wird. Und ein Palast war das Gebäude im Vergleich zu den Hütten aus Palmblättern, in denen die übrigen Einwohner lebten. Um 1800 war Abu Dhabi zu einem ansehnlichen Dorf ge-

---

Rechts: Blick auf die Ferrari World auf der Insel Yas.

3

Foto: Giovanni Gagliardi (Dreamstime.com)

wachsen, in dessen Hafen eine mächtige Flotte von 400 Schiffen lag.

Scheich Zayed der Große

Das 19. Jh. fing nicht gut an: Im Persischen Golf herrschte ein Krieg um die Vorherrschaft zwischen europäischen Seemächten und den arabischen Qawasim aus Ras al Khaimah, den die Briten 1820 für sich entschieden. Dann gab es Ärger in den Liwa-Oasen, der dazu führte, dass die Al-Maktoum-Familie 1833 die Föderation verließ, sich in Dubai festsetzte und ihr eigenes Emirat ausrief. Der Konflikt zwischen Abu Dhabi und Dubai sollte noch öfter für Unruhe sorgen, zwischen 1945 und 1947 soll es sogar zu bewaffneten Konflikten gekommen sein. Heute wird er in einem Wettstreit um den größten Golfplatz, das höchste Haus und das feinste Hotel ausgetragen.

1855 sorgte Scheich Zayed I. bin Khalifa al Nahyan (Zayed der Große) für Ruhe; Handel und Perlentaucherei hatten unter den Querelen gelitten. Er einigte sich mit den Briten, schlichtete Streitigkeiten in den Oasen, sorgte für mehr Zusammenhalt der Stammesföderation und stärkte den Einfluss der Nahyan-Familie, die bis heute den Emir von Abu Dhabi und den Präsidenten der Emirate stellt. Unter seiner Ägide wuchs Abu Dhabi zu einem der mächtigsten Emirate am Golf heran.

1909 starb Scheich Zayed, und es kam zu blutigen Nachfolgestreitigkeiten, kaum ein Emir starb in den Jahren bis 1928 eines natürlichen Todes. Dann übernahm Scheich Shakhbout bin Sultan die Regentschaft und beendete die Familienfehde. Doch kaum war das geschafft, bekam das Emirat 1929 die Weltwirtschaftskrise zu spüren: Die Perlenpreise verfielen, 1930 kam mit den japanischen Zuchtperlen der Knock-out und die Hälfte der 10 000 Einwohner wanderte ab. Scheich Shakhbout setzte große Hoffnungen auf die in den 1930er Jahren einsetzende Ölsuche und vergab ab 1939 bereitwillig Konzessionen an britische Firmen. Doch die nächsten zwanzig Jahre blieben hart und entbehrungsreich.

» **Stadtplan S. 84-85, Info S. 109-111**   83

Ein „Geschenk der Geschichte"

Mit dem „Geschenk" ist nicht das Öl gemeint, das seit 1958 aus Abu Dhabis Boden sprudelt, sondern ein bis dahin kaum in Erscheinung getretener Bruder des Herrschers, Scheich Zayed II. bin Sultan al Nahyan.

So bereitwillig Scheich Shakhbout die Ölkonzessionen vergab, so zögernd investierte er die großen Einnahmen. Denn er hatte den wirtschaftlichen Niedergang der 1930er nicht vergessen und wollte finanzielle Reserven anlegen. Den Versicherungen der Ölingenieure, es gäbe weitere große Vorkommen, schenkte er keinen Glauben. Erschwerend kam die politische Stimmung jener Jahre hinzu, als der arabische Nationalismus die Ablehnung westlichen Einflusses forderte und Scheich Shakhbout um die traditionellen Werte seiner Beduinenkultur fürchtete. Doch seine Untertanen wollten Veränderungen; Neuerungen wie in anderen Golfstaaten, und so wurde Shakhbout 1966 durch Scheich Zayed abgelöst.

Zayed II., benannt nach seinem Großvater Zayed I. dem Großen, wurde um 1918 bei Al Ain geboren. Er wuchs in der Wüste auf und saugte das Beduinenleben mit der Muttermilch ein. Er lernte das harte Leben mit täglichem Hunger und Durst kennen, doch er mochte die Wüste, war häufig auf Streifzügen unterwegs und sollte ihr und seinen Bewohnern bis zu seinem Tod auf das Engste verbunden bleiben. Seine zweite Leidenschaft war die Falkenjagd, seine jährlichen Jagdpartien im In- und Ausland als späterer Präsident der Emirate sind legendär geworden. 1946 ernannte ihn sein Bruder zum Gouverneur seiner Heimatstadt, und in diesem Amt stellte er erstmals seinen Gemeinschaftssinn, seine Durchsetzungskraft und Führungsqualität unter Beweis. Denn die dortigen Wasserquellen waren im Besitz weniger Familien, die sich durch ihre Monopolstellung wirtschaftliche Vorteile verschafften. Er setzte

» Stadtplan S. 84–85, Info S. 109–111

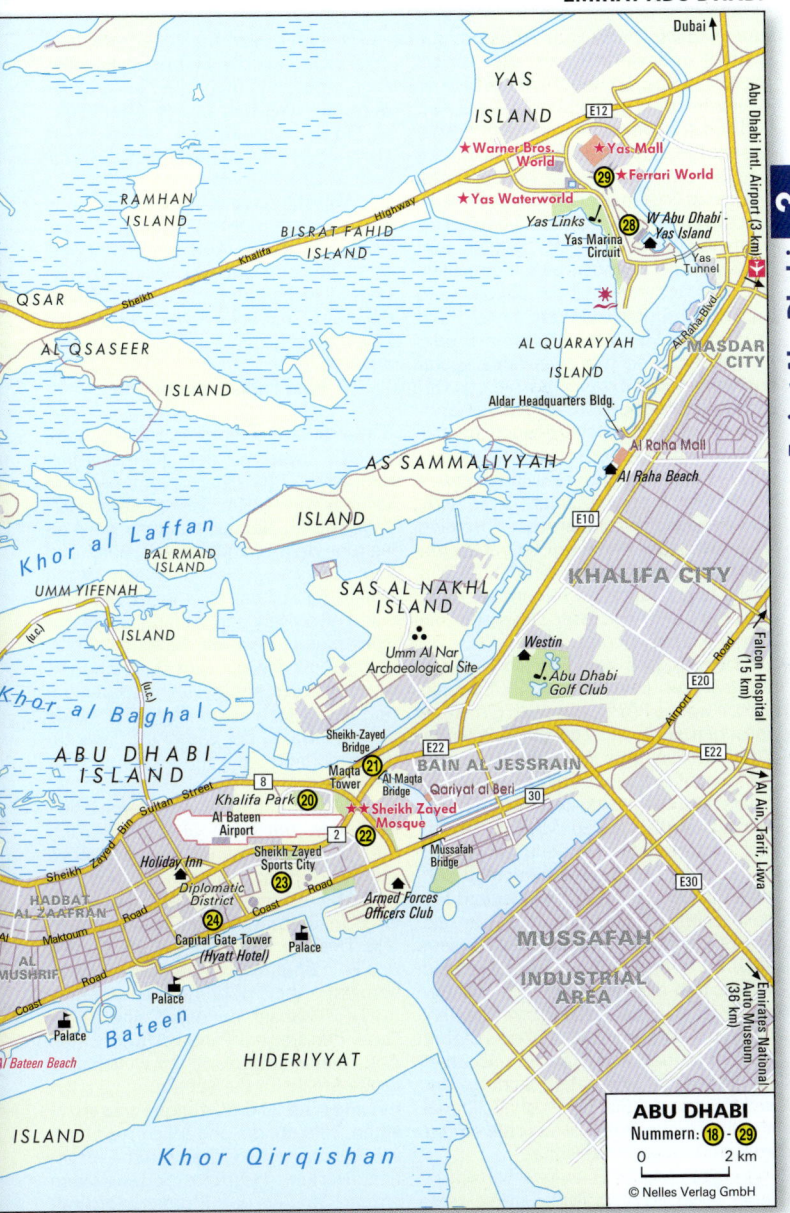

ABU DHABI
Nummern: 18 - 29

0   2 km

© Nelles Verlag GmbH

durch, dass das Wasser Allgemeingut wurde und gerecht an alle verteilt werden sollte. So verschaffte er sich zu Hause Respekt und bildete sich auf Auslandsreisen weiter. Bereits 1953 fuhr er erstmals ins europäische Ausland. Paris soll ihm sehr gut gefallen haben, später war er zu Gast in Amerika und Persien.

Obwohl er das Beduinenleben liebte, hatte er die Zeichen der Zeit erkannt und sah die Chancen und Möglichkeiten, die sich ihm und der Bevölkerung mit den Erdölgewinnen boten. Am 6. August 1966 löste er seinen Bruder als Emir ab und war zwei Jahre später zusammen mit Scheich Rashid aus Dubai die treibende Kraft bei den Verhandlungen zur Bildung eines neuen Staates, dessen Präsident er mit der Gründung 1971 wurde. Wie groß sein Einfluss auch in diesem Amt war, zeigte sich 1976, als die ewig fortdauernden Querelen zwischen den anderen Emiraten um strittige Grenzfragen nicht aufhören wollten. Er drohte mit seinem Rücktritt, und innerhalb kürzester Zeit waren die Streitigkeiten erledigt.

Dabei vergaß der Scheich nie den Kontakt zur Bevölkerung. In früheren Zeiten war es Pflicht, dass sich ein Stammesoberhaupt stets Zeit für die Belange, Beschwerden und Probleme auch des geringsten Mitglieds nahm. Schon zu seinen Gouverneurszeiten in Al Ain waren die Audienzzeiten Scheich Zayeds viel und oft besucht, denn er war für seine Geduld und seine gerechten Entscheidungen bekannt. Als Präsident bereiste Scheich Zayed einmal im Jahr sein Emirat, so dass er über die Geschehnisse auch im entferntesten Winkel Bescheid wusste und die Bewohner nicht das Gefühl hatten, vernachlässigt zu werden. Während religiöser Feierlichkeiten nahm er gern an den alten Tänzen und Zeremonien in der Wüste teil. Nicht zu Unrecht wurde der Scheich deshalb einmal als „ein Geschenk der Geschichte an das Volk der Emirate" bezeichnet.

Als er im November 2004 starb, trauerte nicht nur die arabische Bevölkerung, sondern auch die Gastarbeiter, denn allen war klar, dass eine bedeutende Ära zu Ende ging. Mit Scheich Zayed starb ein Regent, der die Härte des alten Lebens kannte, umso mehr den Segen des Wohlstands zu schätzen wusste und sich darum bemüht hatte, dass die alten Werte im neuen konsumorientierten, schnelllebigen und verwestlichten Lebensstil nicht verloren gingen. Nachfolger wurde sein Sohn Scheich Khalifa bin Zayed al Nahyan.

Eine Parkstadt am Golf

Gleich nach seinem Amtsantritt hatte Scheich Zayed mit dem Aufbau seiner Hauptstadt Abu Dhabi begonnen. Die Straßen wurden im Schachbrettmuster angelegt, im Norden entstand das Verwaltungszentrum mit Banken, Büro- und Regierungsgebäuden und den ersten Hotels. Da auf der Insel nicht viel Platz war, ließ Zayed von Anfang an in die Höhe bauen. Doch da die feuchte, salzhaltige Luft den Häusern stark zusetzte, ist von dieser ersten Hochhausgeneration kaum noch etwas übrig. Sie wurde abgerissen und der Bauschutt dann zur dringend nötigen Landgewinnung ins Meer geschüttet.

Heute strahlen postmoderne Wolkenkratzer mit ihren Glasfassaden um die Wette, in einigen Blocks stehen sie schon so dicht beieinander, das nur noch für wenige Stunden natürliches Licht in die engen Straßenschluchten fällt. Deshalb hat man der Stadt auch den Beinamen „Manhattan der Emirate" verpasst. Aber während ihr amerikanisches Pendant nur über eine grüne Oase, den Central Park, verfügt, waren Abu Dhabis Stadtplaner so weitsichtig, große Areale für die Bebauung zu sperren und rund 20 großzügige Parks anzulegen. Palmen, die angeblich wöchentlich gewaschen werden, Büsche, Brunnen, Hecken, begrünte Seitenstreifen an den Straßen und Blumenbeete mit

---

Rechts: Stadtstrand an Abu Dhabis Corniche.

Foto: Typhoonski (Dreamstime.com)

Tausenden von Bougainvilleen lockern die Atmosphäre auf.

Der Tourismus spielte lange keine Rolle in der Wirtschaft Abu Dhabis. In den 5-Sterne-Hotels logierten Geschäftsleute, die nur ein paar Tage blieben und kaum Freizeit hatten. Die westlichen Gastarbeiter besorgten sich Mitgliedskarten für die Clubs der Strandhotels und organisierten sich ihre Wassersportgeräte wie Jetski oder Surfbretter privat. Doch seit einigen Jahren bemüht sich die Stadt sehr, ihr Image als Verwaltungsmetropole loszuwerden und baut ihre touristische Infrastruktur aus. Da die Strände auf der Hauptinsel begrenzt sind, werden die in der näheren Umgebung liegenden Sandbänke in das Entwicklungsprogramm einbezogen. Neue Brücken erleichtern die Zufahrt, Tausende neu gepflanzter Palmen sollen für karibisches Ambiente sorgen, luxuriöse Strandhotels und Appartementanlagen bieten ausreichend Betten, Jachthäfen, Wassersportanbieter und Tauchclubs offerieren ein umfangreiches Freizeitangebot.

★Corniche und ★★Qasr Al Watan

Promenade, Radweg, Joggingstrecke, Skaterbahn – das alles ist die gut 6 km lange ★**Corniche** ① am Westufer der Insel. Hier liegen Cafés, kleine Parks zum Picknicken, beleuchtete Brunnen und Schattendächer, am Abend entflieht Abu Dhabis Bevölkerung den engen Straßenschluchten und kommt hierher zum Durchatmen. Die Wolkenkratzer auf ihrer südlichen Seite scheinen durch besonders aufwändig gestaltete Fassaden auffallen zu wollen, in einigen befinden sich die Appartements diverser Hotels mit schönem Blick auf die Küste.

Weil sie etwas vernachlässigt worden war, unterzog man die Küstenstraße und den ★**Corniche Park** einem aufwändigen, mehr als 145 Millionen Euro teuren Lifting. Erweiterte Grünanlagen, neu gestaltete Sonnensegel und verbreiterte Gehwege verleihen ihr ein neues Ambiente, durch Sandaufschüttung wurde der Uferbereich erweitert, und es gibt Strandcafés und Restaurants.

Am südwestlichen Ende der Corniche liegt der „Grüne Kopf", **Ras al Akhdar**, mit dem prachtvollen, 2017 eröffneten ★★**Qasr Al Watan** ②. Den beeindruckenden, weitläufigen **Präsidentenpalast** der VAE prägen außen weißer Granit, heller Kalkstein und goldfarbene Intarsien. Im Inneren punktet er mit üppiger islamischer Ornamentik. Eine 37 m breite Kuppel überspannt die **Große Halle**. Das **Haus des Wissen**s beherbergt eine beeindruckende Sammlung seltener Artefakte, Bücher, Manuskripte, historische Karten und Antiquitäten aus der arabischen Welt. Hübsch ist auch die **Gartenanlage**. Eine Besichtigung lohnt. Täglich um 19:30 Uhr gibt es eine **Licht- und Sound-Show**.

Al Bateen

Die kleine Bucht südlich von Ras al Akhdar war einst bekannt für seine Dhauwerft, doch längst hat sich **Al Bateen** zu einem beliebten Wohn- und Freizeitviertel gemausert. Nach dem Vorbild San Franciscos entstand die **Al Bateen Wharf** mit Jachthafen, Restaurants und Flanierwegen. Sonnenhungrige finden im **Marina Al Bateen Resort** ③ ein Freizeitgelände mit Fitnessräumen, Tauchschule, Pools sowie Bar und Restaurant für den Abend. Dank seiner Grünanlagen ist Al Bateen eines der teuersten Viertel, hier wohnen einige Scheichsöhne.

Sehr schön geworden ist auch das **Zayed Heritage Center** gleich neben-

ABU DHABI CORNICHE
Nummern: ① - ⑰ / ⑲
0   0,5   1,0 km
© Nelles Verlag GmbH, München

an. Auf dem an einer Bucht gelegenen Gelände befinden sich in altem Stil errichtete Gebäude, in der unter anderem eine Bibliothek und ein kleines **Museum** untergebracht sind. Thematisch setzt sich das Museum nicht nur mit der Person des ersten Präsidenten der Emirate, Sheikh Zayed, sondern auch mit der politischen und gesellschaftlichen Entwicklung des Landes und der Vor- und Frühgeschichte der VAE auseinander.

Es gibt auch einen kleinen öffentlichen Strand, **Al Bateen Beach**. Neben Duschen bietet das dortige Wassersportzentrum auch Kyaking oder Stehpaddeln an. Ein Strandabschnitt ist nur **für Frauen reserviert**!

In Al Bateen steht das **Intercontinental Hotel**, in dem viele ausländische Gäste logieren. Ihm gegenüber liegt eine natürliche Insel mit Sandstränden, **Coconut Island**, auf der in Zukunft neben teuren Villen auch ein luxuriöses Badehotel entstehen soll.

★★Emirates Palace Hotel und ★Observation Deck at 300

Aus dem Viertel Al Bateen führt die Baynuna Street zurück zur Küste, und wer sich verwundert die Augen reibt und meint, den Pariser Triumphbogen zu sehen, irrt, denn dieser ist wesentlich kleiner als das riesige Prunktor zum ★★**Emirates Palace Hotel** ④.

» **Stadtplan S. 88-89, Info S. 109-111**

Foto: Kempinski Emirates Palace Abu Dhabi

Ursprünglich sollte an dieser prägnanten Stelle am Ende der Corniche ein Gästehaus der Regierung entstehen. Aber nachdem es so groß geworden war – die Distanz vom West- zum Ostflügel beträgt etwa einen Kilometer – überlegte man sich, dass dies doch ein ideales Hotel wäre, um Konferenzen auszurichten und den Tourismus anzukurbeln – und außerdem hatte die Konkurrentin Dubai so etwas noch nicht.

Ist das „Triumphtor" vor dem Eingang schon gewaltig, braucht man fast ein Fernglas, um die mit silbernen und goldenen Fliesen verzierte Kuppel der Eingangshalle vollständig erfassen zu können – der Petersdom hätte Platz darunter. Models aus aller Welt begrüßen den Gast im Foyer, interaktive Bildschirme weisen in diesem 1,5-Milliarden-Euro-Palast den Weg, falls man sich in einem der langen Gänge verlaufen hat,

was schon etlichen der 2000 Angestellten passiert ist. Sind alle Zimmer und Suiten, insgesamt 394 an der Zahl, belegt, entsteht eine Stromrechnung von knapp 15 000 Euro – täglich! Da ist es gut, dass die 18 000 Rosen nur alle drei Tage gewechselt werden, das macht dann nämlich nur 166 000 Euro pro Monat.

Es dürfte dem Betreiber **Mandarin Oriental** nicht schwer fallen, das Motto „Hier soll sich der Gast nicht wie zu Hause fühlen", umzusetzen, denn wer hat schon 8000 Dattelpalmen an einem fast anderthalb Kilometer langen **Sandstrand** stehen, 1002 Leuchter von Swarovski an den Decken hängen oder 190 Köche in 33 Küchen beschäftigt? Oder Personal, das einem die Sonnenbrille putzt? Das Emirates Palace bietet die derzeit wohl teuerste Suite der Erde für 15 000 Euro pro Nacht an; der Gast, der beim Limousinenservice die Qual der Wahl zwischen Maybach und Rolls hat, verfügt darin über 1200 m² – genug Platz für die arabische Großfamilie samt Personal. Ebenfalls ausgesprochen üppig

Oben: Das luxuriöse Emirates Palace Hotel erstreckt sich über 1000 Meter – an einem Palmenstrand von fast 1,5 km Länge.

dimensioniert ist die **Poollandschaft** mit 150-Meter-Becken und Wasserfällen.

Südlich des Emirates Palace bietet das **Conrad Hotel** im Komplex der fünf **Etihad Towers** einen tollen, allerdings etwas teuren Blick über die Stadt, den Präsidentenpalast und das Emirates Palace: vom ★**Observation Deck at 300** in fast 300 m Höhe, im Turm 2 (74. Stock).

Breakwater

Der englische Name **Breakwater** bedeutet Wellenbrecher; die **Halbinsel** wurde als Schutz für die Corniche aufgeschüttet und durch einen Damm mit dem Festland auf Höhe des Hilton Hotel verbunden. Heute ist sie ein beliebtes Ausflugsziel, ab den frühen Abendstunden ist hier viel los. Einen Spaziergang lohnt vor allem die **Südseite**, denn hier finden sich Freizeitviertel, Cafés und Restaurants. Der nördliche Teil ist größtenteils mit privaten Apartmentanlagen bebaut.

Der Blick vom nordöstlichen Breakwater-Ende auf die ★**Skyline** der Stadt in den späten Nachmittagsstunden ist ein Muss. In den 1990er Jahren ließen sich zunächst ein paar Restaurants hier nieder, dann ein riesiges Einkaufszentrum, die Marina Mall, und das sehenswerte **UAE Heritage Village** ⑤. Das **Freilichtmuseum** auf dem Breakwater steht unter Leitung des Emirates Heritage Club, der sich um den Erhalt des kulturellen Erbes des Emirates kümmert. Da die Gründer der Stadt aus den Weiten des Leeren Viertels kamen, darf die **Wüstenlandschaft** inklusive Zelten aus Ziegenhaar und Lagerfeuer nicht fehlen.

Bei besonderen Veranstaltungen ergeben sich interessante Fotomotive, die man ansonsten kaum noch vor die Linse bekommt, darunter Araberpferde in traditionellem Ornat, d. h. mit silberverziertem Zaumzeug und mit bunten Bommeln versehenen Satteldecken. Aber auch der historische Alltag einer Stadt von Perlentauchern, Kamelzüchtern und Dattelgärtnern ist dokumentiert, in **Werkstätten** arbeiten Schreiner, Töpfer oder Schmiede, deren Produkte im Souvenirshop verkauft werden. Im

Museum, das in einem nachgebauten Fort untergebracht ist, sind Schmuck, Waffen, Utensilien der Perlentaucher und historische Ausgaben des Korans ausgestellt. Kostproben traditioneller lokaler Küche und authentischen arabischen Kaffee (*qahwa*) gibt es im **Restaurant**.

In der ★**Marina Mall** ⑥ auf der Insel **Al Kasir**, einem der größten Einkaufszentren Abu Dhabis, kann man nicht nur shoppen, sondern auch gut essen gehen. Neben einem **Foodcourt** mit (Schnell-) Restaurants gibt es zahlreiche gepflegte Cafés und Bars. Hervorgehoben seien das Drehrestaurant **Tiara** und das **Colombiano Coffee House** hoch oben im **Marina Mall Tower**: Schon die Fahrt im gläsernen **Fahrstuhl** an der Außenfassade des Turms ist ein Erlebnis, und von hier oben hat man den besten Blick auf die Stadt – besonders zum Sonnenuntergang. Auf der Südseite des Breakwater finden sich gute **Fischrestaurants** sowie das Riesenrad **Marina Eye**. Einheimische kommen gern zum Sonnenuntergang her, um die nahegelegene **Dhau** für eine Dinner-Ausfahrt entlang der Küste zu entern.

Imposant mutet das 5-Sterne-Hotel **Fairmont Marina Abu Dhabi** an: Es besteht aus zwei mächtigen, hohen Türmen, die oben ein Bogen verbindet.

Lulu Island

In Sichtweite des Breakwater liegt die Perleninsel – **Lulu Island** ⑦ – noch unbebaut still im Wasser.

Rund um den Ittihad Square

Zurück auf der ★**Corniche**, kommt man nordwärts bald am **Baynuna Tower** ⑧ vorbei, der an seiner Kugel auf dem Dach zu erkennen ist. Mitte der 90er Jahre war er mit seinen 156 Metern

Rechts: Den Ittihad Square ziert eine überdimensionale Kaffeekanne, Weihrauchbrenner und Rosenwassersprenkler.

sogar einmal das höchste Gebäude der Vereinigten Arabischen Emirate, doch Dubai antwortete bald mit den über 300 Meter hohen Jumeirah Emirates Towers. Nichtsdestotrotz lohnt sich ein Besuch im Baynuna, wo das **Hilton** eine Hoteldependance unterhält und man eine tolle ★**Aussicht** auf Corniche und Küste hat.

Am **Ittihad Square** ⑨, dem „Platz der Vereinigung" zur Erinnerung an die Staatsgründung 1971, erstreckte sich bis 2005 der „Old Souq". Dann wurden die schmuddeligen Gebäude abgerissen, und es entstand ein sehr modernes neues Stadtviertel mit markanten Wolkenkratzern sowie zwei neue Einkaufsadressen. Das eine ist die World Trade Center Mall mit dem modernen Ambiente, das andere der **World Trade Center Souk** mit dem eher arabischen Flair. Obwohl es im Inneren etwas dunkel ist, fühlt man sich durchaus wohl, und es gibt eine Reihe einladender Geschäfte u.a. für indische Stoffe, feine Gewürze und schöner Möbel. Im **Atrium** mit Brunnen und Glasdach kann man in **Cafés** entspannen, auf dem **Dach** gibt es nette **Lokale**.

Der nördliche Teil des Ittihad-Platzes ist ein schöner **Park**, nicht groß, aber eine gute Gelegenheit, sich nach einem Spaziergang im Schatten der Bäume lang auszustrecken. In der Umgebung stehen einige schöne kleine, etwas ältere **Moscheen** (Zutritt nur für Muslime), die heute vor den verspiegelten Hochhäusern der Umgebung wie Miniaturbauten erscheinen. Von diesen Moscheen gibt es über die ganze Stadt verteilt mehrere Hundert, denn Scheich Zayed wollte seinen Untertanen nicht mehr als 500 Meter Weg bis zum nächsten Gebetshaus zumuten. In manchen Karten ist der südliche Teil des Platzes als „Canon-Square", Kanonenplatz, bezeichnet: Hier steht nämlich eine **Kanone**, die zu einem Ensemble aus überdimensionierten Betonplastiken gehört und 1996 zusammen mit einem **Rosenwassersprenkler**, **Weihrauchbrenner**

Foto: alex7370 (Shutterstock.com)

und **Wehrturm** zur Verschönerung aufgestellt wurde – gut zur Orientierung.

Am ersten Kreisverkehr südlich des Ittihad-Platzes stößt man auf die Sheikh Zayed Street. Im Stadtteil Al Bateen beginnend, heißt sie bis hierher Sheikh Zayed The First Street, ab dem Kreisverkehr **Sheikh Zayed The Second Street** ⑩ und wird unter diesem Namen zur **Einkaufsstraße**, einer der belebtesten Abu Dhabis; vom Kleiderladen mit Jeans und T-Shirts über Elektronikwaren bis zum teuren Juwelier findet man hier und in den Seitenstraßen so gut wie alles – insbesondere im gigantischen **Medinat Zayed Shopping Centre**. Gleich daneben befindet sich das große, moderne **Gold Centre**.

Am Kreisverkehr steht auf der rechten Seite die **Cultural Foundation** ⑪, das 2018 nach Umbau wiedereröffnete Kulturzentrum. Der Komplex beherbergt u. a. das **Haus des Kunsthandwerks** (House of Artisans) mit Workshop-Angeboten, Theater und Kinderbücherei sowie das **Institut für Kunst und Kultur**, das sehr aktiv ist. Es organisiert kulturelle Events, **Ausstellungen** und klassische Konzerte. Auch wenn gerade keine Veranstaltung im Gange ist, sollte man einen Blick ins Innere der im modern-islamischen Stil errichteten Gebäude werfen, im Café eine Pause einlegen oder im Außengelände unter Palmen wandeln.

Gleich neben der Kulturstiftung steht **Qasr al Hosn** ⑫ („Festungspalast"), jenes Fort, einst am Dorfrand lag und Residenz des Emirs von Abu Dhabi war. Scheich Shakhbout bin Dhiab ließ es bei seiner Ankunft 1793 zum Schutz jener Quelle erbauen, die der Legende nach die Besiedelung Abu Dhabis erst ermöglicht hatte. Für ein paar Jahre das eindrucksvollste Gebäude der emiratischen Küste, ist der Palast heute das einzige historische Bauwerk Abu Dhabis und sieht im Hochhausmeer etwas verloren aus. 2018 umfassend restauriert, sieht man nun bei einer Besichtigung seltene volkskundliche Exponate aus vergangenen Zeiten und eine interessante, gut gemachte **Ausstellung zur Geschichte Abu Dhabis**. Sie erhellt die Entwicklung der Stadt von einer Fischer- und Perlenfischersiedlung des 18. Jh. bis zur modernen Metropole. Hinter der Festungsmauer verbirgt sich auch ein Innenhof.

Das Qasr al Hosn liegt an der **Al Nasr Street**, neben der Sheikh Zayed Street die zweite große **Einkaufsmeile** in Abu Dhabi; hier finden sich u. a. **Souvenirhändler** aus Iran, Indien und dem Jemen. Weiter im Nordosten heißt die Straße dann **Sheikh Hamdan bin Mohammed Street** ⑬. Hier stehen die großen Einkaufszentren **Hamdan**, **Liwa Centre** und **City Centre**, und besonders in den Abendstunden ist viel los.

Am Nordende der ★**Corniche** steht – in markanter Siloform – eines der ersten Hotels Abu Dhabis, das (2005 umfassend renovierte) **Sheraton** ⑭ mit einer ansprechenden Poollandschaft. Durch die Küstenstraße ist der Blick auf das Meer allerdings etwas eingeschränkt.

Scheich-Zayed-Hafen

Auf dem Weg zum **Port Zayed** gebührt den afghanischen Teppichhändlern im ★**Meena Souk** ⑮ (auch **Afghan Souk**) ein Besuch. Seit dreißig Jahren sitzen sie vor ihren **Teppichgeschäften**, umgeben von hoch aufgetürmten Rollen der berühmten persischen Knüpfkunst und strahlen eine lässige Ruhe aus. Besonders nach der Mittagspause, so gegen 16 Uhr, wenn die Läden wieder öffnen, aber noch nicht viel los ist und die Händler entspannt Tee schlürfen, findet sich Zeit für ein Palaver. Man muss eine Einladung zum Tee hier nicht gleich als Aufforderung zum Kauf verstehen. Achtung: Beim Teetrinken den Zucker nicht ins Glas rühren, sondern in den Mund stecken und den Tee darüber laufen lassen.

Danach, rechtzeitig zum Sonnenuntergang, sollte man im **Hafen** sein, der Eingang ist frei zugänglich. Auf dem **Obst- und Gemüsemarkt** wird frische

Ware feilgeboten, während es auf dem **Fischmarkt** zu dieser Stunde hauptsächlich tiefgefrorene Meeresfrüchte gibt. Der frische Fang kommt in den frühen Morgenstunden. Der iranische Markt, **Iranian Souk** ⑯ wird alle drei Tage mit neuer Ware beliefert und ist bekannt für sein Sammelsurium aus frischen Pflanzen, Haushaltswaren aus Metall und Plastik, Blumentöpfen aus Terrakotta und Glaswaren. Nach einem kurzen Bummel begibt man sich am besten zum Ende der Mole, wo der **Dhauhafen** mit vielen vertäuten alten Holzschiffen liegt, die Waren nach Persien transportieren.

Zwei neue Inseln: Maryah und Reem

Dem Hafen gegenüber liegen zwei Inseln, die für Besucher immer interessanter werden. Auf **Maryah** eröffnete mit **The Galleria** ⑰ eine erste noble Einkaufsadresse und auf der Insel **Reem** sollte man der **Al Aziz Moschee** ⑱ nach Einbruch der Dunkelheit einen Besuch abstatten: deren Wände sind mit den 99 Namen Allahs geschmückt und leuchten – dank des neuartigen lichtdurchlässigen Betons!

Auf dem Festland gegenüber den beiden Inseln liegen Luxushotels und die **Abu Dhabi Mall** ⑲, eines der beliebtesten Einkaufszentren.

Östliche Abu-Dhabi-Insel

Über die Al Falah Street gelangt man zur **Eastern Ring Road**. Sie verwandelte sich in den letzten Jahren – unter großem Aufwand – zu einer Prachtstraße entlang der östlichen Küste, wo viele Mangrovenbäume wachsen. Sie ist auch unter dem Namen „New Corniche" bekannt. Das führt seit kurzem zu einiger Verwirrung, denn auch die alte Corniche an der Westseite wird seit ihrer Umgestaltung als „New Corniche" bezeichnet – also aufgepasst.

Beim alten Flughafengelände ist der **Khalifa Park** ⑳ zu einem großen **Frei-**

Rechts: Die Sheikh-Zayed-Moschee, im nordindischen Mogulstil, bietet 70 000 Gläubigen Platz.

Foto: Mamet (Nelles Verlag GmbH)

zeitpark mit **Meeresmuseum** ausgebaut worden.

An der **Maqta-Brücke** steht der (heute bedeutungslose) **Maqta-Turm** ㉑ der einst die schmale Furt zwischen der Insel und dem Festland bewachte.

Mit einem neuen Bauwerk hat Abu Dhabi 2008 beim Rennen um die größte Moschee Dubai übertrumpft: Rund 70000 Gläubige finden in der ★★**Sheikh-Zayed-Moschee** ㉒ Platz, die 700 Mio. Dollar kostete. Auf 22 000 Quadratmetern entstand aus 33 000 Tonnen Stahl und 210 000 Kubikmetern Beton ein Bauwerk, das mit seinen vielen Kuppeln und Mauerbögen und vier 115 Meter hohen Minaretten stark an den Stil nordindischer Mogul-Moscheen erinnert. Griechischer Marmor aus Mazedonien wurde für die Außen- und Innenverzierung importiert, die Säulen der **Gebetshalle** mit Einlegearbeiten aus indischen Halbedelsteinen verziert. Die Wand mit der Gebetsnische (*mihrab*) ist auf ihrer ganzen Länge mit sechs Seiten Koranzitaten verziert, jede Seite 21 Meter hoch. Um die große Moschee

herum sorgen weitläufige **Gartenanlagen** mit zahlreichen Springbrunnen für eine entspannende Atmosphäre. Die **Innenbesichtigung** ist auch nichtmuslimischen Touristen erlaubt (s. S. 110).

Auf dem nahen Festlandsufer, bei der Maqta-Brücke, liegt der neue **Souq Qariyat al Beri**, ein netter kleiner Markt mit mehreren interessanten Gallerien und entspannter Atmosphäre, von dessen **Restaurantterrassen** man abends ein schönen Blick auf die beleuchtete Zayed-Moschee hat.

Die **Coast Road** am Südufer der Insel führt zurück in die City. Auf der rechten Seite taucht bald ein **Sportstadion** auf, das zur **Sheikh Zayed Sports City** ㉓ gehört, wo die Fußballspiele der örtlichen Clubs ausgetragen werden.

Schon von weitem springt einem der 160 m hohe **Capital Gate Tower** ㉔ ins Auge, denn mit 18 Grad Neigungswinkel ist er viermal schiefer als der Turm von Pisa – mit Absicht. Die Betten des darin untergebrachten Fünf-Sterne-Hotels stehen aber gerade, ebenso die Tische im **Restaurant 18 Degrees**, das

Foto: Stihl024 (Dreamstime.com)

neben mediterraner Küche einen famosen Blick über die Stadt bietet. Vor der großen **Tribüne** daneben werden Paraden zum Nationalfeiertag abgehalten.

Im **Frauenhandarbeitszentrum** (25) (Women's Handicraft Centre) im Stadtteil Al Mushrif (Karama St.), begrüßen vormittags (9-13 Uhr) Araberinnen die Besucher. Vom Staat unterstützt, werden hier die alten Handwerkskünste gepflegt und in einer volkskundlichen Ausstellung erläutert. Man kann den Frauen bei der Arbeit zusehen und Gewebtes und Damengewänder kaufen.

Saadiyat / ★★Louvre Abu Dhabi

In Abu Dhabi wird ein zukunftsfähiges touristisches Angebot geschaffen: Auf **Saadiyat** („Paradiesinsel"), der künftigen Urlaubsinsel, entstehen mit Milliardeninvestitionen architektonisch spektakuläre Topattraktionen.

Oben: Im Louvre Abu Dhabi (Tritonen tränken die Sonnenpferde Apollos, von Gilles Guérin, 1666; Leihgabe aus dem Schloss Versailles).

Der von Jean Nouvel entworfene ★★**Louvre Abu Dhabi** (26) mit seiner imposanten durchbrochenen Metallkuppel hat 2017 eröffnet. Der Gebäudekomplex besteht aus 55 neben- und übereinander gelagerten Quaderbauten. Über dem Gebilde erstreckt sich, wie der Panzer einer Schildkröte, eine transparent wirkende Kuppelkonstruktion mit einem Durchmesser von 180 Metern. Das Museum zeigt Kunst aus aller Welt und Epochen vom 21. Jh. bis zurück in die Pharaonenzeit. Fast eine Milliarde Euro zahlt das Emirat in den nächsten Jahrzehnten dem Louvre (und weiteren staatlichen französischen Museen) für Leihgaben, Kuratoren-Dienstleistungen und die Nutzung der Louvre-Namensrechte. Zu sehen sind u. a. berühmte Gemälde von Edouard Manet, Mondrian, Paul Gauguin, Murillo, Jacques-Louis David, Giovanni Bellini, Picasso, Jacob Jordaens, Gustave Caillebotte und Osman Hamdi Bey.

In Bau sind das **Guggenheim-Museum** (27) (ca. 2025; Design: Frank Gehry; das **Zayed National Museum** (ca. 2025;

Design: Norman Foster) und das **Naturkundemuseum**, (ca. 2025) dessen Magnet ein T-Rex-Skelett werden soll.

Dies werden Kultur-Highlights einer Freizeitlandschaft, die mit **Badestränden**, luxuriösen Strandhotels wie den 6-Sterne-Häusern **Park Hyatt** und **St. Regis**, einem **18-Loch-Golfplatz** und **Jachthafen** aufwartet. Das St. Regis bietet zwischen seinen beiden Hoteltürmen die höchste **Hängesuite** der Welt – 200 m über der Erde. Der Preis für eine Nacht: 36 000 €; an jedem letzten Freitag im Monat dürfen Neugierige darin für ca. 100 € brunchen.

In der Galerie **Manarat Al Saadiyat** zeigen Grafiken, wie die Insel einmal aussehen könnte.

Folgt man dem Sheikh Khalifa Highway zur nordöstlichen Seite der Insel, gelangt man zum **Zaya Nurai Island Welcome Center**. Von dort geht es per Boot zu der kleinen Zaya-Nurai-Insel mit der exklusiven Hotelanlage.

Insel Yas

Für Anhänger des Motorsports ist interessant, dass es in Abu Dhabi Formel-1-Rennen gibt: 2009 war die Eröffnung des **Yas Marina Circuit** ㉘ auf der Insel Yas. Zugleich öffneten neue Hotels, so das **W Abu Dhabi – Yas Island**. Dieses zur Hälfte über dem Wasser errichtete Hotel überspannt auch die Rennstrecke. Die Einheimischen nutzen die Rennstrecke, um mit eigenen Flitzern die Piste unsicher zu machen. Wer keinen besitzt, kann sich ein **Kart** leihen, in einem **Aston Martin GT4** Rennfahrstunden nehmen oder – nach einem Fitnesstest – im auf zwei Sitze umgebauten, höllisch abgehenden **Formel-1-Rennwagen** mitfahren. Sehr viel günstiger und geruhsamer geht es am wöchentlichen Fitnesstag zu, wo Dauerläufer, Skateboarder und Radfahrer auf die Strecke dürfen; es gibt Fahrräder zu mieten.

Rund um die Rennstrecke gibt es viele Baustellen, das Freizeitangebot soll noch stark erweitert werden. Bereits fertig sind der **Golfplatz** und der Mega-Hallenfreizeitpark ★**Ferrari World** ㉙. Vom Hightech-Fahrsimulator bis zum Puzzlespiel gibt es viel Spannendes, auch die schnellste Achterbahn der Welt, **Formula Rossa**, bei der die Spaßsuchenden sogar mit Brillen ausgestattet werden – bei bis zu 240 km/h durchaus sinnvoll. Damit nicht genug, mit der **Flying Aces** steht seit 2016 in diesem Freizeitpark eine zweite Achterbahn mit hohem Potenzial für Nervenkitzel. Und wem das nicht reicht, der mietet sich einen Ferrari California und macht eine Spritztour über die Insel Yas!

Nebenan lockt die neue ★**Yas Mall**, eines der größten Einkaufszentren der VAE, mit über 300 Geschäften, Rollercoaster-Restaurant und 4D-Kinos.

★**Yas Waterworld** bietet unter anderem atemberaubende Rutschen, eine Wasserachterbahn und eine Drei-Meter-Surfwelle.

★**Warner Bros. World Abu Dhabi**, 2018 eröffnet, bietet sechs Themenwelten, mit Filmfiguren wie Superman, Wonder Woman, The Flash, Green Lantern, Cyborg und Aquaman. In Gotham City sieht man u. a. Batman und den Joker. In Cartoon Junction trifft man u. a. Bugs Bunny, Tom und Jerry. In Bedrock ist die Steinzeit-Familie Feuerstein zu Hause. Auf der Plaza findet die All-Star-Spectacular-Show statt.

Falkenklinik und Arabian Saluki Center

In der **Falkenklinik** (Falcon Hospital), an der Straße nach Al Ain nahe dem Flughafen, werden die bis zu 100 000 Dollar teuren Raubvögel des Herrschers kuriert. Die Klinik bietet ein Besuchsprogramm, in dessen Verlauf man u. U. eines der Tiere auf die Hand nehmen kann. Geleitet wird das Krankenhaus von einer Deutschen.

Nebenan befasst sich das **Arabian Saluki Center** mit der Zucht jener schlanken Jagdhunde, die früher treue Begleiter der Beduinen waren.

» **Stadtplan S. 84-85, Info S. 109-111**

3

Emirat Abu Dhabi

Foto: Volkmar E. Janicke

★LIWA-OASEN

Rub al Khali, das „Leere Viertel": mit 700 000 km² ist es die größte Sandwüste der Erde, traumhaft schöne ★★**Dünen** reichen bis zum Horizont, vereinzelte Sandberge ragen 300 Meter in den stahlblauen Himmel. In den frühen Morgenstunden zeichnet die Sonne einen orangenen Streifen an den Horizont, die ersten Konturen werden sichtbar, und ein faszinierendes Spiel aus Licht und Schatten beginnt. Dann, ab 10 Uhr, wird das Licht immer greller und schmerzt in den Augen eines Europäers, der ohne Sonnenbrille unterwegs ist. Alles Leben kommt zur Ruhe, verkriecht sich, wo immer Schatten ist und wartet darauf, dass die glühende Scheibe herabsinkt. Gegen 15 Uhr lässt die trockene Hitze langsam nach, das Licht wird weicher, die Dünen-berge wechseln ihre Farbe von fast grellem Weiß in ein sanftes Orangerot. Jetzt ist die richtige Zeit, im „Zwei-Schritte-vor, einen-zurück-Modus" einen der Sandberge zu erklimmen. Oben angekommen: hinsetzen, Luft holen und dann die Stille genießen, das eigene Blut in den Ohren rauschen hören, während die Dünen immer längere Schatten werfen und dann in einem goldenen Rotbraun ein letztes Mal aufleuchten. Für dieses Erlebnis fahren Romantiker zur ★**Liwa-Oase**, 240 km südlich von Abu Dhabi, und verbringen dann eine Nacht unter dem Sternenhimmel.

Diese „Oase" ist heutzutage ein 100 km langer Bogen aus 50 Einzeloasen, mit 39 Dörfern und 21 000 Einwohnern.Seit dem 17. Jh. leben hier Menschen von der Landwirtschaft, die dank des nahen Grundwassers möglich ist. Ihre kleinen Siedlungen bestanden aus Palmblatt-hütten; Kamelzucht, Ziegen und Gazellenjagd sicherten das Überleben. Eine Reise an die Küste dauerte 5 Tage mit dem Kamel – heute 4 Stunden. Auf den Straßen herrscht reger Verkehr, denn in

Oben: Durch Aufforstungsprojekte wurde die Versandung der Liwa-Oasen gestoppt; dank moderner Bewässerungstechnik liefern sie Obst, Gemüse und Datteln. Rechts: Dünen bei Al Ain am späten Nachmittag.

» **Karte S. 80-81, Info S. 109-111**

Foto: katiek2 (stock.adobe.com)

3

Emirat Abu Dhabi

der Nähe liegen die **Erdölfelder** von **Bu Hasa** und **Huwaila**.

Mit Hilfe moderner Bewässerungstechnik treibt man erfolgreich Aufforstungsprojekte in der Wüste mit Dattelpalmen, Akazien, Tamarisken, Syrischem Christusdorn und Ghaf-Baum und zugleich die Schaffung neuer Agrarlandschaften voran.

Ungefähr auf halber Strecke liegt die begrünte Neubausiedlung **Madinat Zayed** ❷. Viele Beduinenfamilien möchten nicht mehr in den Oasen leben, scheuen aber die engen Verhältnisse der Hauptstadt. Scheich Zayed baute ihnen diese kleine Stadt. Zum Jahresende strömen Beduinen aus der Wüste hierher zum **Al Dhafra Festival**, das mit einem Schönheitswettbewerb für Kamel verbunden ist.

Wer viele „nickende Esel", die charakteristischen **Ölpumpen**, sehen will, sollte für den Hin- oder Rückweg die weiter östlich gelegene Strecke über **Asab** ❸ wählen, denn dort kommt man näher daran vorbei.

Eine Teerstraße verbindet die west-

lichste Oase **Umm Hisin** mit ihrer östlichsten Schwesterstadt **Hamim**. Dazwischen liegt das Verwaltungszentrum, die „Stadt" **Meziyrah** ❹. Weil die Wüstenromantik vieler Stadtbewohner, die für einen Ausflug zu den Sanddünen kommen, beim Gedanken an eine Nacht im Schlafsack und ein Aufstehen ohne Badezimmer endet, gibt es hier moderne Unterkünfte mit Swimmingpool wie das **Liwa Hotel**. Abenteuerlustige fahren mit einem Leihquad über die ★**Moreeb-Düne**, 28 km südlich von Meziyrah.

Die Super-de-Luxe-Hotelklasse führt das neue **Qasr al Sarab** nahe Hamim an.

DESERT ISLANDS

Etwa 240 km westlich der Hauptstadt liegen die **Desert Islands**. Diese kleine Inselgruppe war lange nur Ornithologen wegen ihrer Vogelschutzgebiete bekannt. Doch 2008 eröffnete auf der Hauptinsel **Sir Bani Yas** ❺ das Luxushotel **Desert Islands Resort**. Möglich sind hier Pirschfahrten durch den **Wildpark** mit **Gazellen** und **Antilopen**, einen der größten Arabiens; Trekking- und Mountainbiketouren, Kajakfahrten durch Mangroven und Schnorcheln an einem künstlichen Riff. Jüngst wurden die **Fundamente eines Nestorianerklosters** aus dem 7. Jh. n. Chr. freigelgt. Wem die Anfahrt zu lange dauert, kann von Abu Dhabi im Wasserflugzeug hinfliegen – auch nur für einen Tag. Zu den Desert Islands gehört die **Insel Dalma**. Ein großes Hotel steht an der Festlandküste nahe dem Ort **Jebel Dhana**, wo die **Fähren** zu den Inseln ablegen.

AL AIN

Das Wort „Ain" bedeutet im Arabischen sowohl „Auge" als auch „Quelle". In **Al Ain** ❻ verstellen im Gegensatz zur großen Schwester Abu Dhabi keine Wolkenkratzer den Blick, über 30 große und kleine **Parks** lockern das Erscheinungsbild auf, und dank der vielen bewässerten **Palmenhaine**, **Obst- und Gemüseplantagen** ringsum trägt Al Ain zu Recht den Beinamen „Gartenstadt". Zudem erblickte Scheich Zayed II. bin Sultan al Nahyan, Gründer der VAE, hier in einer kleinen Burg das Licht der Welt. Die Kulturstätten von Al Ain, das traditionelle „Falaj" Bewässerungssystem der Oasen und der Jebel Hafit zählen zum **UNESCO-Welterbe**.

Al Ain gehört zum Emirat Abu Dhabi und ist mit über 650 000 Einwohnern die zweitgrößte Stadt des Scheichtums. Es liegt, 160 km von der Küste, an der Grenze zu Oman in einem von der Natur mit viel Grundwasser verwöhnten Wüstengebiet am Rand des Leeren Viertels. Fast 200 natürliche Quellen haben schon in vorgeschichtlicher Zeit für günstige Lebensbedingungen gesorgt, wie Ausgrabungen in den Oasen rund um die Stadt, darunter Hili, Qatarrah und Qarn bint Saud, belegen.

Heute ist Al Ain nicht nur das landwirtschaftliche Zentrum Abu Dhabis, sondern dank seines Klimas, so erstaunlich das auch klingen mag, zudem ein Erholungsort. Denn obwohl die Temperaturen hier im Sommer noch höher sind als an der Küste, verbringen viele Emiratis auch während der heißen Jahreszeit ihre Wochenenden gern im Schatten der Palmenhaine (oder in den klimatisierten Räumen ihrer Villa), denn es fehlt die drückende Luftfeuchtigkeit. In den Wintermonaten ist das Klima ideal. Die Stadt hat sich aus einem Konglomerat von neun größeren Dörfern und mehreren kleinen Siedlungen entwickelt, die bis zur Staatsgründung der VAE 1971 als **Buraimi-Oasen** bezeichnet wurden. Fast jeder Ort besaß ein eigenes Fort, denn da mehrere Stämme ansässig waren, gab es öfter Auseinandersetzungen. Deshalb stehen im Stadtgebiet noch 18 **Burgen**, von denen einige restauriert wurden.

Buraimi – heute in Oman

Heute verläuft die Grenze zum **Sultanat Oman** quer durch die Stadt, und der Name **Buraimi** bezeichnet nur noch den omanischen, weniger wohlhabenden Teil. Sehenswert sind dort der **Souk** und das restaurierte **Al Khandaq Fort**. Man braucht ein omanisches **Visum**, um hinzugelangen, erhältlich am einzigen offiziellen **Grenzposten** nahe den Hili-Gärten, wo dann auch die emiratische Ausreisegebühr zu bezahlen ist. Je nach Verkehr ist mit Wartezeit zu rechnen. Für Fahrer emiratischer Leihwagen wichtig: In Buraimi ist eine Zusatzversicherung für Oman nötig (erhältlich an der Grenze).

Damals in Al Ain

Für Archäologen wird das Oasengebiet ab dem 4. Jahrtausend v. Chr. interessant, denn zahlreiche in der Umgebung gefundene Gräber bezeugen die dauerhafte Besiedelung seit damals. Die Zeit von 3500 v. Chr. - 2500 v. Chr. wird als Hafeet-Periode bezeichnet, benannt nach einem Berg südlich von Al Ain, zu dessen Füßen die ersten Gräber dieser

AL AIN

0   1 km

© Nelles Verlag GmbH

Epoche entdeckt wurden. Aus der anschließenden Umm-al-Nar-Zeit bis etwa 2000 v. Chr. sind Grabbauten erhalten, die man auch besichtigen kann. In dieser wohlhabenden Periode lagen die Oasen Al Ains an einem wichtigen Handelsweg zwischen dem Kupferland Magan im heutigen Oman und den Häfen an der Golfküste. Einen guten Überblick über die Lage der Gräber und Siedlungen gibt das Nationalmuseum von Al Ain.

Für die folgenden Jahrtausende sind, abgesehen von der Islamisierung im 7. Jh. n. Chr., keine bedeutenden Ereignisse überliefert. Im 18. Jh. besiedelten die Stämme der Bani-Yas-Föderation das Gebiet, darunter die Familie Al Nahyan. Damals warf ein Ereignis seine Schatten voraus, das über 200 Jahre später schwerwiegende Folgen haben sollte: Um 1740 gründete Mohammed ibn Abdul Wahhab auf dem Gebiet des heutigen Saudi-Arabien eine erzkonservative Bewegung zur „Erneuerung" des Islams, die er mit Gewalt verbreitete. Seine Lehre, die als Wahhabismus heute die reaktionäre Haltung der Saudis prägt, fordert die buchstabengetreue Interpretation des Korans und der Scharia. Während in den VAE der Koran eher als moralische Richtlinie zur Lösung moderner Probleme betrachtet wird, bestehen puritanische Anhänger des militanten Wahhabismus darauf, dass alle Antworten, selbst auf aktuelle Fragen wie Genforschung, im Koran enthalten sind, der Mensch diese aber nicht auf den ersten Blick erkennen kann, da es sich um Gottes geschriebenes Wort handelt – und dass alle Nichtwahhabiten zu bekehren sind, und das nicht allein durch gute Worte.

Saudi-Überfälle auf Buraimi

Um 1800 begannen die ersten Überfälle der Wahhabiten auf das Gebiet der heutigen Emirate, darunter auch die Buraimi-Oasen. Der erfolgreichste fand 1866 statt; die wahhabitischen Araber

konnten die Oasen für drei Jahre besetzen. 1952 machte Saudi-Arabien „historische Gebietsansprüche" geltend und marschierte erneut in die Oasen ein. Dass es dabei vor allem um die Sicherung potentieller Ölfördergebiete ging, machte die finanzielle Unterstützung der Truppen durch die ARAMCO (Arabian-American-Oil Company) deutlich. Es kam zu erheblichen Spannungen, unter denen besonders der Sultan von Oman zu leiden hatte, denn England verbot ihm einen militärischen Gegenschlag, da man um den endgültigen Verlust der Gebiete fürchtete und eine diplomatische Lösung vorzog.

Drei Jahre dauerten die Verhandlungen, dann zogen die Saudis ab. 1966 einigte man sich auf eine provisorische Grenze zwischen Oman und dem Emirat Abu Dhabi, die 1971 Staatsgrenze wurde. Erst 1974 gaben die Saudis unter Druck des Internationalen Gerichtshofes den Anspruch auf dieses Gebiet auf, ein Vertrag wurde jedoch nie unterzeichnet.

Scheich Zayed

Um 1918 (genau weiß man es nicht) erblickte Scheich Zayed im Jahili Fort das Licht der Welt. Er verbrachte seine Jugend hier und in Abu Dhabi, bevor sein Bruder Shakhbout ihn 1946 zum Gouverneur ernannte. Zwei Jahre später besuchte ihn der englische Reisende Wilfred Thesiger und blieb über einen Monat. Zayed lud ihn zur Falkenjagd ein, so nahm er auch am Alltag des Gouverneurs teil. In seinem Buch „Brunnen der Wüste" schrieb Thesiger: „Morgens, nachdem wir ein aus Tee und Brot bestehendes Frühstück zu uns genommen hatten, kam ein Diener und teilte uns mit, Scheich Zayed würde „sitzen". [...] Manchmal saß er auf der Bank unter dem Torbogen, aber meistens unter dem Baum vor dem Fort. Er ließ Kaffee kommen und wir saßen palavernd beisammen bis zur Mittagszeit, regelmäßig durch ankommende Besucher unterbrochen. Es waren Männer aus Oman oder ein Bote Shakhbouts

Rechts: Das Fort Al Sharqi in Al Ain.

Foto: Thomas Stankiewicz

aus Abu Dhabi. Jeder erhob sich, als sie näher kamen, und Zayed lud sie ein, sich zu uns zu setzen um ihre Nachrichten zu hören. [...] Manchmal stand einer der Männer unvermittelt auf, setzte sich vor Zayed, klopfte mit seinem Kamelstecken auf den Boden um Aufmerksamkeit zu erregen und sagte, unsere Konversation unterbrechend, ‚Nun Zayed, wie sieht es aus mit den Kamelen, die mir gestohlen wurden?'

Zayed hörte mitten im Satz auf, um sich die Klage des Mannes anzuhören. Es ging meistens um Kamele und darum, dass ein notorischer Outlaw, der womöglich gerade mitten unter uns saß, die Tiere entwendet hatte. Zayed hatte einige dieser Outlaws in seiner Gefolgschaft, da es ihm lieber war, sie um sich zu haben als sie in den Reihen eines rivalisierenden Scheichs zu sehen.[...] Beide Seiten argumentierten lautstark und sich fortwährend ins Wort fallend. Zayed wollte weder den Outlaw verprellen noch seine eigene Reputation als gerechter Stammesführer aufs Spiel setzen. Es war ein Beweis seiner Fähigkeiten, dass er es

meist schaffte, beide Seiten mit seinem Urteil zufriedenzustellen."

Das moderne Al Ain

Auch nach seinem Wegzug 1966 blieb Scheich Zayed seiner Heimatstadt verbunden, die moderne Entwicklung trägt seine Handschrift. Die Straßen sind wie in Abu Dhabi in Blocks angelegt, so dass die Orientierung leicht fällt. Die Mittelstreifen sind verziert mit Palmen, Oleander und Bougainvilleen mit weißen und rosa Blüten. Falls Sie zwischen dem Grün eine Gazelle erblicken: Es handelt sich um Gipsfiguren, die zur Verzierung aufgestellt wurden.

Während Thesiger 1948 mit seinen Kamelen vier volle Tage für die Strecke zwischen Al Ain und Abu Dhabi benötigte und Geoffrey Bibby sich zehn Jahre später noch einen Tag mit seinem Allradwagen durchs Gelände quälte, ist die Fahrt nach Al Ain heute ein anderthalbstündiges Vergnügen. Zäune rechts und links der Straße verhindern, dass Kamele den Verkehr stören, Pflanzen

» **Stadtplan S. 101, Info S. 109-111**

sollen nicht nur den Sand zurückhalten, sondern auch das Auge erfreuen, und nachts ist die Strecke durchgehend beleuchtet. Die letzten Kilometer vor Al Ain verlaufen mitten durch die hohen Sanddünen des Leeren Viertels.

Von Abu Dhabi kommend, führt die Shakhbout bin Sultan Road in die Innenstadt Al Ains. Noch vor den Toren der Stadt liegt links der **Internationale Flughafen** („AAN"), interessanter ist jedoch die **Kamelrennbahn Al Maqam** rechts der Straße, eine der schönstgelegenen in den Emiraten. Sie steht auf dem Programm vieler örtlicher Reiseveranstalter, denn freitagmorgens finden Rennen statt. Es macht Spaß, die Spannung zu spüren, die in der Morgenluft liegt, wenn Kamelbesitzer und Jockeys versuchen, die Renntiere in eine halbwegs geordnete Startaufstellung zu sortieren. Kamele sind immer für Überraschungen gut, und sei es auch nur, dass sie spontan beschließen, in die falsche Richtung zu rennen.

Hinter der Rennbahn beginnt die Khalifa bin Zayed Street, die vorbei am **Ladies Park** ① (Frauenpark, auch Basra-Park genannt) ins Zentrum führt. Der Zutritt zum Park ist ausschließlich Damen und männlichen Begleitern bis zum Alter von 10 Jahren gestattet.

Nur ein paar Meter weiter liegt auf der linken Seite ein kleines unscheinbares Fort, welches erst kürzlich restauriert und der Öffentlichkeit zugänglich gemacht wurde – **Qasr al Muwaiji**. Errichtet wurde es Anfang des 20 Jh., Scheich Zayed nutzte es ab 1946 als Amtssitz während seiner als Gouverneur der Stadt und lies es um mehrere Räume erweitern. Für die emiratische Bevölkerung ist es von Bedeutung weil hier der derzeitige Herrscher Scheich Khalifa bin Zayed geboren wurde und aufwuchs.

★Nationalmuseum

Al Ain hat wie die anderen emiratischen Städte keinen zentralen Marktplatz; in seiner Mitte liegt stattdessen die **Al-Ain-Oase** ②. Sie wird nach wie vor landwirtschaftlich genutzt, es gibt Bananenstauden, Orangen- und Zitronenbäume und unzählige Dattelpalmen, die stellenweise noch durch das historische *falaj*-Kanalsystem bewässert werden. Teile der Oase wurden zu einem **Park** mit eindrucksvollen Springbrunnen, Picknicktischen und Restaurant umgestaltet, den **Central Gardens**. Der **Haupteingang** des Parks liegt direkt neben dem Nationalmuseum.

Das ★**Al Ain National Museum** ③ an der Zayed bin Sultan Street ist nicht ohne Reiz – lebensgroße Puppen stehen z. B. im kompletten Falknerornat da, und rustikale Beschneidungswerkzeuge lassen Besucher erschaudern.

Neben der alten Festung, dem **Fort Al Sharqi**, das sich besonders durch sein meist verschlossenes Eingangstor auszeichnet, wirkt der Museumsneubau von 1971 etwas fad, aber sein Inneres lebt. Gleich im Eingangsbereich ist ein typisches **Beduinenzelt** aufgebaut, in dem der Gast nach Wunsch mit einem Tässchen arabischen Kaffees begrüßt oder verabschiedet wird. Der Rundgang führt an großflächigen Glasvitrinen vorbei, deren Inhalt auch mit englischen Texten erläutert ist, und beginnt in der ethnografischen Abteilung. Aufgelockert werden die Hallen durch die nachgestellten Szenen aus der traditionellen Lebenswelt, etwa „Vater und Sohn am Brunnen" oder den bereits erwähnten Falkner. Ein Hinweis auf die Nähe zum Sultanat Oman sind die Kopfbedeckungen der Puppen, die nicht das weiße Tuch mit der schwarzen Kordel der Golfaraber tragen, sondern den *masaar* der Omanis.

Wer sich für Archäologie interessiert, wird etwas mehr Zeit in der entsprechenden Abteilung des Museums benötigen. Denn die Sammlung der teil-

---

Rechts: Diese schönen Tongefäße sind Exponate des Al Ain National Museum.

Foto: Camerapix

weise wertvollen Fundstücke, darunter der **Goldschmuck** aus der Oase Qattarah nahe Al Ain, ist recht umfangreich, aber übersichtlich und vermittelt einen guten Überblick über die verschiedenen Epochen. Anhand von maßstabsgerecht verkleinerten Modellen werden auch die für die Erforschung der Geschichte bedeutsamen Gräber erläutert.

Die jüngere Geschichte der Region ist auf **Schwarz-Weiß-Fotos** aus den 1960er Jahren festgehalten; die Aufnahmen stammen aus verschiedenen Orten des Emirates Abu Dhabi, darunter der heutigen Hauptstadt, den Liwa-Oasen und Al Ain.

Haben Sie sich schon mal gefragt, was die Staatsoberhäupter so alles geschenkt bekommen? Der letzte Ausstellungsraum zeigt, was Scheich Zayed im Lauf der Jahre so alles als **Staatsgeschenk** bekam. Manches ist durchaus eindrucksvoll, z. B. das Koranzitat auf dem Reiskorn, anderes wertvoll, aber banal wie das goldene Schwert, wieder anderes vielleicht schön, aber irgendwie dreist: So schenkte Spaniens König

ein vergoldetes Schiffsmodell – das aussieht wie jene Galeonen, mit denen die Europäer Arabiens Küste eroberten. Vielleicht wird es deshalb auf der Internetseite als „besonderes Geschenk" bezeichnet.

Souk

Gegenüber dem Museum liegt der **Al Ain Souk** ④, auch als Central oder Old Souk bekannt. Hier werden zwar hauptsächlich Haushaltswaren verkauft, aber da es kein Touristenmarkt ist, kommt die einheimische Bevölkerung gern hierher und man spürt noch etwas vom Lokalkolorit. Außerdem gibt es ringsum auch ein paar gute und günstige Restaurants.

★Palastmuseum

Im Westen der Al-Ain-Oase, an der Al Ain Street, liegt die ehemalige Residenz Scheich Zayeds. Besonders seit seinem Tod im November 2004 möchten viele Emiratis mehr über die Anfänge ihres ehemaligen Präsidenten wissen und besuchen das ★**Sheikh Zayed Palace Museum** ⑤. Hier wohnte er während seiner Gouverneurszeit zwischen 1946 und 1966, zunächst in einem kleinen Lehmhaus. Erst im Lauf der Jahre kamen weitere Gebäude hinzu, und Scheich Zayed residierte hier, bis er seinen Bruder 1966 als Emir ablöste und in die Hauptstadt zog. Danach stand das Haus ein paar Jahre leer, bevor das gesamte Ensemble restauriert wurde. Die Innenhöfe zieren heute grüne Rasenflächen, was sicher nicht dem staubigen Ursprung entspricht, die Wohnräume strahlen in einem Weiß, das jedem Krankenhaus zur Ehre gereicht.

Wichtig ist jedoch, dass man einen Eindruck davon bekommt, wie Zayed und seine Familie lebten. Alles ist so hergerichtet, dass man sofort einziehen könnte, in den Gängen stehen Wassertröge mit Trinkbecher, in der Küche liegt Feuerholz unter den Röstpfannen für den Kaffee, und im Hof steht der graue Landrover Zayeds, eines der ersten Autos in Al Ain überhaupt. Die Räume sind mit Gegenständen aus dem persönlichen Besitz der Präsidentenfamilie geschmückt, darunter ein Holzschrank, der eigentlich unüblich war, da man seine persönlichen Sachen normalerweise in Mauernischen ablegte.

Im Eingangsbereich hängen ein Plan und die Beschreibung der Räume.

Al Qattara

In dem restaurierten kleinen **Al Qattara Fort** warten eine Kunstgalerie und ein Café auf Besucher.

★Archäologischer Park Hili

Wenige Kilometer nördlich, an der Straße nach Dubai, zweigt die Zufahrt

---

Rechts: Vom Mercure Grand Hotel auf dem Jebel Hafeet bietet sich ein wunderbarer Blick auf die Wüstenlandschaft um Al Ain – und die Gelegenheit zum Sommerrodeln.

zum ★**Archäologischen Park Hili** ⑥ ab. Vor dem futuristischen Eingangstor steht eine Eukalyptus-Allee. Der Park wurde um eine der wichtigsten archäologischen Fundstätten der Emirate angelegt, deren Erforschung noch nicht abgeschlossen ist: Gleich rechts neben dem Eingang ragen die Grundmauern einer ca. 4000 Jahre alten Siedlung aus dem Boden, noch beeindruckender ist das berühmte **Great Hili Tomb** (s. Bild S. 43), ein restauriertes Rundgrab aus der Umm-al-Nar-Periode mit 9 m Durchmesser. Über den beiden sich gegenüberliegenden Grabeingängen sind Darstellungen von Menschen und Oryx-Antilopen zu sehen, das Kammernsystem im Innern dagegen wird an einem nebenan gelegenen Grab deutlich. Die gefundenen Grabbeigaben sind im Nationalmuseum ausgestellt.

Der Vollständigkeit wegen sei auf die **Hili Fun City** ⑦ hingewiesen, einer der ersten Vergnügungsparks der VAE, seinerzeit als „Disneyland des Nahen Ostens" gepriesen. Vor allem die **Eislaufhalle** (Ice Rink) ist ein exotischer Spaß für einheimische Kinder.

Zoo

Im 400 ha großen **Zoo** ⑧, südlich von Al Ain, erhalten die Besucher am Eingang einen Plan, damit sie sich auf dem weitläufigen Gelände zurechtfinden; eine **Minibahn** hält an fast jedem Gehege. Die Gründung des Zoos 1969 ist Scheich Zayed zu verdanken, der auch dafür Sorge trug, dass die heute über 1000 Säugetiere und fast 2000 Vögel in großzügig konzipierten Gehegen und Volieren ausreichend Platz haben. Internationalen Ruf hat der Zoo auf dem Gebiet des Artenschutzes und der Zucht bedrohter Tierarten, vornehmlich bei den einheimischen **Oryx-Antilopen** und den selten gewordenen **Wüstenleoparden**. Känguruhs, Nilpferde, Schlangen, alles was Rang und Namen in der Zoowelt hat, ist zu bestaunen. Das **Aquarium** ist eines der größten in den

Foto: Peter Franzisky (Bedu Expeditionen)

Emiraten, hier fühlen sich unter anderem Seelöwen und Pinguine wohl.

Neben dem Zoo liegt eine **Hunderennbahn**, auf der zweimal im Monat, jeweils donnerstags, Windhundrennen ausgetragen werden. Die sehr ausdauernden schnellen Hunde, *saluki* genannt, haben große Ähnlichkeit mit den in Pharaonengräbern abgebildeten Hunden und wurden von den Beduinen früher für die Gazellenjagd verwendet. Im fundamentalistischen Islam gelten Hunde zwar als unrein, aber die Salukis sind eine Ausnahme. Um die sensiblen Pfoten vor dem heißen Sand zu schützen, durften die Hunde sogar auf dem Kamel mitreiten, bevor sie auf die Beute losgelassen wurden. Heute werden sie im klimatisierten Auto zur Rennarena kutschiert.

★★JEBEL HAFEET

Südlich der Stadt erhebt sich der ★★**Jebel Hafeet ❼**, mit 1240 m einer der höchsten Berge des Landes.

Gipfelstürmer haben es leicht, denn eine 13 km lange, nachts beleuchtete **Serpentinenstraße** führt fast bis auf den Gipfel. Für einen Snack mit schönem Blick über die von Sanddünen umgebene Oase Al Ain empfehlen sich die Restaurants des recht schicken Gipfelhotels ★**Mercure Grand Hotel** (mit Pool und Wasserrutsche). Wer Nervenkitzel sucht, sollte die **Sommerrodelbahn** testen.

Anschließend könnte man einen Besuch beim „Vater der Wärme", **Ain Abu Sukhna** erwägen – so nennen die Einheimischen die 45 °C **Heißen Quellen** am Fuß des Berges.

Ein paar Kilometer weiter (13 km südlich von Al Ain) liegt **Ain al Faydah**, die „Quelle der Wohltat". An dem kleinen natürlichen **See** ist ein **Erholungsgebiet** mit Hotels, Sport- und Freizeiteinrichtungen entstanden.

★★Kamelmarkt und Viehmarkt

Der größte ★★**Kamelmarkt** der Emirate findet südlich von Al Ain, nahe der Grenze zu Oman in **Mazyad ❽**

Foto: Volkmar F. Janicke

statt. Das Kamel gehörte zum Leben vor dem Öl wie das Öhr in die Nadel, es war Reittier, „Packesel", aus dem Fell wurden Mäntel gemacht, aus dem Leder Wassersäcke, die Milch ist proteinreich und das Fleisch schmeckt gut. Auf dem Kamelmarkt spürt man noch etwas von der einst enormen Bedeutung der Höckertiere für die Nomaden und sieht noch traditionelles Beduinenhandelsgebaren. Interessant ist es zu beobachten, wie zehn Männer versuchen, ein Kamel auf einen Pick-up zu verladen. Wem das Morgengeschehen zu hektisch ist, sollte in oder nach der Mittagspause kommen, dann haben die pakistanischen Angestellten der Kamelbesitzer Zeit und geben gern Erklärungen auf Englisch, wofür sie ein *bakhshish* erwarten. In den durchnummerierten Gehegen stehen Kamele jedes Alters, Jungtiere sind schon für ungefähr 300 € zu haben.

In Europa geht man zum Metzger oder in den Supermarkt, um sich ein sauber abgepacktes Stück Fleisch zu holen, in den Emiraten kauft man, besonders anlässlich bevorstehender Feiertage, gleich die ganze lebende Ziege, denn das spätere Schächten des Tieres gehört zum Festritual.

Auf dem **Viehmarkt** gibt es aber auch Rinder und Schafe, und wer das Spektakel auf dem *live stock* (oder *animal*) *market* miterleben möchte, sollte früh aufstehen. Denn morgens um sieben kommen die Einheimischen mit ihren überladenen Pick-ups an, um ihr Vieh zu verkaufen – zum bestmöglichen Preis. Da kann es beim Feilschen schon mal laut werden; der Umgangston ist rau, aber herzlich. Die bärtigen Männer beschauen sich die Touristen genauso neugierig wie umgekehrt, und manchmal ist es besser, wenn ein kurzbehoster Urlauber die arabischen Kommentare zu seinem Outfit nicht versteht.

Oben: Auf dem alten Kamelmarkt von Al Ain.

ABU DHABI (☎ 02)

ℹ **Abu Dhabi Tourism Authority** (zuständig für D, A, und CH), Goethestr. 27, 60313 Frankfurt, Tel. 069/299253920. In Abu Dhabi gibt das Infozentrum der Handelskammer (Abu Dhabi Chamber of Commerce Information Centre) Auskunft über aktuelle Events. Tel. 4440444, www.visitabudgabi.ae (auch auf deutsch).

Neue Gebühren: Seit dem 1. Juni 2016 erhebt Abu Dhabi eine Touristensteuer, die in den Hotels bezahlt werden muß. Sie beträgt 4% des Zimmerpreises plus 15 AED (3,65 €) pro Nacht. Seit dem 1. Juli müssen Passagiere eine Gebühr von 35 AED (8,50 €) am Flughafen Abu Dhabi begleichen.

🚗 *AUTOVERLEIH:* Internationale Vermieter haben Büros am Flughafen (24 Std. geöffnet) und in der Stadt. **AVIS**, gebührenfrei Tel. 800 5454, Flughafen Tel. 575 7180. **Thrifty**, gebührenfrei Tel. 800 5225, Flughafen Tel. 575 7400. **Fast**, gebührenfrei Tel. 800 4694, Flughafen Tel. 575 7137.

BUS: Der zentrale Busbahnhof ist in der East Road, Ecke Hazzaa bin Zayed Street. Von hier gehen regelmäßig Busse nach Al Ain (ca. 15 DH), Dubai (ca. 25 DH) und einmal täglich nach Liwa (ca. 20 DH). Tel. 800 55555.

SAMMELTAXI: Ebenfalls ab dem Busbahnhof in alle Städte, nach Al Ain (ca. 20 DH), Dubai (ca. 25 DH) oder Sharjah (ca. 30 DH).

TAXI: Haben (fast) alle ein Taxameter, der Grundpreis beträgt 3,5 DH, jeder Kilometer kostet einen halben Dirham. Es gibt ein Taxi Call Center, Tel. 600 5353.

FLUG: Abu Dhabi hat seine eigene Airline: Etihad Airways, Tel. 508 8000 oder 800 2277 (24 Std.), New Airport Road.

Airport: 30 km vom Zentrum (Taxi ca. 25 DH), Tel. 575 7500, Busse fahren von 6-24 Uhr, tagsüber alle 60 min. 4 DH.

🍴 *ARABISCH:* Das **Al Areesh**, nahe dem Dhau-Hafen, Tel. 673 2266, serviert frische Köstlichkeiten des Meeres, Fleisch und Vegetarisches, empfehlenswert auch die lokalen Vorspeisen und die Desserts. Im **Li Beirut**, Tel. 811 5666, in den Etihad Towers an der Corniche gibt es exquisite libanesische Küche.

DINNERCRUISE: Die **Al Falah**, Tel. 555 941 088,

ist ein traditionelles Schiff, das arabische Köstlichkeiten auf dem von einer kühlen Brise umwehten Oberdeck serviert, während die Skyline Abu Dhabis vorbeigleitet. Wenn die Luftfeuchtigkeit zu hoch ist: im Unterdeck ist es klimatisiert. Auf der **Shuja Yacht**, Tel. 506 950 530, geht es sehr viel moderner zu. Das Dinner wird im Royal Meridien vorbereitet und wechselt jeden Abend, mal arabisch, mal italienisch, mal Meeresfrüchte. Da sie öfter privat gechartert wird, sollte man vor dem Besuch anrufen.

CHINESISCH: Das **Imperial Chinese Restaurant** in der Sheikh Zayed 2nd Street, Tel. 633 5335, ist originalgetreu eingerichtet und serviert sehr gutes Essen. Dazu gibt es chinesischen Wein und Bier. Romantischer ist allerdings das **Bam Bu** im Marina & Yacht Club, Tel. 645 6373, für 99 DH gibt es ein Menü mit diversen Köstlichkeiten und unbegrenztem Nachbestellen bestimmter Getränke.

FRANZÖSISCH: **La Brasserie** im Le Meridien Hotel, Tel. 645 5566, gute Auswahl der regionalen Küche Frankreichs, sowohl auf dem Buffet als auch auf der Speisekarte.

INDISCH isst man am besten in einem der vielen kleine Lokale, die über die Stadt verteilt sind. Ein gutes indisches Restaurant der gehobenen Klasse ist das **Caravan** im Al Hamed Center in der Sheikh Zayed 2nd Street, Tel. 639 3370, mit einem opulenten Abendbuffet, auf dem auch Köstlichkeiten der chinesischen und der Thaiküche liegen. Wer es gern authentisch indisch mag, sucht das **Kwality** in der Al Salam Street auf, Tel. 672 7337. Vom nordindischen Tandoori bis zu den scharfen Curry-Gerichten Goas gibt es hier einiges zu probieren.

INTERNATIONAL: Im zweiten Stock der **Marina Mall** finden sich im **Foodcourt** mehrere Schnellrestaurants mit chinesischer, amerikanischer oder mexikanischer Küche – gut geeignet für eine Mittagspause mit Blick auf das Emirates Palace Hotel. Wesentlich exklusiver ist das **Drehrestaurant Al Fanar** im Hotel Le Meridien. Neben einer guten Weinkarte und europäischer Küche ist die Lage im 31. Stock mit tollem Ausblick ein gutes Argument für einen Besuch.

ITALIENISCH: Zeit nehmen sollte man sich für ein Abendessen auf der Terrasse des **Amalfi** im Le Royal Meridien Hotel, Tel. 674 2020: frische Pizza und Pasta sowie Meeresfrüchte, allabendlich musikalisch umrahmt von einem sangesfreudigen Duo.

SEAFOOD: Das bekannteste (und beliebteste)

Meeresfrüchte-Restaurant ist seit Jahren **The Fishmarket** im Intercontinental Hotel, Tel. 666 6888. Mit einem Einkaufskorb pilgert man an den Reihen frischer Fische entlang, wird vom Personal freundlich bei der Auswahl beraten und zahlt am Ende nach Gewicht.

STEAKHAUS: Im **Rodeo Grill** des Beach Rotana Hotel, Tel. 644 3000, gibt es eine erstklassige Auswahl an Fleisch, darunter sogar Bisonsteak, der Service ist perfekt, und man sollte etwas Platz für die Nachspeise lassen – es gibt traumhaftes Schokoladensoufflé.

BAR: Die **Jazz Bar** im Hilton Hotel, Tel. 681 1900, lockt mit Live-Musik, einer umfangreichen Cock-tail- und Weinliste und hat auch eine Speisekarte für den späten Hunger; am Wochenende wird es voll. Das Interieur der **Captain's Arms** im Le Meridien, Tel. 644 6666, wie ein englisches Pub, hat aber dazu eine Terrasse mit Blick über den Garten, eine Happy-Hour von 17-20 Uhr und eine Speise-karte mit gutem Preis-Leistungs-Verhältnis.

CAFÈS: Das **Café de la Paix** neben der Marina Mall, Tel. 681 5955, ist französisch inspiriert. Man kann draußen sitzen und Leute beobachten, während man seinen Milchkaffee genießt und überlegt, ob man noch eins von den leckeren Croissants bestellen soll.

Das **Zyara Café** an der Corniche, Tel. 627 5006, gehört zur Hilton Residence und ist somit etwas teurer, aber die Lage ist gut.

🏛 Die **Große Moschee** ist Sa-Do 9-22 u. Fr 16.30-22 Uhr auch für Nicht-Muslime geöffnet, es darf fotografiert und gefilmt werden. Mit Voranmeldung unter zayedmosquetour@adta.ae oder Tel. 419 1919 kann man an einer Führung teilnehmen. Frauen müssen ein Kopftuch tragen, dass vor Ort geliehen werden kann.

🌐 Alle hochklassigen Hotels verfügen über Schwimmbad, Tennisplatz oder einen Fit-nessraum und akzeptieren meistens nach Anmel-dung auch Tagesbesucher.

TAUCHEN: Die Gewässer um Abu Dhabi gehören nicht zu den spektakulärsten, aber es werden auch Ausflüge z. B. an die Ostküste angeboten. **Golden Boats**, Tel. 811 5656, bietet darüber hi-naus weitere Wassersportmöglichkeiten und Aus-flüge mit einer Dhau zu den Inseln Abu Dhabis an.

HOCHSEEFISCHEN: Kein billiges Vergnügen, aber eine tolle Erfahrung, z. B. bei **Blue Dolphin Com-pany**, im Hotel Intercontinental, Tel. 666 9392, oder mit dem Boot des **Le Meridien Hotel**, Tel. 644 6666.

GOLF: Klassisch auf Grün wie im **Abu Dhabi Golf Club by Sheraton**, Umm al Nar Street, Tel. 558 8990, der auch Tennisplätze, Restaurant und Swimmingpool sein Eigen nennt, oder auf Sand wie im **Al Ghazal Golf Club** nahe dem Flughafen, Tel. 575 8040.

FLYBOARD: Mit Wasserdüsen an den Füßen durch die Luft reiten – **Flyboard** machts möglich für 105 €/Stunde, Tel. 50 233 1177.

☞ *INTERNETCAFÈS:* **Cyber City**, im ersten Stock der Sahara Residence, Zayed 2nd Street, **Havana Café**, Hamdan Ecke Salam Street.

☞ *BANK / GELDAUTOMAT:* An der Corniche, in der Hamdan und der Zayed 1st / 2nd Street. Wechselstuben und Automaten in jedem Ein-kaufszentrum, z. B. Marina Mall o. Abu Dhabi Mall.

✚ *APOTHEKE:* Unter Tel. 677 7929 oder in der Tageszeitung erfährt man, welche Apothe-ke Nachtdienst hat, die im Al-Noor-Krankenhaus ist 24 Std. geöffnet. Ansonsten überall im Stadt-gebiet.

KRANKENHAUS: **Al Noor Hospital**, Khalifa Street, Tel. 626 5265. **National Hospital**, Najda Street, Tel. 671 1000. Beide **24 Std.** Notdienst.

ZAHNARZT: **Advanced Dental Klinik**, Khalidiya Street, Tel. 681 2921.

DESERT ISLANDS / SIR BANI YAS (☎ 02)

☞ Anreise per Mietwagen oder Flugzeug (kann als Baustein eines Pauschalpakets gebucht werden). Alle Aktivitäten auf der Insel (Safaris, Mountainbiken, Wandern, Kajak, Schnor-cheln) sind über das Desert Islands Resort and Spa by Anantara, Tel. 4061 449, www.desertislands. com, zu buchen.

AL AIN (☎ 03)

ℹ In der Stadt hilft die Al Ain Economic Deve-lopment and Tourism Promotion Authority, Tel. 765 5444, Besuchern gerne weiter.

ARABISCH: Es ist zwar vom Stadtzentrum eine gute halbe Stunde Fahrt zum Restaurant **Eden Rock** des Mercure Grand Hotel, Tel. 783 8888, aber der Blick vom Jebel Hafeet über die Oase bei Nacht ist unschlagbar. Bis 22 Uhr gibt es ein großartiges libanesisches Buffet, und danach sitzt man bei einem Glas Tee und genießt den Urlaub. Zwar nicht mit dem Blick, aber mit dem Essen kann das **Min Zaman** im Rotana Hotel, Tel. 754 5111, mehr als mithalten, denn die Speisekarte reicht von warmen und kalten Vorspeisen bis zu gegrilltem Fleischspieß, Fisch und libanesischen Nachspeisen. Terrasse am Pool, Live-Musik und Bauchtanz sorgen für entsprechende Atmosphäre. Vor allem donnerstags wird es voll, besser reservieren!

PERSISCH: Das **Shahryar Restaurant**, Tel. 766 3353, in der Othman Bin Affan street bietet die Raffinessen der iranischen Küche zu vernünftigen Preisen und das freundliche Personal ist bei der Auswahl gern behilflich.

INTERNATIONAL: Der Name **Arabesque** (im Danat Al Ain Resort, Tel. 77406000,www.alain.danathotels.com) lässt eine arabische Ausrichtung der Küche vermuten, doch die geografische Bandbreite reicht fast um die ganze Erde. Ein umfangreiches Buffet und zusätzliche Köstlichkeiten von der Karte bieten für fast jeden Geschmack etwas. Das **Le Belvedere** ist das zweite gute Restaurant (im Mercure Grand Hotel auf dem Jebel Hafeet, Tel. 783 8888), zur Abwechslung mit mediterran angehauchter Küche. Sollte gerade Freitag sein: Verpassen sie das Meeresfrüchte-Buffet nicht.

BAR: Das **Paco's** im Hilton Hotel ist eine Tex-Mex-Bar, gut für einen deftigen Happen aus der lateinamerikanischen Küche, dazu ein Bier, auf den Monitoren läuft an bestimmten Abenden nur Sport. Sein Pendant ist das britische Pub **Horse & Jockey** im Hotel Intercontinental, hier kann man vor dem Fernseher auf die ruhige Terrasse flüchten.

GOLF: Im **Al Ain Golf Club** nahe dem Hilton Hotel, Tel. 768 6808, spielt man auf Sand – abends mit Licht.
Im Schatten des Jebel Hafeet liegt der Parcours des **Al Ain Pferdesport & Golf Club**, Tel. 768 4888, mit Flutlichtanlage.
Im **Abu Dhabi City Golf Club**, Tel. 445 9600, gibt es ebenfalls Flutlicht, da kann man dann später abschlagen.

WÜSTENAUSFLÜGE: Bei **Al Ain Camelsafaris**, Tel. 768 8006, kann man ein- oder mehrtägige Kamelritte buchen.

BUS: Zentraler Busbahnhof in der Nähe des Flyover im Zentrum der Stadt nahe dem Obst- und Gemüsemarkt, von hier stündlich Busse nach Abu Dhabi (15 DH) und Minibusse nach Dubai (ca. 35 DH). Im innerstädtischen Linienverkehr werden auch Hili, Ain al Faydah und der Zoo angefahren.

SAMMELTAXEN: Ab dem Kaffeekannen-Kreisverkehr nahe des Museums in alle Städte der VAE (teils mit Umsteigen), ein Fahrt nach Sharjah oder Fujairah kostet ca. 30 DH.

TAXI: siehe Abu Dhabi.

AUTOVERMIETUNG: Die unter Abu Dhabi genannten Vermieter haben auch in Al Ain Vermietstationen, gebührenfreies Telefon siehe Abu Dhabi.

FLUG: Etihad Airways, Zayed bin Sultan Street, Tel. 766 6100. **Airport**: ca. 25 km vom Zentrum (Taxi ca. 25 DH), Tel. 785 5555, Busse in die Stadt alle 45 Min., 3,5 DH.

BUSRUNDFAHRTEN: Die bekannten hop-on-hop-off Touren der Cabriobusse von **Big Bus Tours**, Tel. 800 244 287, ziehen ihre Kreise jetzt auch durch Abu Dhabi und Al Ain!

BANKEN / GELDAUTOMAT: Banken mit Geldautomaten im Stadtzentrum, nahe dem Uhrturm; Wechselstuben findet man in der Nähe des Flyover. Geldwechsler und Geldautomaten gibt es auch in den Einkaufszentren, z. B. in der Al Ain Mall.

APOTHEKE: Unter der Tel. 778 8888 oder in der Tageszeitung erfährt man, welche Apotheke Nachtdienst hat. Ansonsten überall im Stadtgebiet.

KRANKENHAUS: Al Ain Hospital, Shakhbout bin Sultan Street, Tel. 763 5888. **Oasis Hospital**, Khalid bin Sultan Road, Ecke Al Ain Street, Tel. 722 1251. Beide Krankenhäuser bieten einen **24 Std. Notdienst**.

ZAHNARZT: **Al Ain Internat. Dental Clinic**, Al Ain Street nahe Uhrturm, Tel. 7511660

Emirat Abu Dhabi

3

Das Jumeirah Bab Al Shams Desert Resort & Spa, ein Wüstenhotel fernab vom Trubel Dubais

Foto: Kjersti Joergensen (Dreamstime)

EMIRAT DUBAI

DUBAI

DEIRA

BUR DUBAI

EINKAUFEN

JUMEIRAH

SHEIKH ZAYED ROAD

BAB AL SHAMS

HATTA

4

Emirat Dubai

EMIRAT DUBAI

Im Emirat Dubai (*Dubayy*; ironisch: „Do buy!") schien bis zum Jahr 2009 fast nichts unmöglich; die Schlagzeilen verkündeten Superlative, die internationale Presse pries das „Übermorgenland", sprach bezugnehmend auf geplante Superhochhäuser von denen, „die an den Wolken kratzen". Oder – die ambitionierte städtebauliche Gesamtplanung beschreibend – „Vom Willen zum Wahn".

Zwar wurde eines der ehrgeizigsten Projekte, das höchste Haus der Welt, das Burj Khalifa (828 Meter) im Frühjahr 2010 pompös eröffnet. Jedoch: Ursprünglich sollte es „Burj Dubai" heißen, aber bei der grandiosen Eröffnungsfeier verkündete der Herrscher Dubais überraschend den neuen Namen – zum Zeichen der Dankbarkeit an den Emir von Abu Dhabi, den Präsidenten der Emirate. Denn ohne seine sieben Milliarden Euro Finanzspritze aus der VAE-Hauptstadt hätte das Gebäude zu einer weithin sichtbaren Blamage führen können.

Mit der Finanzkrise verließen viele ausländische Arbeitnehmer das Land, und die Immobilienpreise fielen. Dubai schien am Ende. Doch längst hat sich die Stadt erholt und auch die Covid-Kri-se weggesteckt; wegen des Virus fand die Expo 2020 eben 2021/2022 statt. Mit der Expo hat Dubai einen neuen Wachstumsschub erhalten – passender Titel: „Creating the Future". Der Flughafen ist wieder Nummer eins bei den Passagierzahlen. In Jebel Ali locken die Dubai Parks mit Motiongate und Legoland. Die Metro wird ausgebaut, eine weitere Skihalle soll für Pistenspaß im Wüstenklima sorgen, und es geht wieder hoch hinaus – in der Zukunft soll The Tower (900 m) als höchstes Gebäude den Burj Khalifa übertreffen.

Dubai-Urlauber, angelockt von „Sonne, Sand und Meer", schätzen die Freundlichkeit der Dubai'in, die relative Freizügigkeit, die steuerbegünstigten Shopping-Paradiese der glitzernden Malls, die orientalischen Souks, den Luxus der Nobelhotels und – als Kontrastprogramm – Sanddünentrips ins Reich der Beduinen. Immer wieder gelobt werden Sicherheit und Sauberkeit. Für letztere sorgen Gastarbeiter aus dem ganzen Orient – etwa eine Million Ausländer arbeiten in und um Dubai. Sie waren es auch, die all die neuen Wolkenkratzer rund um die Uhr in atemberaubendem Tempo in die Höhe wachsen ließen – selbst im drückend heißen Sommer.

„Echte Dubai'in" gibt es im ganzen Emirat mit seinen 2,5 Mio Einwohnern nur rund 200 000.

Links: Der Burj Khalifa, derzeit das höchste Gebäude der Erde.

» Karte S. 118-119, Stadtplan S. 122-123, Info S. 179-183

MUBAREK OILFIELD

A R A B I A N

G U L F

MARJAN ISLAN
Doubletree by Hilton Res. Marjan I.

AS SINIYYAH   Al Rafaa

UMM AL QUWAIN   23   24 Dream
                       215   land
                                           Aqua
                                           Park

Hamriya   25 Al Dur

THE   Tell Abraq   Tawi
PALM DEIRA   Az Zora   Tayri
(ceased   AJMAN   22 Hamadiyah   Tawi
Project)   211   Al Hilew   Asmar
                    SHARJAH
                         Port Khalid   AJMAN
          THE WORLD   Hamriya 19   Sharjah
DUBAI   (u.c.)   Port   194   International Airport
                         Al Khan   E311   Sharjah   Shgrjah
          Port   AL QUSAIS 20 Classic   Desert Park
          Rashid   DEIRA   18   Cars Museum   21
                         9   Dubai International Airport
     THE WORLD   J. Beach   Mirdif Mushrif 73
     (u.c.)   Park   Park   Al Khawanij   E102
                      24   Creek   35
          JUMEIRAH   Burj Khalifa J Country 30 Dubai S142
          Burj al Arab   Club   12 Safari Park
     THE PALM-   Nad   Kharaj 88 Al Awir   Camel Farm
     JUMEIRAH   al Sheba Umm   13
                    UMM SUQEIM   Biyat   U N I T E D
     THE PALM-   Emirates   Bahuth
     JEBEL ALI   Golf Club   Ruwayyah   122
     (u.c.)   Port   E11   29   E44
          Jebel Ali   DUBAI LAND   E66 Ud al Lahbab
     DUBAI   (under construction) Bayda 13 E77 Nazwa
     WATERFRONT E311   Dubai   23 Minhad   MARGHAM
     (u.c.)   Autodrome   Airport   Al Marmoum   Sand Dunes
          Jebel   DUBAI   11   Camel   16
          Ali   INVESTM.   EXPO 2020   26   Racetrack
          10   PARK   Dubai   Tawi an   Al   Margham
               Dubai Parks and   E77   Nakharah Lisali Margham Gate
          E11   Resorts   Al Maha
          8   Al Maktoum   DUBAI   Al Maha Resort 15
               International Airport   E611   Service 262
     ABU   DUBAI   Bab al Shams Muraqqab Gate Resort
     DHABI   IND. CITY   14 Desert Resort   Al Maha
                              & Spa   97   Tawi   Gate
                                            Muraqqab   E66

VAE-NORD
Nummern: 9 - 30
0   10 km
© Nelles Verlag GmbH

Tawi Ghufur   Al Faqa   Al Ain

Foto: DTCM Frankfurt (Fremdenverkehrsamt Dubai)

Frühgeschichte Dubais

Die ersten Siedler ließen sich wie in den übrigen Emiraten vor ca. 7000 Jahren an der Küste nieder. Doch aus der Zeit um 2500 v. Chr., der ersten kulturellen Blüte, als von der Golfküste Schiffe nach Mesopotamien aufbrachen, hat man mehr Artefakte in Abu Dhabi oder den nördlichen Emiraten gefunden. Auch für die folgenden 2000 Jahre finden sich anderswo in den Emiraten mehr Spuren im Boden als in Dubai. Als Alexander der Große um 330 v. Chr. seinen Offizier und Navigator Nearchos losschickte, die Gewässer des Persischen Golfs zu erkunden, fand dieser nur ein paar Kleinstsiedelungen an der Küste; möglicherweise blieben einige Griechen zurück und ließen sich im Umland Dubais nieder.

Die nächsten Jahrhunderte verstrichen ohne nennenswerte Ereignisse, bis Anfang des 16. Jh. die Portugiesen

auftauchten. Aber auch sie ließen Dubai mehr oder weniger links liegen und interessierten sich mehr für Julfar, einen wichtigen Hafen weiter nördlich, den sie eroberten. Dubai war ein unbedeutendes Nest, dessen Bewohner vom Fischfang und der Perlentaucherei lebten und deren Scheichs sich zwischen zwei Fronten sahen. Denn im Osten dominierten die Stämme der Bani Yas das Landesinnere, seit 1761 auch im Südwesten die Küste bei Abu Dhabi. Im Norden wurden die Qawasim aus Sharjah und Ras al Khaimah immer mächtiger, die sich einen Namen als Seehändler – bei ihren europäischen Konkurrenten auch als Seeräuber – gemacht hatten.

Aufstieg der Maktoum-Dynastie

Der Aufstieg Dubais begann 1833. Aus der Stammesföderation der Bani Yas, die in den Liwa-Oasen des heutigen Emirates Abu Dhabi beheimatet war und sich etwa 70 Jahre vorher auf der gleichnamigen Insel niedergelassen hatte, löste

---

Oben: Dubai um 1940 – eine Kleinstadt am Creek (Dubai-Museum), am Rand der Wüste.

sich eine Gruppe von 800 Mitgliedern der Al Bu Fasalah. Unter der Leitung von **Scheich Maktoum bin Butti** wanderten sie an der Küste gen Norden, erreichten die kleine Siedlung Dubai und ließen sich dort nieder. Scheich Maktoum besetzte die Festung, „proklamierte" die Unabhängigkeit des vorher von den Bani Yas beanspruchten Gebietes und gründete sein eigenes Emirat, das noch heute von den Maktoums regiert wird. Mittlerweile hatte sich England als die führende europäische Kolonial- und Handelsmacht etabliert, und um sein junges Emirat vor Übergriffen durch die benachbarten Qawasim und den mächtigen Bani Yas zu schützen, suchte Scheich Maktoum eine enge Zusammenarbeit mit den Briten. Diese wiederum waren bemüht, ihre Vorherrschaft durch exklusive Handelsverträge mit den örtlichen Regenten und zugleich den Seeweg nach Indien zu sichern.

Zu Ende des 19. Jh. kam Bewegung in die Golfregion. Sharjah, das durch die Qawasim und ihre Seehandelstätigkeit lange als führendes Handelszentrum galt, verlor diese Position an Dubai. Denn der inzwischen herrschende **Scheich Maktoum bin Hasher al Maktoum** sicherte ausländischen Händlern in seinem Hafen Zollfreiheit zu. Auf der anderen Seite des Golfes wurden dagegen die Zölle drastisch angehoben, sodass persische Händler begannen, nach Dubai abzuwandern.

Derweil wählte das britische Imperium Dubai als Anlaufhafen für seine Dampfschiffe auf dem Weg nach Indien, und die Stadt stand somit in direkter Verbindung mit dem Subkontinent und seinen Märkten, was wiederum einen verstärkten Zuzug indischer Händler zur Folge hatte. Da die englischen Schiffe nur Dubai anliefen, wurde die Stadt zum zentralen Warenlager im östlichen Golfgebiet und Deira mit seinen 350 Läden zum größten Souk.

Ab 1912 regierte **Scheich Saeed al Maktoum**, der das Emirat auch durch die schwierigen Zeiten der Jahre 1929/1930 führte. Die Weltwirtschaftskrise ging auch hier nicht spurlos vorbei, und die Einführung der japanischen Zuchtperle war ein schwerer Schlag. Aber der mittlerweile gut 10 000 Köpfe zählenden Bevölkerung Dubais ging es vergleichsweise gut, denn die Handelsaktivitäten kamen nicht ganz zum Erliegen. Schon vor dem Krieg hatte Scheich Saeed erste Ölbohrkonzessionen genehmigt und nach dem Zusammenbruch des Perlenhandels nach neuen Einkunftsquellen gesucht. Der Re-Export begann zu florieren, zusätzlich angekurbelt durch den Zweiten Weltkrieg. Vor allem der Handel mit Gold, für das es besonders in Indien eine sehr große Nachfrage gab, sicherte das Einkommen.

Der Gründer des modernen Dubai

Eigentlich leitete er die Regierungsgeschäfte schon seit 1939, doch erst mit dem Tod seines Vaters 1958 übernahm **Scheich Rashid bin Saeed al Maktoum** den Titel des herrschenden Emirs. Mit Energie und Weitsicht legte er den Grundstein für die spätere Entwicklung. Er nahm Darlehen auf, um den Creek ausbaggern zu lassen, der durch Versandung unbrauchbar zu werden drohte, organisierte eine erste Stadtverwaltung, sorgte für eine gesicherte Trinkwasserversorgung und führte die Elektrizität ein. Durch den Handel bereits wirtschaftlich stabil, verhalf ihm das 1966 gefundene Erdöl zur Realisierung seiner kühnen Pläne. Er ließ einen ersten Hafen außerhalb des zu klein gewordenen Creeks bauen, der seinen Namen trug, gab einen Flughafen in Auftrag, baute Straßen, Brücken, Schulen, Krankenhäuser. Kurz, unter seiner Ägide entstand eine komplett neue Stadt, deren Einwohnerzahl dann bis zu seinem Tod 1990 auf fast eine halbe Million Menschen anstieg. Bei der Staatsgründung der Vereinigten Arabischen Emirate 1971 spielte er eine wesentliche Rolle, denn auch er sah trotz wirtschaft-

Emirat Dubai 4

ARABIAN

GULF

Royal Island Beach Club

1 Sheraton Jumeirah Beach
2 Hilton Dubai Jumeirah
3 Oasis Beach
4 Ritz Carlton
5 Le Royal Meridien
6 Le Meridien Mina Seyahi
7 The Westin Dubai Mina Seyahi
8 Royal Mirage
9 Atlantis, The Palm
10 Al Qasr

PALM JUMEIRAH

Dubai Offshore
Sailing Club

UMM
SUQUEIM

INDUSTRIAL
AREA

Ibn Battuta

Jabal
Ali

DUBAI MARINA

Al Sufouh Road

Al Jumeirah Road

Al Wasi

Sheikh Zayed Road

Amer.
University

AL SUFOUH

Dubai
Police
College

Wild Wadi
Water Park

AL MANARA

AL SAFA

Energy

Ibn Battuta Mall

SOBHA
Realty

Golf Club

Dubai
Internet City

UMM AL
SHEIF

E11

Al
Safa

Metro
Red Line

The
Gardens

Jumeirah
Islands

Emirates
Hills

Jebel Ali
Horse
Racecourse

Mall of
the Emirates

Umm
Al Sheif

INDUSTRIAL

The Lost City
(planned)

The Gardens

Al Yalayis St.

AREA

Discovery Gardens

JEBEL
ALI

INDUSTRIAL
AREA

Al Furjan

AL BARSHA

Dubai
Investment Park

Sheikh

Mohammed Bin

Al Khail Road

Zayed Road

JUMEIRAH
VILLAGE

E44

Dubai Hills
Mall

Route
2020

Jumeirah
Golf Estates

Green
Community
Village

JUMEIRAH

SOUTH

AL BARSHA

EXPO 2020

Dubai

JUMEIRAH
ISLANDS

Jumeirah
Golf Estate

E311

SOUTH

Investment

DUBAI
SPORTS CITY

Umm Suqeim Rd.

Park

Miracle Garden

Dubai
EXPO
2020

Sh. Zayed bin H. al Nahyan St.

Dubai
Autodrome

Al Qudra Rd.

ARABIAN
RANCHES

Legends

AL BARARI

City-
land
Mall

Sheikh Mohammed Bin Zaye

154

REMRAAM

Emirates Road

Dubailand
(under construction)

Bab Al Shams

GLOBAL
VILLAGE

The Palm Deira
(ceased Project)

The World
(under
construction)

11 Burj Al Arab
12 Jumeirah Beach
13 JW Marriott Marquis
14 Dubai Marine
15 Jumeirah Rotana
16 Rydges
17 Shangri La
18 Al Murooj Rotana
19 Grand Hyatt
20 Millenium Airport

21 Hilton
22 Sheraton
23 Astoria
24 Hyatt Regency
25 Gulf Pearl
26 Ramada Continental
27 Dubai Youth Hostel

MARITIME
CITY
(under constr.)

DEIRA ISLANDS
(under constr.)

Jumeirah Bay
Island

Beach
Park

Mercato

Port Rashid

Gold
Souq

126

DEIRA

AL
MURAR

Waterfront
Market

★ Mamzar
Beach
Park

Archaeological
Site

JUMEIRAH
Road

AL BADA'A

HUDHEIBA

23

Sharaf DG

AL Khaleej Rd.

Hamriya
Port

AL MAMZAR

Sharjah Aquarium

AL WASL

Al Satwa Rd.

AL
KIFA

Bur Juman

Union

Salah Al Din St.

Sharjah Chamber
of Commerce

Burj Khalifa
Dubai Mall

17

SATWA

Emirates
Towers

Al Rigga

22

21

Abu Baker
Al Siddique

Al Arab
Mall

Sheikh Zayed Rd.

Exhibition
Centre

E11

Abu
Hail

26

Al Qiyadah

Al Ittihad Rd.

13

Burj Khalifa

18

DOWNTOWN
Dubai
Mall

Horse
Racecourse

Oud
Metha

Deira
City Centre

Stadium

AL NAHDA

E44

Za'abeel
Palace

Dubai
Healthcare
City

Creek

Airport
Terminal 1

Dubai
Airport
Freezone

Al Nahda

INDUSTRIAL

ZA'ABEEL

Golf
Course

Dubai
International
Airport

AL TWAR

AREA

Flamingo
Hide Viewing Area.

19

20

Ras al Khor
Wildlife

Emirates

AL QUSAIS

AL JADDAF

Metro

Dubai
Creek

Al Qusais

Green Line

Sharjah

The Meydan
Meydan
Racecourse

The Track
Golf Course

Khor Dubai

Sanctuary

Festival
Waterfront
Centre

151

AL GARHOUD

Metro
Red Line

AL
QUSAIS

Etisalat

E311

NAD AL SHEBA

Al Badia
Golf Resort

INDUSTRIAL

Al Badia
Creek Tower
(u. constr.)

Centrepoint

AL
RASHIDIYA

MUHAISNAH

Nad Al
Sheba Palace

E66

AREA

Sheikh Mohammed Bin Zayed Road

NADD AL
HAMAR

MIRDIF

AL MIZHAR

Al Marmoum Camel
Racetrack
(20km)

NAD AL SHEBA

E311

INTERNATIONAL
CITY

E44

AL
WARQAA

Mushrif
Park

DUBAI

0   2 km

© Nelles Verlag GmbH

↓ Dubai Safari Park (1,5km)

licher Stärke für die Zukunft nur ein Überleben in der Gemeinschaft. Zwar sicherte er für Dubai (und seine Familie) eine starke Machtposition im neuen Staat, aber das Amt des Präsidenten überließ er dem Emir aus Abu Dhabi.

★★DUBAI

Nach dem Tod Scheich Rashids 1990 übernahm Scheich Maktoum bin Rashid al Maktoum eine bereits florierende Metropole, die heute 1,8 Mio. Einwohner hat. Industrie (u. a. Aluminiumschmelze), Wirtschaft und Handel (Re-Export, Goldhandel) in ★★**Dubai** ❾ verzeichneten lange hohe Zuwachsraten – auch dank der **Freihandelszonen** von **Dubai Airport** und **Jebel Ali** (mit gigantischem Hafen). Länder wie Saudi-Arabien, Irak und Iran nutzen Dubai als Dienstleistungszentrum für ihre Handels- und Finanzgeschäfte. Da die Öl- und Gasvorräte Dubais zur Neige gehen, setzt man – bei 13 Mio. Besuchern pro Jahr sehr erfolgreich – insbesondere auf den Tourismus, als dessen Aushängeschild 1999 das segelförmige, 312 m hohe Superluxushotel *Burj Al Arab* (s. Bild S. 162) eröffnete. Auch die Dubaier *Emirates Airlines* expandieren rasch.

Treibende Kraft dieser Entwicklung war und ist der Bruder des 2006 verstorbenen Herrschers Scheich Maktoum, der heutige Emir **Scheich Mohammed bin Rashid al Maktoum**. Er schien ein Visionär wie sein Vater; doch Geldmangel bremste 2009 das Realisierungstempo etlicher ehrgeiziger Projekte.

Inzwischen scheint sich Dubais Konjunktur von der schweren Finanzkrise der letzten Jahre etwas erholt zu haben. Doch die stagnierende Jebel-Ali-Palme ist zu einem Investorenalptraum mutiert, und aus der dritten künstlichen Palmeninsel „Deira" wird nur noch eine gewöhnliche Insel. Vor den Toren der Stadt hat der neue **Sheikh-Maktoum-Flughafen**, der zum größten der Welt ausgebaut werden soll, den Betrieb aufgenommen, und auch an der **Dubai Waterfront**, einer gigantischen Planstadt im Meer neben der Palmeninsel Jebel Ali, ist mit der Heritage-Insel ein erster Teilabschnitt fertig gestellt.

Im neuen Stadtteil **Dubai Marina** sind 200 Hochhäuser die Zielvorgabe, entworfen ist er für 150 000 Menschen. In das ehrgeizige Unternehmen **Dubailand**, jenes riesige, wegen der Krise zeitweise eingeschlafene Abenteuerspielplatz-Großprojekt, ist wieder etwas Leben eingekehrt.

Seit 2016 bereichert das **Dubai Opera House** das Kulturprogramm.

In Jebel Ali gibt es nun die **Dubai Parks and Resorts**, u. a. mit Motiongate als von Hollywood inspiriertem Freizeitpark mit Filmthemen-Rides (u. a. Hunger Games/ Tribute von Panem), Legoland mit Wasserpark und dem Themenpark Bollywood für die Freunde des indischen Films.

Die Stadt hat auch ihre Schattenseiten, nicht nur in Bezug auf die Lage der asiatischen Bauarbeiter. Die Abgase von veralteten Müllverbrennungsanlagen und fast einer Million Autos auf Dubais meist verstopften Straßen verursachen bei ungünstiger Wetterlage heftigen Smog. Deshalb verordneten die Stadtväter ein umfangreiches Umweltprogramm: Eine neue Stadtverordnung à la Singapur soll für saubere Straßen sorgen, neue Busse von MAN und Altersbeschränkungen für Pkw sollen die Luft verbessern. Neben den veralteten Abras (Wassertaxen) verkehren auch klimatisierte Wasserbusse und -taxen auf dem Creek und vor der Küste.

Am 9.9.2009 um 9 Uhr 9 durchschnitt Mohammed bin Rashid al Maktoum das Band, um die neueste Errungenschaft in Sachen Verkehrsentlastung zu eröffnen, die **Dubai Metro**. Allerdings war sie anfangs für die Einheimischen eher eine kuriose Attraktion als ein ernsthaftes Verkehrsmittel. Inzwischen wurde nach der roten auch die grüne Linie fertige-

Rechts: Holzdächer schützen den Old Souk von Deira vor der brennenden Sonne.

Foto: Thomas Stankiewicz

stellt und beide tragen zu einer Entlastung der überfüllten Straßen bei. Seit 2014 verkehrt auch eine **Tram**, die u.a. Dubai Marina mit der Palm Jumeirah und mehreren Wohngebieten verbindet. Auch die Metro soll eine Erweiterung erfahren und auf 300 km Gesamtlänge wachsen.

Schon seit 2009 ist die **Monorail** auf der Palmeninsel von Jumeirah in Betrieb, sechs weitere Kurzstrecken zu wichtigen Sehenswürdigkeiten und Wohnzentren sollen folgen.

Während das Verkehrsproblem langsam gelöst wird, fehlt noch immer eine allgemeine Kanalisation; viele Wolkenkratzer haben nur Sickergruben, deren Inhalt per Tankwagen in der Kläranlage nahe International City entsorgt wird; eine weitere liegt in Jebel Ali. Andere Schattenseiten des Wachstums sind: der gewaltige Wasser- und Energiebedarf; die Palminseln veränderten die Meeresströmungen, in deren Folge Algenablagerungen Badefreuden trübten; es häufen sich Brände in den Wolkenkratzern.

★Deira

Wie ein Horn ragt die Landzunge von **Al Ras** in die Mündung des ★**Creek** (*Khor Dubai*, s. unten) und verleiht ihr so den charakteristischen Knick. Durch die geschützte Lage war das Ostufer des Creek ein idealer Anlegeplatz für Überseefrachter, und der Stadtteil **Deira** entwickelte sich zu einem der größten Warenumschlagplätze der Golfregion. Bereits vor 3000 Jahren sollen sich hier die ersten Händler niedergelassen haben, um 1900 war der Basar von Dubai der größte an der Golfküste – die Dubai'in sprechen zu Recht vom *Old Souk* (alten Markt). Eine weitere Bezeichnung lautet *souq al dhalam*, dunkler Markt – in die engen Sträßchen, die ein Dach aus Palmblättern vor der heißen Sonne schützte, fiel kaum Licht. Damals hatte jedes Gewerbe seine eigene Gasse; die Schmiede etwa, die Korbflechter oder die Stoffhändler oder die Gewürzhändler. Seit der Modernisierung hat sich viel verändert. Von den alten Handwerksberufen wird keiner mehr

» **Stadtplan S. 126-127, Info S. 179-183**

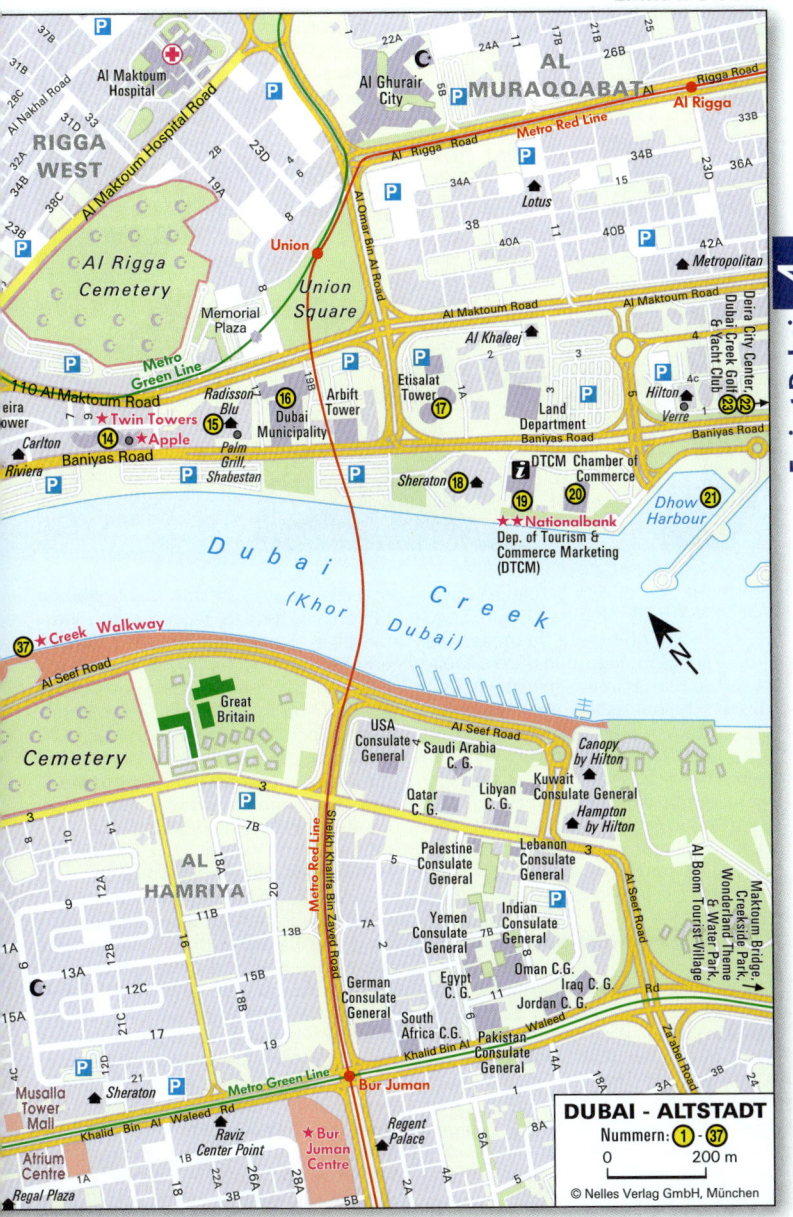

Emirat Dubai

4

DUBAI - ALTSTADT

Nummern: ① - �37

0   200 m

© Nelles Verlag GmbH, München

Foto: Rainer Hackenberg

ausgeübt, nur in den Schneiderstuben rattern noch die Nähmaschinen. Durch Restauration und neue Baumaterialien – die Palmblätter wurden durch stabilere Holzkonstruktionen ersetzt – hat sich das Erscheinungsbild stark verändert. Die einzelnen Märkte sind kaum noch zu unterscheiden, denn das Warenangebot hat sich vereinheitlicht. Dennoch weht durch die (teils autofreien) Straßen Deiras noch ein Hauch von Tradition und arabischer Basarmentalität, allerdings stammen die Händler heute meistens aus Indien oder Pakistan.

★Gewürz-Souk

Der ★**Gewürz-Souk** ❶ (Spice Souk) beginnt gleich am Anfang der **Old Baladiya Street**, die vom Creek in den **Souk al Dhalam** (**Old Souk**) führt. Sein Eingang liegt gegenüber der **Abra-Anlegestelle**. Besonders am Vormittag ist auf dem kleinen Platz, von dem

Oben: Der Gewürz-Souk – ein sinnliches Vergnügen. Rechts: Pause im Souk.

mehrere Gassen in das Marktgelände führen, viel Betrieb. Teppichrollen, Plastikstühle, Stoffballen in allen Farben und riesige Kartons liegen meterhoch gestapelt auf dem Gehsteig und warten auf den Abtransport. Pakistani mit bunten Kappen verladen Waren auf LKW, die sie zu den nahen Kais bringen, wo die Besatzungen der alten **Dhaus** sie in Empfang nehmen. Andere Waren sind für die Händler im Gassengewirr Deiras bestimmt, wo sie mit zweirädrigen Handkarren ausgeliefert werden.

Kaum hat man neben dem restaurierten Gebäude der einstigen Stadtverwaltung, der **Baladiya**, den Gewürzmarkt betreten, schwelgt die Nase in den verschiedensten Düften. In offenen Säcken oder Holzkisten liegen da die Ingredienzien der arabischen Küche, angefangen bei Kardamom, Kreuzkümmel, Gewürznelken, Pfeffer, Ingwerwurzeln, getrockneten Chili-Schoten und Muskatnüssen über getrocknete Limetten und Trockenfisch bis zu einem der teuersten Gewürze überhaupt – **Safran**. Ob in Pulverform oder in den natürlichen

Fäden (Blütennarben) des Krokus, fast jeder Händler hat mehrere Plastikdöschen zur Auswahl. Achten Sie beim Kauf darauf, dass möglichst wenige helle, gelbliche Fäden in der Dose sind, denn diese sind qualitativ nicht so hochwertig und weniger geschmacksintensiv. Schließlich heißt das von den Arabern sehr geschätzte Gewürz hier „rotes Gold" – nicht gelbes. In der Kinderliedzeile „Safran macht den Kuchen gel" würde ein Orientale übrigens nicht das „b", sondern eher ein „i" vermissen.

Nicht nur Essbares wird feilgeboten; für Wehwechen gibt es Kräuter, auf die besonders die ältere Generation noch schwört. Das grüne Pulver ist **Henna**, aus den Blättern des Hennastrauchs. Daraus wird mit Wasser und Duftölen eine Paste gemischt und in filigranen Mustern auf Hände und Füße aufgetragen. Bei einer Braut fallen die roten Henna-Ornamente besonders aufwändig aus. Angeblich geht das auf Fatima, die Tochter des Propheten Mohammed zurück; da sie sich keinen teuren Schmuck leisten konnte, soll sie diese Art der Verschönerung ersonnen haben.

Neben wohlriechender Myrrhe und duftendem Sandelholz aus Indien gibt hier es auch die „Tränen der Götter" – **Weihrauchkörner** (Harztropfen).

Foto: Rainer Hackenberg

★ Ahmadiya-Schule

Biegt man gleich am Eingang des Gewürzmarktes links ab, führt der Weg zu zwei historischen Gebäuden, die das alte Dubaier Stadtleben sehr anschaulich dokumentieren: die ★ **Ahmadiya-Schule** ② (Museum of Education) und das Heritage House (s. S. 130).

Davon träumt mancher Schüler: die Schule schließen und in ein Museum verwandeln. Für Scheich Raschid, den Gründer des modernen Dubai, ging dieser Traum in Erfüllung. Da war er aber längst vom Pennäler zum Staatsmann geworden. In seiner Jugend musste er die engen Schulbänke drücken, die im Museum ausgestellt sind.

Um 1912 entstanden die ersten Schulen in den Emiraten. Davor hatten korankundige *muttawas* (Freiwillige) einige Schüler in ihren Häusern um sich geschart und sie im Lesen, Schreiben und den Lehren des Korans unterrichtet. Auch Frauen waren als Lehrerinnen tätig. Oft saßen Buben und Mädchen gemeinsam beim Lernen auf dem Boden. Was in Europa die Schiefertafeln, waren auf der Arabischen Halbinsel die Schulterblätter der Kamele. Als die ersten Klassenzimmer der neuen Schule fertig waren, gab es noch keine Schulbänke; die Schüler saßen auf der Erde.

In einem Raum der Ahmadiya wird diese Zeit liebevoll mit lebensgroßen Puppen dargestellt. Vor allem Perlenhändler (*al tawaweesh*) und lokale Scheichs unterstützten das Schulprojekt und finanzierten den Bau von elf Klassenräumen und einer Küche (mit Trinkwasser), die im Karree gebaut einen hellen Hof umschlossen. Der Lehrplan umfasste klassische arabische Bildungsfächer wie Kalligrafie, Geschichte, Mathematik und Astronomie. Bis 1927

Foto: Rainer Hackenberg

entstanden fünf Schulen in Dubai, deren Leitung ehrwürdige Einwohner übernahmen, die sich durch Weisheit und Ehrlichkeit auszeichneten.

Anfangs war der Unterricht kostenlos, später führte man Schulgeld ein, um die Grundkosten zu decken. Für ärmere Schüler, deren Eltern die geringe Gebühr von 3 bis 5 indischen Rupien nicht aufbringen konnten, kam an der Ahmadiya Scheich Mohammed bin Dalmouk auf. Dessen Vater, Scheich Ahmed bin Mohammed, war einer der berühmtesten Perlenhändler seiner Zeit und hatte die Gründung der Schule angeregt. Deshalb trägt sie auch seinen Namen. Doch als 1930 der Markt mit der Weltwirtschaftskrise einbrach und japanische Zuchtperlen das Geschäft ruinierten, fehlte das Geld für den Unterhalt der Schulen. Viele mussten schließen, die Ahmadiya hielt nur zwei

Jahre länger durch. Doch mit dem Erlös aus dem nun einsetzenden Goldhandel begannen 1937 bessere Zeiten, mit zunächst nur vier Lehrern und modernerem Lehrplan. Ab 1956 lernten die Kinder Englisch, und 1962 saßen bis zu 40 Schüler in jeder der 21 Klassen. Die Schule platzte aus allen Nähten, auch ein Anbau konnte der Misere keinen Einhalt gebieten. Um der stetig wachsenden Schülerzahl Herr zu werden, zog die Schule 1963 aus, und die Ahmadiya war dann bis zu ihrer Renovierung 1997 geschlossen.

★Heritage House

Nicht übersehen sollte man das neben der Ahmadiya-Schule stehende ★**Heritage House** ③, denn es gehört zu den schönsten und am aufwändigsten gestalteten Gebäuden des alten Deira. Seine Geschichte beginnt 1890, als sich ein gewisser Mattar bin Saeed zwar das große Grundstück mit Meerblick, aber nur den Bau eines kleinen Häuschens mit zwei Zimmern leisten

Oben: Die Ahmadiya-Schule wurde sorgfältig restauriert und bezaubert mit den Stuckaturen ihres Innenhofs. Rechts: Ein nachgebautes Majlis (Empfangszimmer) im Heritage House.

Foto: Rainer Hackenberg

konnte. Im Hof errichtete er ein paar für diese Zeit typische Palmblatthütten.

Nach 20 Jahren übernahm der Gründer der benachbarten Ahmadiya-Schule, Scheich Ahmed bin Mohammed, das Grundstück und ließ anbauen. An der Nord- und Westseite entstanden zusätzliche Zimmer. Doch erst 25 Jahre und zwei Besitzer später erwarb Ibrahim al Said Abdullah Haus und Hof. Er ließ nicht nur erneut anbauen, sondern gründlich renovieren und verzieren. Er beschäftigte Künstler für die Innendekoration, die nur feinste Materialien verwenden durften. Die Restaurierung in den 1990er Jahren nahm anderthalb Jahre in Anspruch. Dabei entstand aus der von Herrn Ibrahim geschaffenen Substanz ein **Museum**, das einen Eindruck vom Familienleben vergangener Zeiten vermitteln soll; allerdings darf nicht vergessen werden, dass es sich um die „High Society" des damaligen Dubai handelt. Denn das Haus verfügte über einen eigenen Brunnen (*al-khareejah*), dessen Wasser zwar, weil salzig, nur zum Waschen taugte, doch schon das

war Luxus. Küche (*al-matbakh*) und Lagerraum (*al-bakhar*) sind mit den Utensilien des täglichen Lebens der damaligen Zeit dekoriert, die Fußböden der Wohnräume mit eleganten Teppichen ausgelegt, und an den Wänden hängen Lampen, Gewehre und Spiegel. Früher wurde in Arabien alles an die Wand gehängt oder in Mauernischen abgelegt: Schränke gab es nicht.

Zunächst betritt man den weiten **Innenhof** (*al haush*), typisch für ein arabisches Haus. Solche Innenhöfe waren früher oft mit Dattelpalmen, Mandelbäumen oder Obstbäumen als Schattenspender bepflanzt und dienten z. B. den Kindern als Spielplatz. Rund um den Innenhof verläuft die **Veranda** (*leewan*), die eine direkte Sonneneinstrahlung in die Zimmer verhindert und unter der sich die Familie während der kühleren Jahreszeit versammelte.

Über die Veranda gelangt man in die vielen Zimmer des Heritage-Hauses, deren ehemalige Funktionen anhand von Puppen verdeutlicht werden. Der wichtigste Raum eines emiratischen bzw. arabischen Hauses ist noch heute das *majlis* genannte **Gäste- oder Empfangszimmer**. Hier können den Geboten des Islams und der Gastfreundschaft Folge geleistet und Fremde bewirtet werden, ohne dass sie den intimen Familienbereich stören. Das *majlis* ist in der Regel auch das größte Zimmer eines Hauses, denn hier wurden Familienversammlungen abgehalten – und wenn so eine arabische Familie mit Brüdern und Schwestern, Onkeln und Tanten, Nichten und Neffen zusammenkam, brauchte man viel Platz. (Der Begriff *majlis* taucht auch in der Politik auf, die Volksvertretung in Oman heißt z. B. *majlis ash-Shura*). Daneben gab es noch das **Wohnzimmer** (*al makhzan*), in dem die persönlichen Gegenstände der Familienmitglieder in großen, mit Kupfernägeln verzierten Teakholztruhen (*bu al nojoom*) aufbewahrt wurden.

Nicht jedes Haus verfügte über ein **Brautzimmer** (*al hilja*), für dessen Dekoration im Ernstfall die Frauen der beteiligten Familie unter Anleitung der Mutter des Bräutigams zu sorgen hatten. In dem Raum ist ein Brautpaar in vollem Ornat ausgestellt – achten Sie auf den aufwändigen Schmuck der Frau. Bis das Original (also die Braut) so aussah wie diese Puppe, musste sie sich einer längeren Prozedur unterwerfen. Zuerst eine gründliche Waschung, dann hieß es stundenlang still sitzen, um die Hennabemalung an Händen und Füßen trocknen zu lassen. Dann wurden die Augenlider mit *khol* (Bleiglanz) verziert, anschließend halfen ihr in solchen Dingen erfahrene Frauen beim Anlegen der schmucken Gewänder. Fehlte nur noch die passende Frisur, dafür gab es mehrere traditionelle Varianten, die mit etwas seltsam anmutenden Namen wie „al agfa", „al shonky" oder „al sout" bezeichnet wurden. Zum krönenden Abschluss noch eine Wolke von Parfüm aus Sandelholz-, Rosen- oder Jasmin-

duft, dann konnte die Braut dem Gatten zugeführt werden.

★Gold-Souk

Sie nannten ihn „den Syrer", denn als er 1958 aus Damaskus hierher kam, war er der einzige Araber in seiner Branche. Im Gepäck hatte er Perlen, keine billigen japanischen Zuchtperlen, sondern echte Orientperlen aus dem Golfgebiet. Er fiel auf in seinem kleinen Laden, denn um ihn herum beherrschten – wie auch noch heute – indische und persische Händler den Markt. Aber der Syrer setzte sich durch, schuf mit den Perlen ein kleines Grundkapital, bevor der Perlenhandel am Ende war, sattelte um auf Schmuck und schuf die Grundlage für eine der größten Einzelhandelsketten in einem seit 75 Jahren äußerst lukrativen Geschäft – dem Goldhandel. Mit ein wenig Fantasie kann man sich diese Geschichte weiter ausmalen, ein paar staubige Gassen hinzudenken, stickige Luft, die vom schwachen Ventilator an der Ladendecke nur gerührt wird und dazu dicke Geldbündel, die in einer dunklen Ecke den Besitzer wechseln. Davon ist nichts geblieben, die **Sikkat al Khail Street**, in der sich der heutige ★Gold-Souk ④ befindet, glitzert und glänzt, die Schaufenster sind hell erleuchtet, der Boden längst gepflastert und die schmale Gasse mit einem schönen Holzdach gedeckt, sodass weder eine starke Sonne noch ein gelegentlicher Regenschauer die Einkaufsfreuden trüben können. Und statt mit dicken Geldbündeln zahlt man heute hauptsächlich mit Kreditkarte. Aber der Reiz des Goldes zieht sie alle an, Einheimische wie Fremde, keine Straße hat so viele Besucher wie diese vielleicht dreihundert Meter lange Gold-Allee.

Nirgends wird so viel Gold verarbeitet und verkauft wie in Dubai. In den Auslagen sieht man neben 24-karätigen Goldbarren und Sammlermünzen viel kostbares Geschmeide: Besonders der Brautschmuck mit seinen traditionellen Motiven, die dem Silberschmuck

---

Rechts: Im Gold-Souk – der Glanz des Edelmetalls zieht Touristen und Emiratis gleichermaßen an.

Foto: Thomas Stankiewicz

der Beduinen entlehnt sind, ist bei den Einheimischen begehrt. Es ist für den Bräutigam in spe immer noch üblich, den Brautpreis (*dowry*) zu einem großen Teil in Form von wertvollen Pretiosen zu überreichen. Da gibt es fein gearbeitete Krönchen, Hals- oder Fußketten, Ohrgehänge und Ringe.

Beherrschte früher hauptsächlich indisches Design die Schaufenster, haben sich neben arabischen Motiven mittlerweile auch europäische Stilelemente durchgesetzt. So finden sich die Namen westlicher Designer verstärkt in den Auslagen, teilweise bis zu einem Drittel günstiger als in Europa. Wie das, wo doch der Goldpreis auf dem internationalen Markt festgelegt wird? Dubai importiert jährlich um die 700 Tonnen Gold, das meiste zwar für den Re-Export, doch immerhin ein Viertel davon landet in den Werkstätten der Goldschmiede. Bei dieser Menge können die Händler mit kleineren Gewinnmargen kalkulieren, zumal die Arbeitskraft der Schmiede kaum zu Buche schlägt. Noch günstiger wird es, wenn man keinen Wert auf Handarbeit

legt und maschinengefertigte Stücke kauft. So kostet beispielsweise ein Armband vom Goldschmied etwa 500 DH, ein maschinell gefertigtes nur 300 DH. Eine persönliche Note erhält das erworbene Kleinod durch eine Gravur, die viele Juweliere als zusätzlichen Service anbieten, bei größeren Kaufsummen auch mal kostenlos.

Verkauft wird nach Qualität (18, 21 und 22 Karat) und Gewicht. Wer den aktuellen Tagespreis von Gold kennt, hat beim Feilschen noch einen kleinen Vorteil. Aber man muss nicht fürchten, übers Ohr gehauen zu werden, denn eine unabhängige Kommission prüft in regelmäßigen Abständen das Warensortiment. Zudem ist jeder Händler verpflichtet, seine Goldimporte zu deklarieren, und bei einem Verstoß ist die Lizenz schnell entzogen – ein Risiko, das keiner eingeht. Denn aus dieser **City of Gold** (Goldstadt) – wie der Namenszug über dem Eingang in breiten Lettern verkündet – zieht niemand gerne aus.

Nachdem man den Goldmarkt um eine Hand voll Euro leichter wieder ver-

» Stadtplan S. 126-127, Info S. 179-183   133

lässt, lohnt es, durch die quirlige **Sikkat al Khail Street** zur **Naif Road** zu pilgern und dabei den **Parfüm-Souk** ⑤ nicht zu übersehen, denn es handelt sich nur um einige kleine Geschäfte, die aber eine ansehnliche Auswahl an europäischen und arabischen Düften verkaufen. Arabische Frauen stellen sich gern ihr ganz persönliches Parfüm selbst zusammen, und hier bekommen sie die benötigten Zutaten wie z. B. die betörende Orangenblüten-Essenz. Die arabischen Parfüms sind sehr viel stärker und riechen würziger.

Stadtbummel durch Deira

Wer am frühen Vormittag unterwegs ist, sollte einen Abstecher zum 2500 m nördlich gelegenen **Waterfront Market** ⑥ erwägen. Er wurde jüngst neu errichtet und modernsten Hygieneanforderungen entsprechend gestaltet; besonders interessant ist die Fischabteilung, es gibt jedoch auch Bereiche für Fleisch und Gemüse etc. Hier sind auch die Einkäufer aus der Gastronomie unterwegs, und man erhält einen Überblick über das reichhaltige Angebot an Fisch und Meeresfrüchten. Mit etwas Glück liegt ein großer Merlin mit seiner segelartigen Rückenflosse zum Verkauf, und bei den großen Haien, die hier hin und wieder im Angebot sind, beeilen sich die Verkäufer dem Badeurlauber zu versichern, dass die weit draußen gefangen wurden.

Auf der Naif Road ostwärts, erhebt sich unvermittelt der **Burj Naif** ⑦, ein alter Festungsturm, dem mit der Neuzeit die Funktion abhanden gekommen ist. Er hat als eines der wenigen historischen Gebäude auf der Deira-Seite die Straßenerweiterungen der 70er und 80er Jahre überlebt, als man der Meinung war, die alten Gemäuer stünden nur im Weg. Den Turm und die dazugehörige kleine Festung ließ Scheich

Saeed um 1930 errichten, letztere dient heute einer **Polizeistation** als Büro mit historischem Ambiente. Männliche Besucher haben vielleicht eher Interesse an dem kleinen **Polizeimuseum** und lassen ihre weibliche Begleitung allein über den **Naif Souk** ⑧ schlendern, wohauptsächlich Bekleidungsaccessoires für die einheimischen Damen angeboten werden, darunter günstige Schuhe in großer Zahl.

Der nur zwei Straßen weiter gelegene **Naif Park** ⑨ ist zwar eher eine größere Rasenanlage als ein Park, aber Schatten spenden die Palmen allemal. In der Umgebung gibt es kleine Restaurants, bei denen man Speisen auch zum Mitnehmen fürs Picknick erhält.

Gegen 16 Uhr ist der ideale Zeitpunkt, um in die dann sehr belebte **Al Sabkha Road** ⑩ Richtung Creek einzubiegen. Wenn mit der untergehenden Sonne die Neonreklamen ihr buntes Um-die-Wette-Flimmern beginnen, sind auch die Lastenträger wieder mit ihren zweirädrigen Karren unterwegs und versuchen, sich einen Weg durch das beginnende Chaos zu bahnen; die Straßen sind mit kreuzenden Fußgängern, Taxen, LKWs und hilfesuchenden Touristen in Mietwagen verstopft, vor den Schaufenstern der Elektronik- und Billigmodegeschäfte erschweren bummelnde Passanten und Glücksloseverkäufer das Durchkommen. Am Wochenende bereichern indische Familien mit lebhaften Kindern und arabische Eltern, die meist ein philippinisches Kindermädchen zur Zähmung des selbstbewussten Nachwuchses angestellt haben, das Straßenbild, denn Shopping ist eine ihrer Lieblingsbeschäftigungen. Was auffällt: Niemand hat es wirklich eilig, nicht einmal die Lastenträger, und obwohl die Autos kaum vorwärts kommen, fällt kein böses Wort.

Ein Abstecher zum nahen, vielbesuchten **Baniyas Square** ⑪ empfiehlt sich sowohl für Hungrige – dort findet sich eine bunte Imbissszene – als auch für Freunde der orientalischen Knüpf-

Rechts: Die Creek-Tour auf einer gemieteten Abra lohnt besonders am Spätnachmittag.

Foto: Thomas Stankiewicz

kunst: Im **Deira Tower**, der den Platz überragt, gibt es **Perserteppiche** in Hülle und Fülle.

★Creek-Tour

Am Ende der Al Sabkha Road stößt man auf die **Baniyas Road**, sie verläuft entlang des gesamten Creek-Ufers. Interessant sind hier die **Anlegestellen** der ★**Dhaus** ⑫, der traditionellen Lastensegler, die das Bild von Deira bis heute prägen. Zu dritt, zu viert oder zu fünft liegen die Schiffe nebeneinander und warten auf einen freien Liegeplatz, um Waren löschen oder laden können. Die Mannschaften hocken beisammen und trinken Tee, zu dem auch Fremde gern einmal eingeladen werden.

Auf dem Kai stapeln sich Plastikstühle, Öltonnen, auch ein Auto hat den Exportstempel auf der Scheibe kleben. Ein riesiger Stapel 10-Kilo-Pakete Spaghetti verschwindet nach und nach in riesigen Bauch einer *boom* – solche Frachtsegler beherrrschen schon seit über 1000 Jahren den Indischen Ozean. Die Nudelhändler sind mit dem Flugzeug aus Somalia gekommen und haben einen Großeinkauf hinter sich, der nun verstaut werden muss. Natürlich hat hier alles seine zollamtliche Ordnung, damit es bei der Ankunft zu Hause keine Probleme gibt, aber das eine oder andere „Souvenir" der Besatzung, etwa ein paar Uhren oder Mobiltelefone, bleiben auf den Zolldokumenten unerwähnt – die sind für den heimischen Schwarzmarkt.

Direkt am Ende der Sabkha Road liegt die **Sabkha Sation** ⑬ der ★**Abras**. Diese Wassertaxen sind das schnellste Transportmittel von einem Ufer zum anderen und gehören zu Dubai wie die Gondeln zu Venedig. Wem die knapp fünf Minuten dauernde Überfahrt zu kurz ist, der kann eine Abra auch mieten, eine Stunde kostet ca. 120 DH (vor der Abfahrt aushandeln!). Besonders am späteren Nachmittag lohnt sich eine ★**Creek-Tour** Richtung Maktoumbrücke. Denn dann ist das Licht am schönsten, und die untergehende Sonne spiegelt sich in den Glasfassaden der archi-

Foto: Volkmar E. Janicke

tektonischen Extravaganzen, die in den letzten Jahren südlich der Sabkha-Anlegestelle entstanden sind. Inzwischen verkehren auf dem Creek neben den Abras auch klimatisierte Wasserbusse, die teurer sind. Fähren und Wassertaxen verbinden darüber hinaus den Creek mit den neuen Wohngebieten entlang der Küste bzw. bieten Rundfahrten an.

Die ★**Twin Towers** ⑭ sind zum Wahrzeichen am Creek geworden. Mit ihren ultramodernen glasverspiegelten Fronten stehen sie in auffallendstem Kontrast zu den altehrwürdigen Dhaus, die zu ihren Füßen noch per Hand beladen werden. Im südlichen Turm befindet sich ein kleines Einkaufszentrum, interessanter ist das ★**Apple Restaurant** in der dritten Etage wegen seiner **Aussichtsterrasse** über den Creek. Besonders „fotogen" sind die Zwillinge vom anderen Ufer nach Sonnenuntergang, wenn sich ihre leuchtenden Fassaden im Wasser des Creek spiegeln.

Oben: Am Dhauhafen. Rechts: Originell gestylt – das Clubhaus des Dubai Creek Golf & Yacht Club.

Neben dem **Radisson Blu** ⑮ duckt sich das markante Marmorgebäude der **Municipality** ⑯ (Stadtverwaltung), das man an seiner offenen Front und dem Wasserbassin erkennt. Davor steht, von Büschen und Palmwedeln etwas verdeckt, ein unscheinbares Kamel mit Schachdecke und -turm über dem Höcker. Es erinnert an die 1986 in Dubai ausgetragene, von der UdSSR gewonnene Schacholympiade.

Leicht zu erkennen ist auch das Gebäude der emiratischen Telefongesellschaft **Etisalat** ⑰, dessen Dach von einer runden Antenne gekrönt wird, die aussieht wie ein riesiger Golfball (die gleiche Konstruktion findet sich auch in allen anderen Städten der Emirate).

Darauf folgt das Dreigestirn aus Sheraton Hotel, National Bank und Handelskammer. Das **Sheraton** ⑱ besteht aus dem Hauptgebäude und dem dahinter aufragenden Turm mit einem flachen Häubchen – dem Hubschrauberlandeplatz. Die ★★**Nationalbank** ⑲ (s. Bild S. 112), in der sich ein **Perlenmuseum** und in der 12. Etage die Zentrale

Foto: DTCM Frankfurt (Fremdenverkehrsamt Dubai)

des Dubaier **Fremdenverkehrsamtes** (DTCM) befindet, schmückt eine spektakuläre konkave **Fassade**. Die Glasfenster wechseln je nach Sonnenstand ihre Farben und leuchten am frühen Abend in einem warmen Ton aus Kupfer und Gold. In der Krümmung spiegeln sich die vorbeifahrenden Schiffe, und auf Nachfrage kann man auch seinen Abra-Kapitän nah genug für ein Spiegelfoto herandirigieren.

Etwas monströs wirkt der dreieckige Bau der **Chamber of Commerce** ⑳ (Industrie- und Handelskammer) direkt daneben, der mit seinen dunkelblauen Außenwänden fast den Eindruck erweckt, als hätte er etwas zu verbergen.

Während in diesen Tempeln der modernen Architektur mit drahtlosem Hightech rund um den Globus telefoniert wird und die aktuellsten Börsenkurse über den Flachbildschirm flimmern, plagen sich nebenan im großen **Dhauhafen** ㉑ (Dhow Warfage) Arbeiter im Schweiße ihres Angesichts mit dem Frachtgut der traditionellen Schiffe ab. Am südlichen Ende enden die Fuß-

wege, für eine weitere Erkundung der Stadt sollte man ein Taxi nehmen.

Wer möchte, kann sich für eine Einkaufstour oder Mittagsrast zu einem der größten Einkaufszentren dieser Creek-Seite fahren lassen, dem **Deira City Center** ㉒ (Plan S. 151), in dem es auch mehrere Cafés und Restaurants gibt.

Landschaftsplaner und Architekten haben mit dem **Dubai Creek Golf & Yacht Club** ㉓ (Plan S. 151) einen neuen Meilenstein im dynamischen Dubai gesetzt. Unverwechselbar ist die Silhouette des ★**Clubhauses**, die an die Segel traditioneller Dhaus erinnert. Auf dem 18-Loch-Golfplatz spielt die Weltklasse, und vom Jachtclub aus stechen Hochseeangler in See, während Genießer sich im **Restaurant Aquarium** an Edelfischen laben.

★Mamzar Beach Park

Zum Entspannen eignet sich ein großer Badestrandpark an der Stadtgrenze zum Emirat Sharjah. Die Abu-Bakr-Straße führt an die Golfküste, ihr folgt man

Foto: DTCM Frankfurt (Fremdenverkehrsamt Dubai)

in östlicher Richtung bis zum ★**Mamzar Beach Park** (Plan S. 123), der auf einer Halbinsel liegt. Im Eingangsbereich stößt man auf ein Restaurant und ein Amphitheater, dahinter öffnen sich große Rasenflächen. Das rechte Ufer des Parks liegt am **Khor al Mamzar** (Mamzar-Bucht), an dessen nördlichem Ende 15 Chalets mit Badezimmer und Grillplatz stehen, die tageweise gemietet werden können. In der Bucht vermieten Clubs diverse Wassersportgeräte. Das linke Ufer am Persischen Golf ist durch Wellenbrecher in drei ruhige Badebuchten unterteilt, in denen Duschen, WCs, Badeliegen, Bademeister sowie Schatten spendende Palmen und kleine Holzdächer für unbeschwerte Badefreuden sorgen.

Dieser freie Blick über den Golf wird vorerst wohl auch erhalten bleiben. Ursprünglich war hier der Bau einer dritten, doppelt so großen Palmeninsel wie Jumeirah geplant, doch daraus dürfte in Anbetracht der zahlreichen anderen Vorhaben und auch ökologischer Bedenken in absehbarer Zukunft nichts werden. Die Schwimmbagger sind jedenfalls wieder abgezogen.

★Bur Dubai

Bur Dubai war für Dubai lange Zeit so etwas wie die „schäl Sich" in Köln – die „falsche Seite". Denn die Dhaus legten am anderen Ufer in Deira an, dort lag der Markt, schlug das Herz der Stadt. Zwar baute sich die herrschende Maktoum-Familie Ende des 19. Jahrhunderts eine für damalige Verhältnisse prächtige Residenz in **Shindagha** am Eingang des Meeresarmes. Aber erst mit der großen Zuwanderungswelle persischer Händler ab 1902, als diese auf der Deira-Seite keinen Platz mehr fanden und sich im Bastakia-Viertel niederließen, begann sich auch Bur Dubai zu einem ansehnlichen Stadtteil mit Markt und Wohnvierteln zu entwickeln. Hier steht ein Großteil historischer Ge-

Im Heritage Village – oben: Barastis, aus Blattstrünken der Dattelpalme gefertigte Hütten; rechts: das Flicken eines Wassersacks aus Leder.

Foto: Henning Neuschäffer

bäude, die zusammen mit dem Souk aufwändig restauriert wurden. Bis Mitte der 1990er Jahre war das historische Wohnviertel von Shindagha zu einem öden Gelände verkommen, von der alten Bausubstanz war kaum etwas übrig geblieben. Dann besann sich Dubais Stadtverwaltung auf ihr kulturelles Erbe und beschloss, Shindagha in alter Blüte auferstehen zu lassen.

★Heritage Village

Die Maktoum-Familie wollte sich nicht nur mit der Restauration historischer Gebäude begnügen, sondern einen Ort schaffen, wo die alten Handwerkskünste fortleben konnten. Sie hatten in der Vergangenheit das Überleben gesichert und sollten – obwohl nicht mehr von essentieller Bedeutung – als kulturelles Erbe für die nächste Generation erhalten bleiben. Dass sich auch Touristen für ein lebendiges Bild der Vergangenheit begeistern lassen und statt eine Musik-CD zu kaufen die Tänze lieber live erleben, hat ebenfalls eine

Rolle gespielt. Die beiden nebeneinander liegenden kleinen „Dörfer" Heritage Village und Diving Village wurden 1997 am nördlichen Ende Shindaghas eröffnet, und der Besuch vieler Schulklassen und Touristen bestätigt den Erfolg des Konzeptes.

Vor allem während des Dubai Shopping Festivals im Frühjahr und an den Feiertagen ist hier viel Spektakel geboten, den Rest des Jahres muss man etwas Glück haben. Am Eingang gibt es das aktuelle Programm. Wer lieber allein seine Runde machen und ungestört fotografieren möchte, dem sei der Vormittag ans Herz gelegt, da ist kaum Betrieb. Erst am späteren Nachmittag belebt sich das Ufer und mit ihm die beiden Historiendörfer.

Das ★**Heritage Village** ㉔ spürt sowohl dem Leben der Nomaden als auch dem harten Alltag der Küstenbevölkerung nach. Zunächst besucht man ein kleines **Museum**. Dessen Ausstellungsstücke sind aus dem Fundus diverser Grabungen in verschiedenen Landesteilen zusammengestellt worden, z. B. grob gefertigte Steingefäße oder Pfeilspitzen und Nadeln aus Knochen. Doch das Hauptaugenmerk liegt auf der lebendigen Darstellung der Vergangenheit. Neben dem eigentlichen Village wurde z. B. eine kleine „Wüstenlandschaft" mit viel Sand, Beduinenzelt, Feuerstelle und echten Kamelen nachgestellt. Abends leuchtet die typisch arabische Schnabelkaffeekanne (dalla) auf dem Feuer, und ein paar ehrbar aussehende Männer mit zerfurchten Gesichtern sitzen entspannt daneben. Wer möchte, darf hier gern einen Kaffee probieren. Aber Vorsicht, wenn er frisch aus der Kanne kommt, ist er „heiß wie die Liebe, bitter wie der Tod."

Im Innenhof des Heritage Village stehen mehrere **Palmblatthütten** (barasti), die typische Behausung der einfachen Menschen vergangener Tage. Es war eine geniale Konstruktion, deren Baumaterial komplett von der Dattelpalme stammte: Die Blattstrünke wurden zu einer Art Zaun geflochten und dann als Wände um vier Holzpfosten „gewickelt". Diese barastis waren auch bei einigen Wüstenstämmen beliebt, denn die Palmwände konnten innerhalb kürzester Zeit zusammengerollt und auf einen Kamelrücken geschnallt werden. Normalerweise waren die Palmstrünke sehr eng aneinander geflochten, aber für die heißen Sommermonate gab es eine „klimatisierte" Version mit größeren Spalten, damit auch der leiseste Windhauch hindurchziehen konnte.

Während der Veranstaltungen nutzen die Emiratis diese Hütten, um ihre Waren auszustellen, während sie davor sitzen und die Produkte herstellen. Da sind Töpferwaren wie die typischen Wasserkrüge mit ihrer bauchigen Form, deren Wände leicht porös sind; durch die Verdunstungskälte bleibt das Wasser angenehm frisch. Größere Krüge wurden früher entweder mit Weihrauch

ausgeräuchert oder man gab ein paar Körner des Harzes in den Krug, damit das Wasser nicht brackig wurde. Ein paar Meter weiter gibt es geflochtene Körbe und Webereiartikel. Beliebt sind kleine maschinell hergestellte Teppiche mit den Konterfeis der Herrscherfamilie oder des im Jahr 2004 verstorbenen Präsidenten der VAE, Scheich Zayed. Die meisten Souvenirshops verkaufen den üblichen Schnickschnack wie Miniaturen des Burj al Arab oder Plüschkamele, einer hat sich jedoch auf alte Radios und Grammophone spezialisiert, die verstaubt in den Regalen stehen.

Am späteren Abend ziehen durch das Dorf Duftwolken von den einheimischen Gerichten, die Frauen auf althergebrachte Art über dem offenen Feuer zubereiten. Zu probieren gibt es u. a. gut gewürzte Fleischspießchen oder verschiedene Eintopfgerichte mit viel Gemüse oder Fisch, die zusammen mit frischem Fladenbrot serviert werden.

★Diving Village

Das Tor zum ★**Diving Village** ㉕ befindet sich nahe dem Heritage Village. Eine Dhau markiert Eingang. Danach öffnet sich ein weiter Hof.

Gleich hinter dem Eingang geht es links in die Halle 5, das **Aquarium**. Hier sind mehrere Becken aufgestellt mit wechselnden „Bewohnern" des Persischen Golfs, manchmal nur beliebte Speisefische, manchmal aber auch seltene Arten. Auf Nachfrage bekommt man einen **Film** vorgeführt, der aktuelle Probleme wie Überfischung und Meeresverschmutzung behandelt. Gedreht wurde er von der Emirates Diving Association, die auch für das Village verantwortlich ist. Dieses soll nicht nur ausländischen Besuchern einen Einblick in die Meeresfauna vermitteln, sondern wendet sich gezielt an die einheimische Bevölkerung, um ein Umweltbewusstsein zu schaffen.

Neben dem Film gibt es auch eine gute **Fotoausstellung** und eine sehr

---

Rechts: Backgammon-Spieler in einem Café in Shindagha.

Foto: DTCM Frankfurt (Fremdenverkehrsamt Dubai)

gut sortierte Bibliothek, gestiftet von den Maktoums. Der Bestand wird laufend aktualisiert und um Medien wie CD-Roms oder Dias erweitert. Im historischen Bereich wird das **Leben der Perlentaucher** über die Jahrhunderte bis 1930 gezeigt. Ausgestellt sind die minimalistischen „Taucheranzüge" aus Leinen, die vor die Quallen schützen sollten, die Handschuhe zum Schutz gegen die scharfen Felskanten, die einfachen Nasenklemmen aus Holz und die Messer zum Abbrechen der Muscheln. Schon an Bord der Schiffe wurden die Perlen nach Größe sortiert, abgewogen und in kleine Stoffsäckchen gefüllt.

All diese Utensilien sind zu sehen, und es hat fast den Anschein, als würden sie für die kommende Tauchsaison wieder verwendet werden – aber der Schein trügt: Diese Zeiten sind lang vorbei. Nur vor der Insel Bahrain, wo es angeblich die besten Perlen gibt, wird heute noch in kleinem Umfang nach den „Tränen der Engel", wie die Perlen auch genannt wurden, getaucht. Aber wer Glück hat, kann bei einer Live-De-monstration dabei sein, denn dafür ist das Tauchbecken im Hof gedacht.

★★Sheikh Saeed al Maktoum Museum

Hier befand sich in der ersten Hälfte des 20. Jahrhunderts der zentrale Regierungssitz Dubais und die Wohnung der herrschenden Maktoum-Familie. Das Anwesen stellte mit insgesamt 30 Zimmern eines der größten Häuser überhaupt dar, errichtet um 1896 im damals üblichen Stil mit vier Windtürmen, 20 Veranden, drei offenen Innenhöfen, Küchen und Waschräumen. Gemäß arabischer Tradition lebten hier mehrere Generationen unter einem Dach, und auch der Großvater des heutigen Regenten, Scheich Saeed, wuchs hier nicht nur unter den Fittichen von Großeltern, Eltern, Onkeln und Tanten auf, sondern lebte hier bis zu seinem Tod 1958. Deshalb trägt das Museum seinen Namen. Mit seiner Bestattung endete auch das Leben in dem zweistöckigen Haus, denn trotz bester Lage

Foto: Henning Neuschäffer

am Eingang des Creeks bevorzugte sein Nachfolger Scheich Rashid den neu errichteten Za'abil-Palast.

1996, genau hundert Jahre nach der Erbauung, waren die Restaurationsarbeiten abgeschlossen, und man begann mit der Einrichtung des äußerst umfangreichen ★★**Sheikh Saeed al Maktoum Museum** 26, mit dessen feierlicher Eröffnung das kulturelle Erbe Dubais einen würdigen Platz gefunden hat. Der Besucher kann auf eine interessante Zeitreise gehen. In dem in verschiedene Flügel (*wings*) aufgeteilten Gebäude kann man historische Dokumente wie Briefe, Verträge oder Landkarten studieren.

In einem Durchgangszimmer befindet sich die interessante **Münz- und Briefmarkenausstellung**. Alles was in der Vergangenheit als Zahlungsmittel verwendet wurde, ist hier zu sehen. Neue Münzen bekamen früher manch-

mal etwas seltsame Namen, so hieß z. B. jene, die Englands König Edward VII. (1841-1910) darstellte, *umm salaah* – frei übersetzt „Mutter des kahlen Hauptes". Bei den teils sehr seltenen Briefmarken der Trucial States und der Emirate findet sich ebenfalls die eine oder andere Überraschung: Wer hat schon vom „Arabischen Muttertag" gehört? Die entsprechende Marke jedenfalls ist ausgestellt.

Weitere Ausstellungsräume widmen sich den unterschiedlichen Lebensräumen und ihren Menschen: Da gibt es die maritime Abteilung mit Schiffsmodellen, ein Raum ist dem Leben der Beduinen gewidmet und ein dritter, der „Al Maktoum-Flügel", zeigt auf Schwarz-Weiß-Fotografien die ehemaligen Herrscher im Kreis ihrer Untertanen.

Im Eingangsbereich ist ein Souvenirgeschäft. Zwei historische Gebäude nahebei widmen sich in ihren Ausstellungen den tierischen Freunden der Araber, es sind das **House of Camel** und das **House of Horse**.

★Uferpromenade

Geht man auf der **Uferpromenade** vom Heritage Village Richtung Westen, passiert man einige **Restaurants**, die sich am späten Nachmittag mit Touristen und Einheimischen füllen, die den Blick über den Creek auf die beleuchtete ★**Skyline** (s. Bild S. 112) genießen. Am Kai liegen die typischen **Abra-Wassertaxen**, die man für eine Rundfahrt mieten kann. Das erste restaurierte **Haus**, an dem man vorbeikommt, trägt den Namen von **Scheich Juma**, einem Bruder von Scheich Saeed.

Folgt man der Uferpromenade vom Scheich-Saeed-Haus Creek-einwärts nach Süden, führt sie einen in das Zentrum von Bur Dubai. Neben dem Saeed-Haus steht die unscheinbare kleine **Bin Suroor-Moschee** 27 aus dem Jahr 1930, die seit ihrer Renovierung hauptsächlich von den Bauarbeitern aufgesucht wird. Kurz darauf erhebt sich der

Oben: Windtürme, die Klimaanlagen vergangener Zeiten, prägen das Bild Bur Dubais und Bastakias.
Rechts: Arbeiter im Souk von Bur Dubai.

Foto: Rainer Hackenberg

Shindagha-Turm, ein Wachturm von 1910, dessen markantestes Merkmal sein eher quadratischer Grundriss ist – im Gegensatz zu der damals typischen runden Bauweise, die einem Kanonenbeschuss besser standhielt.

Nach der ersten **Abra-Station** auf dieser Creekseite beginnt das Gassengewirr des historischen Stadtteils **Bur Dubai**. Bleibt man in der Nähe des Wassers, erreicht man durch eine enge Gasse das **Bait al Wakeel** 28 oder **Gray Mackenzie House**. Die Firma Mackenzie war 1862 in Basra im heutigen Irak gegründet worden, innerhalb kurzer Zeit zu einer der führenden Schiffsagenturen in der Golfregion aufgestiegen und bereits seit 1916 in Dubai mit einem Agenten (*wakeel*) vertreten. Nach der Übernahme der Repräsentanz für die „British India Steam Navigation Company" verlangte man jedoch nach einem repräsentativen Büro und kam mit Scheich Rashid bin Saeed, Sohn des Herrschers und Kronprinz, ins Gespräch. Dieser hatte sich 1930, das Jahr, in dem das erste Automobil in die Emirate kam,

dieses Haus in exklusiver Lage direkt am Creek errichten lassen, und überließ nun einen kompletten Flügel mit Dachterrasse der für den Handel wichtigen Agentur Mackenzie. Das Bait al Wakeel wurde Mitte der 1990er Jahre restauriert. Mit seinen nachts angestrahlten Rundbögen und Fensternischen ist es ein schönes Fotomotiv – besonders von der anderen Creekseite aus.

Bait al Wakeel ist jedoch nicht nur als Fotomotiv zu empfehlen, sondern auch als vorzügliches ★**Restaurant** mit einer umfangreichen Speisekarte. Man blickt auf das pulsierende Leben auf dem Creek und genießt z. B. ausgezeichnete Meeresfrüchte.

Foto: Volkmar E. Janicke

Der Souk von Bur Dubai

Der **Souk von Bur Dubai** erstreckt sich zwischen dem Creek und der Al Fahidi Street, wobei der alte und schönere Souk in den Gassen nahe der kleinen **Ali Bin Abi Talib Street** und direkt am Wasser zu suchen ist. In den dortigen Gassen sitzen zwar hauptsächlich die indischen Stoffgroßhändler, die ihre Ware nicht meterweise verkaufen, sondern gleich in ganzen Ballen, aber es gibt auch einige Einzelhändler, deren Auslegewaren in den buntesten Farben leuchten. Das Angebot reicht vom zweiteiligen indischen Sari über dezente Anzugstoffe bis hin zu Paschminaschals, Kissenbezügen oder kleinen Stofftaschen.

Die Restaurationsarbeiten der letzten Jahre haben diesem historischen Teil des Markts, der ★**Souk al Kabir** ㉙ (Großer Markt) genannt wird, sehr gut

getan; mit Schnitzwerk verzierte Tore und Basarhäuser mit Windtürmen sind entstanden. Vorher war alles ziemlich heruntergekommen und sah teilweise sehr schmuddelig aus, da man in den 1970er Jahren mit Beton und Ziegelsteinen nur Ausbesserungsarbeiten vorgenommen hatte, die aber aufgrund des feuchten Sommerklimas schnell verwitterten und keinerlei Charme verbreiteten. Jetzt, mit dem neuen Holzdach, das ausreichend Sonnenlicht durchlässt, lohnt ein Besuch sowohl tagsüber als auch am späten Nachmittag. Hier herrscht kein großes Gedränge, man kann in Ruhe die Atmosphäre genießen und auf die vielen kleinen Details achten. Besonders am Abend, wenn die Lampen ein warmes Licht auf die im alten Stil verputzten Wände und die schön geschnitzten Holztüren der Häuser werfen, spürt man einen Hauch des alten Dubai.

Nahe der **Abra-Station** für die Wassertaxis beim **Bait al Wakeel** erstreckt sich ein großer freier Platz, ideal für ein schönes abendliches Picknick mit Blick über Creek und die Skyline von Dubai.

Oben: Blick vom Deira-Ufer auf den Diwan und das Minarett der Großen Moschee (rechte Bildhälfte). Rechts: Traditionelle Abra-Wassertaxis verbinden die beiden Ufer des Creeks.

Foto: Typhoonski (Dreamstime)

In der Ali Bin Abi Talib Street stehen zwei Moscheen. Die eine, am westlichen Ende, heißt wie die Straße **Ali Bin Abi Talib**; ihr Kennzeichen ist die Plattform für den Muezzin, die wie ein Ausguck am Mast eines Schiffes aussieht. Am Abend erkennt man sie leicht an den grünen Neonröhren.

Am östlichen Ende liegt die **Große Moschee** ③⓪. Nachdem halb Bur Dubai aus restaurierten Gebäuden besteht, könnte man auch bei der Großen Moschee den Eindruck gewinnen, ihre alten Mauern seien einem Lifting unterzogen worden. Denn das verwendete Baumaterial und die dekorativen Elemente ihrer Fassade passen sich sehr gut in die historische Umgebung ein. Doch weil Mitglieder der herrschenden Familie an den religiösen Feiertagen diese Moschee aufsuchen, um die vorgeschriebenen Gebete zu verrichten, entschied man sich für einen Abriss der erst 1960 an gleicher Stelle errichteten Moschee.

Zwischen 1996 bis 1998 entstand nach dem Vorbild eines noch älteren Gebetshauses aus der Zeit um 1900, das 1960 hatte weichen müssen, die derzeit größte Moschee Dubais. Rund 20 000 Gläubige und eine Koranschule finden unter den neun Kuppeln des Hauptgebäudes Platz, die von dem mit 70 Metern höchsten Minarett der Stadt flankiert wird, das mit quadratischem Sockel und rundem Aufbau eher wie ein Leuchtturm aussieht.

Für die liberale Einstellung der überwiegend sunnitischen Emiratis zu anderen Religionen spricht die Tatsache, dass in unmittelbarer Nachbarschaft zur Großen Moschee zwei indische Tempel stehen, die sich leicht an der großen Anzahl von Schuhen identifizieren lassen, die sich am Ende der jeweiligen Treppenzugänge befinden. Der eine ist der **Shri Nathje Jayate Tempel** ③①, auch Krishna Mandir genannt, wobei *mandir* das Hindiwort für Tempel ist. Besucher werden gebeten, nicht zu fotografieren. Sollten Sie zufällig kurz vor einem Gebet hinkommen, müssen Sie bis zur Besichtigung eine halbe Stunde warten, können aber derweil den

» **Stadtplan S. 126-127, Info S. 179-183**

145

Foto: Thomas Stankiewicz

spirituellen Gesängen zuhören. In den umliegenden Gassen werden hinduistische Devotionalien wie heilige Asche, Blumengirlanden oder Heiligenbildchen verkauft.

Um die Ecke Richtung Creek liegt der **Sikh Gurdwara**, ein großer Schrein, in dem das Heilige Buch Guru Granth aufbewahrt wird. Hier bitte den Kopf bedecken (Tücher werden verliehen) und keine Fotos machen!

Ebenfalls nicht zu freizügig mit seiner Kamera umgehen sollte man vor dem Eisenzaun, der ein großes weißes Gebäude umgibt, denn hier arbeitet der Emir von Dubai in seinem **Diwan** (32). Der gesamte Verwaltungsapparat von Dubai ist hier untergebracht, und obwohl selten jemand zu sehen ist, kann bei unbekümmerter Handhabung der Kamera plötzlich ein strenger Wachsoldat auftauchen. Besonders fotogen ist das Gebäude aber ohnehin nicht.

Oben: Das Dubai-Museum mit Dhau in nächtlicher Beleuchtung. Rechts: Kostbare Dolche sind unter den Exponaten.

★★Dubai Museum

Das ★★**Dubai Museum** (33) im Fahidi-Fort ist ein Muss. Vorbei an zwei alten Kanonen, passiert man das mit Messingspitzen bewehrte Eingangstor. An dem ersten sehenswerten Exponat laufen die meisten der vielen Besucher jedoch achtlos vorbei, denn die große **Luftbildaufnahme** von Dubai aus den 1950er Jahren hängt scharf rechts hinter dem Eingang gegenüber dem Kassenraum – die heutige Museumsburg ist darauf noch ringsum weithin von Wüste umgeben ...

Der Innenhof der ehemaligen Festung macht neugierig: Da stehen beispielsweise die **Palmblatthütten**, die man vielleicht schon im Heritage Village bewundert hat, hier in der „Luxusvariante" mit funktionierendem **Windturm**. Der große Bottich davor fuhr früher auf den Schiffen der Perlentaucher als Frischwassertank mit. Auch **Schiffsmodelle** fehlen nicht, und was mancher nur für ein Bündel von Palmblattstrünken zum Ausbessern der Hütten halten

» Stadtplan S. 126-127, Info S. 179-183

Foto: DTCM Frankfurt (Fremdenverkehrsamt Dubai)

mag, ist auch ein Boot, nämlich eine *shasha*, mit der früher im küstennahen Bereich gefischt wurde. Allerdings musste der Fischer aufpassen, denn die Strünke sogen sich voll Wasser, und wenn er nicht rechtzeitig zurück ans Ufer kam, soff er regelrecht ab. Und vor dem nächsten Einsatz musste man solch ein „Boot" erst wieder trocknen lassen.

Die **Fahidi-Festung** ist das wohl älteste Steingebäude Dubais. 1787 errichtet, um den kleinen Ort vor ungebetenen Besuchern zu schützen, besetzten 1833 die Maktoums zuerst diese Festung, als sie, von Abu Dhabi kommend, sich hier niederließen. Für die nächsten 60 Jahre residierten sie in dem Fort, zogen dann um nach Shindagha, und die Festung verlor an Bedeutung. Im Gegensatz zu anderen historischen Gebäuden ließ man sie jedoch nicht erst in völlig ruinösen Zustand verfallen und rüstete sie bereits 1971 zu einem Museum um. Alles was im Alltag nicht mehr gebraucht wurde, von Küchenutensilien bis hin zu verblichenen Fischernet-

zen, trug man zusammen und stellte es in den ehemaligen Soldatenunterkünften oder Munitionsräumen aus. Auch wertvolle Dolche wurden gestiftet, traditionelle Waffen und Gewehre.

Dann stand die Museumsleitung vor demselben Problem wie viele andere Museen dieser Welt – es war kein Platz mehr da. Umzug? Neubau? Die alte Festung abreißen? Kam alles nicht in Frage, und so bekam Al Fahidi eine Erweiterung, wie man sie in Arabien selten sieht, ein **Untergeschoss**. Und zwar ein ausgesprochen attraktives: Denn all die zusammengetragenen Utensilien wurden nicht in schön beleuchteten Vitrinen als leblose Objekte drapiert, sondern wurden wieder Teil einer „lebendigen" orientalischen Stadt, wie sie einmal **Dubai um 1950** war: Da ist die Marktgasse im **Souk** mit den kleinen Läden, an einer Straßenecke sitzt ein Mann und liest, vor einem Geschäft steht eine verhüllte Frau und betrachtet die Auslagen, ein Schmied heizt seine Glut an – alles Puppen. Ein Tonband produziert die passende Geräuschkulis-

Foto: Rainer Hackenberg

Nur einen Raum hätte man sich vielleicht sparen können, denn die Szene einer Dhau, die vor einer Panoramaleinwand per Hand entladen wird, kann man an den Kais von Deira noch heute so ähnlich beobachten.

Wer nach dieser Zeitreise noch aufnahmefähig ist, kann sich in dem Seitengang links vom Eingang **Videos** mit historischen **Tänzen** und **Gesängen** ansehen. Im Raum daneben ist ein historisches **Waffenarsenal** zusammengestellt. Neben den erwähnten Dolchen und Gewehren sind besonders die kleinen runden Schilde zu beachten. Sie sehen ein bisschen aus wie asiatische Strohhüte, nur viel kleiner, und wurden aus Nashornhaut gefertigt, die man aus Afrika bekam. Aus dem Horn vom Nashorn schnitzte man die Griffe für die Dolche (heute aus Tierschutzgründen streng verboten), und zusammen mit einer guten Klinge und aufwändigen Silberverzierungen an der Scheide machten sie den *khanjar* so teuer.

In den Räumen auf der anderen Seite des Innenhofes ist die **Geschichte der Fahidi-Festung** anhand von Bildern dokumentiert.

Nach dem Verlassen des Museums wendet man sich nach rechts. Werfen Sie noch einen Blick zurück, denn auf dem **Wachturm** hockt eine letzte große Puppe und beobachtet aufmerksam die Umgebung.

Al Fahidi Street

Das Museum liegt an einer der belebtesten Straßen Bur Dubais, der **Al Fahidi Street** 34. Sie lässt sich mit der Sabkha Road in Deira vergleichen, denn auch hier sind während der Geschäftszeiten viele Menschen unterwegs, und jede Menge Autos harren auf ein Vorwärtskommen. Vor allem Elektro- und Modeartikel sind hier günstiger als in den großen Einkaufszentren, allerdings wird auch viel Billigware angeboten.

Wer vorher auf dem Stoffmarkt eingekauft hat, kann sich in einer der

se, und aus versteckten Düsen strömen Gewürzdüfte, doch die Krönung des technischen Aufwands dürften wohl die hologrammähnlichen Videoprojektionen sein, um den lebensnahen Effekt noch perfekter zu machen.

In anderen Abteilungen geht es etwas ruhiger, aber nicht weniger interessant weiter. Da wird z. B. eine Szene aus dem **Leben der Beduinen** dargestellt – zugegeben etwas romantisch, wie die vier bärtigen Männer da vor ihrem Zelt um das Lagerfeuer sitzen, einer mit der einsaitigen „Wüstengeige" in der Hand, während ein zweiter Kaffee kocht. Drum herum grasen ein paar Kamele und Ziegen. Weitere Räume widmen sich der Oasenwirtschaft; der **Archäologie** anhand eines Grabs aus der Bronzezeit samt Skelett und Grabbeigaben wie Pfeilspitzen und Dolch; der Flora und Fauna der VAE sowie der Astronomie.

Oben: Eine Gasse mit Windtürmen im Bastakia-Viertel. Rechts: Ein ruhiger Ort für eine längere Pause – das Arabian Tea House in Bastakia.

Foto: Henning Neuschäffer

zahlreichen Schneidereien gleich die passende Garderobe fertigen lassen. Allerdings sollte man nicht erst am letzten Tag hingehen, wenn man mehrere Wünsche hat, denn die Nähstuben sind ziemlich ausgebucht.

★★Bastakia-Viertel

Vom Dubai-Museum auf der Al Fahidi Street ostwärts erreicht man nach wenigen Metern eines der schönsten Viertel von ganz Dubai. „Als wir Kinder waren, trafen wir uns nach der Schule da vorn unter dem Baum. Heute ist der Platz geteert, früher war alles staubig. Trotzdem war es unsere Lieblingsecke. Man konnte mit dem Fahrrad um die Ecken sausen, was nicht so leicht war, denn die Gassen sind schmal, wie Sie sehen. Manchmal, wenn wir zu schnell waren und gegen die Mauer stießen, konnte es passieren, dass ein Stück Korallenstein aus der schon bröckeligen Mauer brach – das bedeutete Ärger. In dem Gebäude da vorn an der Ecke hatte ein alter Mann seine Fahrradwerkstatt, der

pumpte uns immer die Reifen auf." Die Lehrerin Bariya ist hier groß geworden und kommt gern in dieses Viertel ihrer Kindheit zurück, obwohl es sich mittlerweile doch sehr verändert hat.

Anfang des 20. Jahrhunderts zogen viele iranische Händler hierher, obwohl es eigentlich üblich war, seine Wohnung über dem Geschäft im Souk zu haben; letzterer lag aber auf der anderen Seite in Deira. Doch da war kaum noch Platz, so zogen sie hierher und benannten das Viertel nach ihrer südpersischen Heimat Bastak. Sie prägten auch das architektonische Erscheinungsbild, denn auf sie gehen die berühmten **Windtürme** (*barjeel*) zurück, jene erste Klimaanlage mit einfachstem Prinzip: Man errichtet einen nach vier Seiten offenen, ca. 10 Meter hohen Turm auf dem Dach und mauert Wände diagonal hinein, lässt unter dem Turm ein Loch im Dach – und der kleinste Windhauch wird in das darunter liegende Zimmer geleitet. Gleichzeitig wird die warme Luft auf der dem Wind abgewandten Seite herausgedrückt. Wer nicht über Steine und

Mörtel verfügte, konnte sich eine kleinere Turmversion aus Palmenzweigen fertigen und Stoffbahnen hineinhängen. Dieses Prinzip sprach sich schnell herum, und so übernahmen es auch die Emiratis. Heute finden diese Windtürme nur noch als Stilelement Verwendung.

Bis zum Beginn des Ölzeitalters war ★★**Bastakia** eine wohlhabende Gegend, doch dann wollten seine Bewohner größere, elektrisch klimatisierte Häuser, für die aber kein Platz war – man zog aus den engen Gassen in die Randbezirke. Bastakia verwaiste, und ärmere Leute übernahmen die verlassenen Häuser, konnten diese aber nicht instandhalten. Mitte der 1990er Jahre bot das einst stolze Viertel einen traurigen Anblick. Rechtzeitig vor dem kompletten Verfall griffen Dubais Stadtväter ein und sanierten den gesamten Distrikt. Heute ist er ein schöner, ruhiger Gegenpol zu der bisweilen hektischen, glitzernden Hotelmeile Jumeirahs.

In einigen der etwa 50 restaurierten Gebäude gibt es Cafés, Restaurants, zwei kleine Hotels, Museen und interessante Kunstgalerien. Eine davon ist die stadtbekannte **Majlis Gallery** ③⑤, deren Besitzer hier seit 20 Jahren auch wohnt und sich in der künstlerischen Szene sehr gut auskennt. Auch ohne Kaufabsichten sind Besucher herzlich willkommen, der Innenhof lohnt einen Blick. Um ihn herum liegen die weiß getünchten Ausstellungs- und Verkaufsräume, wo pro Jahr etwa zehn wechselnde Ausstellungen gezeigt werden. Vor allem einheimische Künstler sollen hier die Möglichkeit bekommen, ihre Werke der Öffentlichkeit zu präsentieren. Obwohl die moderne Kunst in den Emiraten noch relativ jung ist, gibt es durchaus Interessantes zu entdecken, auch wenn sich die Bilder und Skulpturen schwerpunktmäßig mit lokalen Themen und Traditionen auseinander setzen. Außer den Kunstwerken stehen auch Antiquitäten und Wohnaccessoires wie Kissenbezüge, Keramiken oder Glaswaren zur Auswahl.

Ebenfalls interessant ist die **XVA Gallery**, nur ein paar Ecken weiter. Sie bietet zwar eine etwas kleinere Auswahl an Kunstgegenständen, aber wer sich für zeitgenössische Kunst interessiert, sollte nicht vorbeigehen. Eine Besonderheit sind die vier sehr gemütlich eingerichteten Hotelzimmer, wer also einmal in einem der alten Häuser übernachten möchte, kann dies hier in sehr authentischem Ambiente tun!

Bevor man das Bastakia-Viertel verlässt und auf den Creek Walkway stößt, könnte man auch stilvoll einen Cappuccino im ★**Arabian Tea House Café** ③⑥ oder ein Kamelgulasch im benachbarten ★**Local House** genießen; beide haben wunderbar ruhige Innenhöfe mit kleinen Bäumen und arabischen Sitzecken und sind geradezu prädestiniert für eine – auch längere – Pause.

★Creek Walkway

Der ★**Creek Walkway** ③⑦ (Spazierweg) beginnt eigentlich schon am östlichen Ende des Souk al Kabir, führt aber zunächst nur am hohen Zaun des Diwans vorbei. Eine Allee von Palmen, große Blumenbeete mit Bougainvillea und Parkbänke lockern den breiten gepflasterten Weg auf.

Hinter dem Bastakia-Viertel öffnet sich zur rechten Seite ein kleiner **Park**, der von den Kindern indischer Gastarbeiter nach Schulschluss gern zum Kricketspielen genutzt wird.

In der Nähe leuchtet das **Modell eines Windturmes**, ein Denkmal aus Messing, das der Stadt Dubai für ihre Verdienste um den Umweltschutz verliehen wurde.

Während es tagsüber recht ruhig zugeht, bevölkert sich der **Spazierweg** ab 17 Uhr zusehends mit Spaziergängern, Radfahrern und Inlineskatern; die **Restaurantschiffe**, die hier gegen halb acht zu einer zweistündigen **Dinnerfahrt** ablegen, schalten ihre Beleuchtung ein und bereiten ihre opulenten Buffets vor.

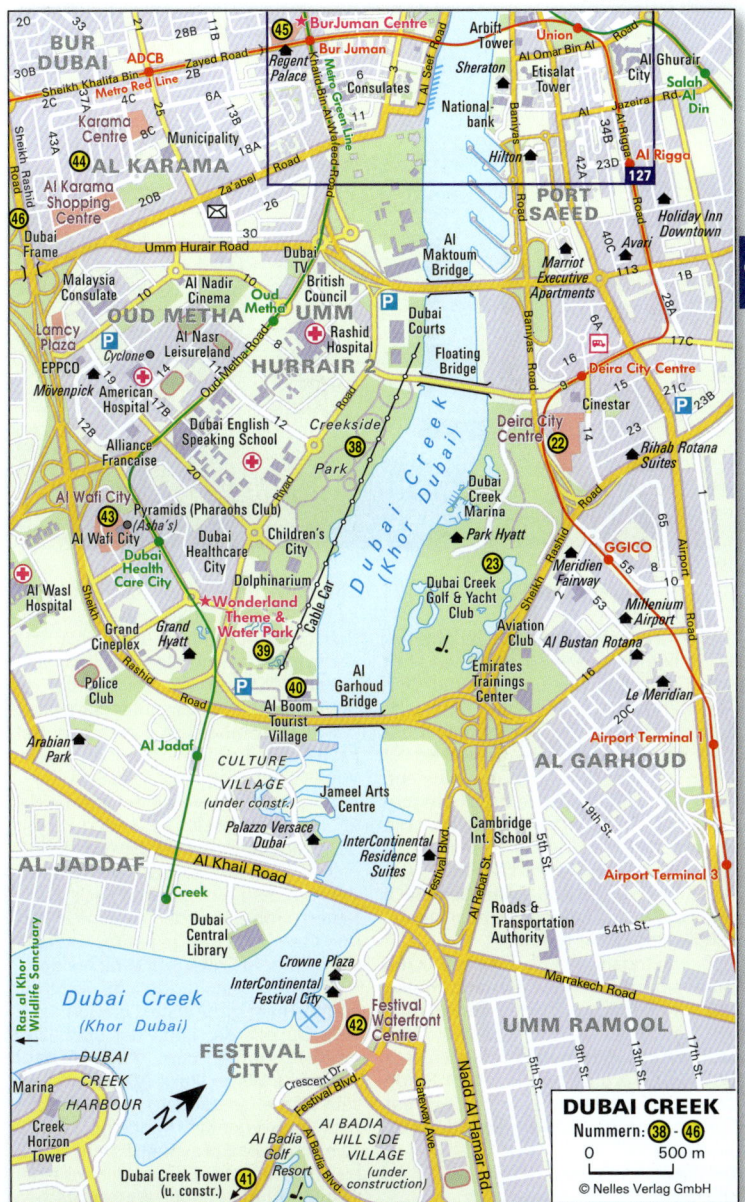

Map labels (selected):

BUR DUBAI
ADCB
Sheikh Khalifa Bin Zayed Road
Metro Red Line
Karama Centre
AL KARAMA
Al Karama Shopping Centre
Dubai Frame
Malaysia Consulate
Lamcy Plaza
EPPCO
Cyclone
Mövenpick
American Hospital
Alliance Francaise
Al Wafi City
(Asha's)
Al Wafi City
Dubai Health Care City
Al Wasl Hospital
Grand Cineplex
Grand Hyatt
Police Club
Arabian Park
Al Jadaf
AL JADDAF
Creek
Dubai Central Library
Ras al Khor Wildlife Sanctuary
Dubai Creek (Khor Dubai)
DUBAI CREEK HARBOUR
Marina
Creek Horizon Tower
Dubai Creek Tower (u. constr.)
FESTIVAL CITY
Al Badia Golf Resort
AL BADIA HILL SIDE VILLAGE (under construction)

OUD METHA
Oud Metha
Al Nadir Cinema
Al Nasr Leisureland
HURRAIR 2
Dubai English Speaking School
Pyramids (Pharaohs Club)
Dubai Healthcare City
Children's City
Dolphinarium
Wonderland Theme & Water Park
Al Boom Tourist Village
CULTURE VILLAGE (under constr.)
Jameel Arts Centre
Palazzo Versace Dubai
InterContinental Residence Suites
Al Khail Road
Crowne Plaza
InterContinental Festival City
Festival Waterfront Centre

Dubai TV
British Council
UMM HURRAIR 2
Rashid Hospital
Dubai Courts
Floating Bridge
Creekside Park
Dubai Creek Marina
Dubai Creek (Khor Dubai)
Dubai Creek Marina
Park Hyatt
Dubai Creek Golf & Yacht Club
Aviation Club
Al Garhoud Bridge
Emirates Trainings Center
Cambridge Int. School
Roads & Transportation Authority

Al Maktoum Bridge
Dubai Creek Tower
Banyas Road
PORT SAEED
Holiday Inn Downtown
Avari
Marriot Executive Apartments
Deira City Centre
Cinestar
Deira City Centre
Rihab Rotana Suites
Meridien Fairway
Millenium Airport
Al Bustan Rotana
Le Meridien
AL GARHOUD
Airport Terminal 1
Airport Terminal 3
UMM RAMOOL
Marrakech Road

Arbift Tower
Union
Al Omar Bin Al
Sheraton
Etisalat Tower
Nationalbank
Hilton
Al City
Ghurair
Salah Rd-Al Din
Al Rigga
127
GGICO

Consulates
Regent Palace
BurJuman Centre
Bur Juman
Metro Green Line

DUBAI CREEK

Nummern: 38 - 46

0 ——— 500 m

© Nelles Verlag GmbH

Foto: DTCM Frankfurt (Fremdenverkehrsamt Dubai)

Creekside Park

Der **Creekside Park** ㊳ (Dubai Creek Park) liegt ein ganzes Stück entfernt vom Creek Walkway, und man muss ein Taxi nehmen, denn es führt kein Spazierweg dorthin. Dieser größte Freizeitpark hat mehrere Eingänge und ist vor allem am Wochenende sehr voll, denn eine der Lieblingsfreizeitbeschäftigungen in Dubai ist das **Picknicken** mit Familie und Freunden (Schweinefleisch und Alkohol sind jedoch tabu!). Es stehen Kinderspielplätze, **Grillecken** (BBQ) und große, mit Bäumen bepflanzte Rasenflächen zur Verfügung.

Beim Eingangstor Nr. 2 (Gate 2) kann man ein vierrädriges **Pedalfahrzeug** mit Sonnendach oder ein **Fahrrad** mieten und durch den Park radeln. Oder sich mit der **Bimmelbahn** kutschieren lassen und wo es beliebt einen Stopp einlegen. Familien zu empfehlen ist das Eingangstor Nr. 8: Dort befindet sich

Children's City (Kinderstadt), ein interaktives Museum, das für 5- bis 12-jährige gedacht ist und auf spielerische Art Wissen vermitteln soll. Behandelt werden Themen wie der Aufbau des menschlichen Körpers oder das Weltall.

Das **Dolphinarium** bietet eine **Delphin- und Robben-Show** sowie eine Vogelvorführung mit Papageien.

Eine Seilbahn verbindet die beiden 2,5 km auseinander liegenden Parkenden; falls sie in Betrieb ist (was jedoch nicht immer der Fall ist), hat man aus den Gondeln einen prima Blick aus 30 Metern Höhe über den gesamten Park, den Creek und das gegenüberliegende Ufer mit dem Creek Golf & Yachtclub.

Spaziert man in südliche Richtung, kommt man zum ersten großen Spielpark Dubais, der Ende der 90er Jahre eröffnet wurde, dem ★**Wonderland Theme & Water Park** ㊴. So lang wie sein Name, so zahlreich die Attraktionen, denn eigentlich handelt es sich um zwei Parks: Im **Splashland** dreht sich alles ums Wasser. Für Kinder gibt es einen Aktivpool mit neun Wasserrutschen,

---

Oben: Einkaufen als Event – Al Wafi City zitiert das alte Ägypten.

Brücken über dem Becken – und Wasserkanonen. Die reichen jedoch nicht bis zum Poolbereich für Erwachsene, sonst wäre es wohl nichts mit einem ruhigen Sonnenbad.

Der **Themenpark** mutet mit Autoscooter, Go-Kart-Bahnen, Kinderspielplätzen und Karussells eher wie ein europäischer Jahrmarkt an, auch **Achterbahn** und **Riesenrad** fehlen nicht. Für Kinder stehen zudem Trampoline, Westerneisenbahn und Piratenschiffschaukel bereit. Am Nachmittag öffnet die „Kamelreitschule", hier kann, wer mag, einmal eine Runde auf einem **Kamel reiten**. Eher interessant für die schon etwas größeren Kinder dürfte das *paintballing* sein: Nach einer kurzen Einweisung und der Ausstattung mit Gesichtsmaske, Schutzanzug und Gewehr kann man sich gegenseitig mit Farbbeuteln beschießen. Wie wäre es zum Abschluss mit einem *space-shot*, einem Schuss ins Weltall? Dabei wird man innerhalb von 2,5 Sekunden von 0 auf 130 km/h beschleunigt – nichts für schwache Mägen! In der Werbung dafür heißt es „you may regret it but you'll never forget it" – Sie werden es vielleicht bereuen, aber niemals vergessen. Guten Flug!

Im Süden des Parks schließt sich das **Al Boom Tourist Village** ㊵ an, ein Freizeitgelände mit hohem „Nährwert". Denn hier gibt es außer dem traditionellen **Al Areesh Restaurant** mit seiner guten arabischen Küche und dem für seine Grillspezialitäten bekannten **Al Dahleez Restaurant** auch fünf **Dhaus**, die zu unterschiedlichen Tageszeiten auslaufen. Die **Liwa** bietet z. B. ein gutes Frühstücksbüfett, die **Kashti** serviert auf ihren Dinner-Cruises scharfe indische Gerichte. Eine Reservierung wird empfohlen, die Schiffe können auch von privaten Abendgesellschaften gechartert werden. Für Landratten stehen Chalets mit Grillecke zum Mieten bereit.

Wer **Flamingos** und **Reiher** beobachten möchte, kann sich eine Besuchsgenehmigung für das **Ras al Khor Wildlife Sanctuary**, am Binnenende des Creek, besorgen (Formular unter www.environment.dm.gov.ae). Dort stehen drei **Vogelbeobachtungstürme**; Ferngläser kann man sich vor Ort ausleihen.

Dubai Creek Tower

Im Süden des Creeks wächst der Aussichtsturm **Dubai Creek Tower** ㊶ in die Höhe, der mit über 900 m als höchstes Gebäude der Welt eingeweiht werden soll.

Einkaufen

In **Dubai Festival City** kann man im Shopping-Komplex **Festival Waterfront Centre** ㊷ entlang des **Canal Walk** an eleganten Boutiquen vorbei flanieren, derweil auf dem künstlichen Kanal echte Abras verkehren.

In der imposanten, ägyptisch inspirierten Mall **Al Wafi City** ㊸ warten fast 150 Geschäfte auf Kunden. Neben dem Al Wafi lockt in einem pyramidalen Bau der **Pharaoh's Club** mit Pools, Massagesalons, Kletterwand und Fitnessstudio.

Wer sich hingegen billig neu einkleiden möchte, ist im **Karama-Viertel** ㊹ richtig. Aber Vorsicht: Vieles ist aus China und gefälscht, vom Kleid bis zu den Schuhen, auch Uhren und Handtaschen, besonders im **Karama Market**. Feilschen ist angesagt! Hier gibt es übrigens auch preiswerte asiatische Lokale und Shisha-Cafés.

Echte, teure Designermode aus aller Welt offeriert die großzügige luxuriöse Shoppingmall ★**BurJuman Centre** ㊺, in einem älteren Komplex und einem neueren Erweiterungsbau.

Dubai Frame

Dubai Frame ㊻ sieht aus wie ein zu groß geratener Bilderrahmen – 150x93 Meter sind Weltrekord. Eine flotte Aufzugfahrt, ein Laufsteg aus Glas in schwindelnder Höhe und ein beeindruckender Blick über die Stadt erwarten einen hier.

» Stadtplan S. 151, Info S. 179-183

153

Emirat Dubai **4**

EMIRAT DUBAI

Kingdom of Sheba

Kempinski

Raffles The Palm

★ Atlantis The Palm

★ Aquaventure Waterpark

Atlantis The Royal

Atlantis The Royal

PALM JUMEIRAH

Zabeel Saray

Waldorf Astoria

1 Al Fattan Marine Towers
2 Skydive Dubai
3 Le Royal Meridien

One&Only The Palm

Anantara The Palm

Fairmont The Palm

BLUEWATERS I.

★ Ain Dubai

Sheraton Jumeirah Beach

Rixos The Palm

Roana   Hilton Dubai Jumeirah   Ritz Carlton
Dubai Intl. Marine Club   W Dubai Marine Seyahi   Westin Dubai   Royal Mirage

★★ Jumeirah Beach H.

★★ Burj al Arab

Mina A'Salam

★★ Madinat Jumeirah

Al Qasr

Palm Gateway Stn.

★ Wild Wadi Water Park

INDUSTRIAL AREA

Jebel Ali

DUBAI MARINA

Cayan Tower

Media City

Amer. University

Knowledge Village

Al Sufouh Road

AL SUFOUH

UMM AL SHEIF

Ibn Battuta

Jabal Ali

DMCC

SOBHA Realty

E11

Sheikh   Zayed

Al Khail

Emirates Golf Club

Road

Ibis Al Barsha

Dubai Internet City

Dubai Police College

★ Ibn Battuta Mall

Dubai Uptown Tower (u.c.)

Emirates

The Meadows

The Greens

Mashreq

Mall of the Emirates

Umm Al Sheif

The Gardens

The Gardens

Jumeirah Islands

The Lakes

Gold and Diamond Park

Discovery

Discovery Gardens

Hills

Jebel Ali Horse Racecourse

★ Mall of the Emirates (Ski Dubai)

Gardens

Al Furjan

The Springs

Route 2020

EXPO 2020

Jumeirah Golf Estates

E311

JUMEIRAH SOUTH

JUMEIRAH VILLAGE

Al Khail Road

E44

Al Khail Road

Dubai Hills Mall

JUMEIRAH ISLANDS

Sheikh   Mohammed

Bin   Zayed   Road

AL BARSHA SOUTH

DUBAI

Jumeirah Golf Estate

DUBAI SPORTS CITY

Cricket Stadium

Dubai Autodrome

Miracle Garden

Umm Suqeim Rd.

ARABIAN RANCHES

Citymall

EXPO 2020

Al Yalayis Road

Sheikh   Zayed   Bin   Hamdan

Al Qudra Rd.

Al Nahyan   Road

REMRAAM

Dubailand (under construction)

Emirates Road

Bab Al Shams

JUMEIRAH
Nummern: 47 - 71

0   1   2 km

© Nelles Verlag GmbH, München

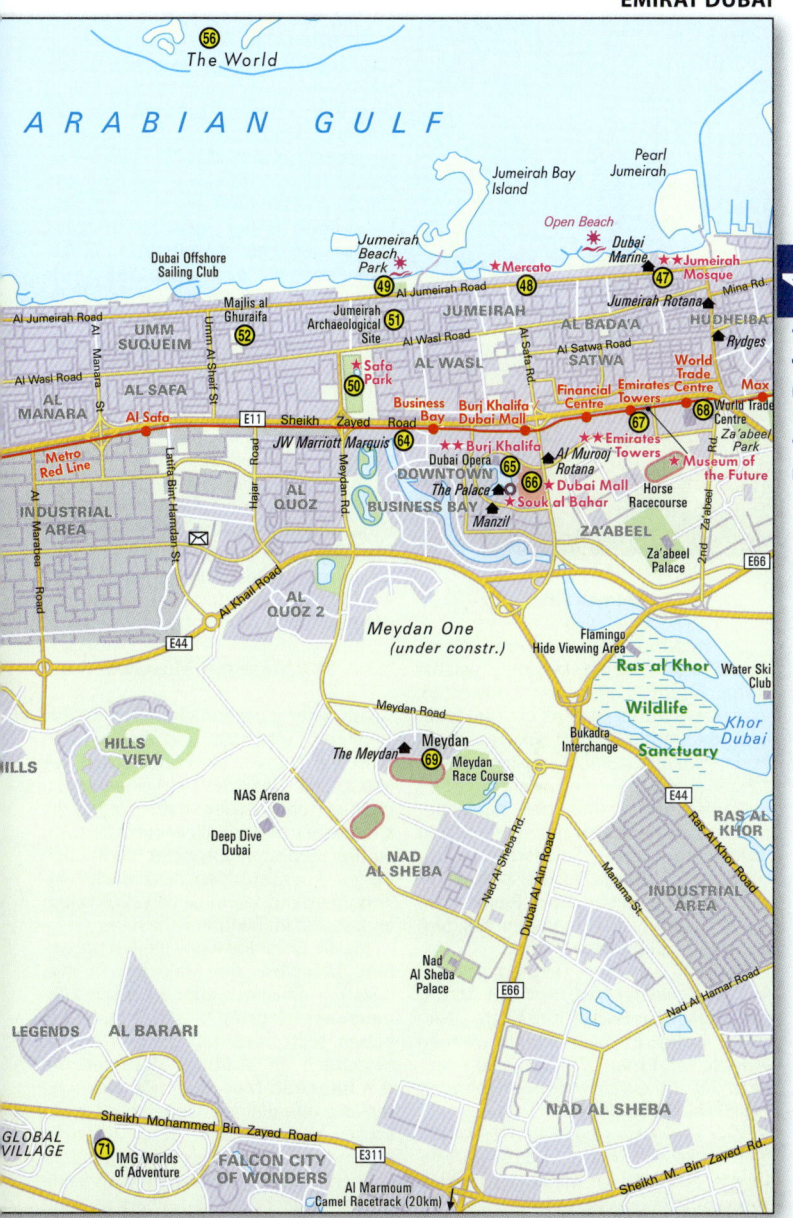

Emirat Dubai 4

ARABIAN GULF

The World 56

Jumeirah Bay Island

Pearl Jumeirah

Dubai Offshore Sailing Club

Jumeirah Beach Park

Open Beach
Dubai Marine

Mercato 48

Jumeirah Mosque 46
Jumeirah Rotana 47

Majlis al Ghuraifa 52

Al Jumeirah Road 49

Jumeirah Archaeological Site 51

Al Jumeirah Road

JUMEIRAH

Al Wasl Road

AL BADA'A

HUDHEIBA

Rydges

UMM SUQUEIM

Al Satwa Road

SATWA

Al Wasl Road

Mine Rd

AL WASL

Safa Park 50

AL MANARA

AL SAFA

Al Safa

Metro Red Line

Sheikh Zayed Road E11

Business Bay
Burj Khalifa
Dubai Mall

Financial Centre

Emirates Towers

World Trade Centre

Max

World Trade Centre

Za'abeel Park

Emirates Towers 67

68

INDUSTRIAL AREA

JW Marriott Marquis 64

Dubai Opera
DOWNTOWN
The Palace
Manzil
BUSINESS BAY

Burj Khalifa

65
Souk al Bahar 66
Dubai Mall

Al Murooj Rotana

Museum of the Future

Horse Racecourse

AL QUOZ

ZA'ABEEL

Meydan Rd

Za'abeel Palace

E66

AL QUOZ 2

Al Khail Road

E44

Meydan One
(under constr.)

Flamingo Hide Viewing Area

Ras al Khor

Water Ski Club

Wildlife

Khor Dubai

Bukadra Interchange

Sanctuary

HILLS VIEW

HILLS

NAS Arena

Deep Dive Dubai

Meydan Road

The Meydan 69
Meydan Race Course

RAS AL KHOR

INDUSTRIAL AREA

NAD AL SHEBA

Nad Al Sheba Palace

E66

Nad Al Hamar Road

LEGENDS

AL BARARI

GLOBAL VILLAGE

Sheikh Mohammed Bin Zayed Road

IMG Worlds of Adventure 71

FALCON CITY OF WONDERS

E311

Al Marmoum Camel Racetrack (20km)

NAD AL SHEBA

Sheikh M. Bin Zayed Rd.

Foto: Rainer Hackenberg

Jumeirah

Da im Nordosten von Dubai gleich das Emirat Sharjah beginnt, wächst Dubai hauptsächlich gen Südwesten. In dieser Richtung sind all die spektakulären Bauvorhaben und Luxushotels zu finden, welche die Schlagzeilen beherrschen, hier liegen die meisten großen Einkaufszentren, und der Küstenabschnitt bei **Jumeirah** mit seinem rund 20 km langen, hellen **Sandstrand** ist zur Urlauberhochburg Dubais geworden. Jumeirah reicht von **Port Rashid**, wo die Kreuzfahrtschiffe anlegen, bis zum neuen Stadtteil Dubai Marina.

Bis 1970 war diese Gegend ziemlich leer und wüstenhaft, nur am Strand hatten ein paar Fischer ihre Hütten. Niemand wollte in dieser Ödnis wohnen – heute zahlt man hier mit 3000 € Monatsmiete für eine Vierzimmerwohnung mit die höchsten Preise in Dubai.

Oben: Die Jumeirah-Moschee. Rechts: Ein kilometerlanger Sandstrand hat Jumeirah zur Touristen-Hochburg Dubais gemacht.

Zu Beginn der 1970er Jahre war es dank der Ölmillionen plötzlich möglich, die beengten Wohnverhältnisse Deiras oder Bur Dubais zu verlassen, und man konnte sich für die große Familie ein eigenes Haus mit Klimaanlage und einer Palme davor leisten. Den Anfang machten Mitglieder der Herrscherfamilie, die sich große Ufergrundstücke zulegten und darauf schicke große Villen errichteten. Auch die wachsende Zahl westlicher Gastarbeiter im Haus in Strandnähe – britische Ehefrauen, die nichts zu tun haben außer sich zu bräunen, werden spöttisch „Jumeirah-Jane" genannt.

Nach 20 Jahren war eine Infrastruktur mit Straßen, Lokalen, Beach Park und kleinen Einkaufszentren entstanden, aber nur ein Badehotel. Doch 1995 legte Dubai dann den ersten Gang für seine touristische Entwicklung ein, ließ das Hotel abreißen und an seiner Stelle das markante, repräsentative, wellenförmige Jumeirah Beach Hotel hochziehen – und leitete so einen Hotelboom sondergleichen ein.

★★Jumeirah-Moschee

Am Anfang der Jumeirah Beach Road steht die schönste und bekannteste Moschee Dubais. Sie bleibt selbst zur Mittagszeit, wenn das Licht eigentlich zu grell ist, sehr fotogen, dafür sorgen die elfenbeinfarbenen Kalksteinmauern. Am eindrucksvollsten erscheint sie in den frühen Abendstunden oder nach Sonnenuntergang, wenn sie von allen Seiten angestrahlt im Rampenlicht steht.

Als die Erdöldollars zu fließen begannen, beschloss die Maktoum-Familie, dass kein Muslim weiter als einen Kilometer zur nächsten Moschee zu laufen haben sollte und gab gleich mehrere Moscheen in Auftrag, darunter die ★★**Jumeirah-Moschee** 47. Nur waren die ehemaligen Gebetshäuser stilistisch recht einfach, denn aufgrund fehlenden Baumaterials und einer recht kleinen Gemeinde brauchte man keine großen Moscheen. Es hatte sich auch

Foto: Thomas Stankiewicz

keine spezifisch emiratische Architektur entwickelt, weshalb man beim Bau neuer Moscheen bisweilen auf prachtvolle Vorbilder Persiens, der Türkei oder Nordafrikas zurückgriff.

Als Vorbild für die (allerdings kleiner ausgefallene) Jumeirah-Moschee diente die Mohammed-Ali-Moschee in Kairo. Letztere war zur Zeit der Fatimiden-Kalife (909-1171) entstanden, die ihre Gebetshäuser in einem spezifisch ägyptischen Architekturstil schufen. Dazu gehörte u. a. die berühmte Al-Azhar-Moschee, die sich zu einem der wichtigsten Theologischen Zentren des Islams entwickelte. Wichtigster Beitrag zur Baugeschichte war damals die Einführung eines Portals, das von zwei Minaretten flankiert die Hauptfassade überragt, deshalb wird auch der Eingang zur Jumeirah-Moschee von zwei schlanken Minaretten umrahmt. Überhaupt strahlt sie eine schlichte Eleganz aus. Erst bei näherem Hinsehen erkennt man dann die schönen Details der Fassaden.

Bis vor wenigen Jahren konnten Moscheen in den Emiraten nicht besichtigt werden, da man eine Störung der Gläubigen während der Gebete befürchtete und die Moscheen nicht zu touristischen Attraktionen werden sollten – angesichts der Respektlosigkeit vieler Touristen bezüglich der Kleiderordnung und eines oft ungebührlichen Benehmens keine unbegründete Sorge. Doch nach den Anschlägen des 11. September suchte man einen Weg, um den massiven Vorurteilen in der westlichen Welt zu begegnen und zwischen den Kulturen zu vermitteln. Heraus kam das **Sheikh Mohammed Centre for Cultural Understanding**, www.cultures.ae. An sechs Tagen in der Woche außer Freitag findet jeweils um 10 Uhr eine Führung statt, für die sich nur Gruppen ab 10 Personen besser anmelden sollten, ansonsten reicht es, spätestens um 9.45 Uhr dort zu sein. Der Eintritt beträgt 20 AED, serviert werden Wasser, Datteln, arabischer Kaffee und traditionelle Süßspeisen.

Nach dem Eintritt bleibt zunächst Zeit für das Filmen und Fotografieren,

» Stadtplan S. 154-155, Info S. 179-183   157

anschließend nehmen die Besucher Platz vor der Gebetsnische (*mihrab*) und es folgt ein kurzer Abriss über die Entstehungsgeschichte des Gebäudes. Manchmal wird die Führung von einer jungen Muslima durchgeführt, die in lebendiger Sprache die Differenzen, aber auch die Gemeinsamkeiten von Christentum und Islam schildert. Dann kann jeder die Frage, die ihm am Herzen liegt stellen – sie wird nach bestem Wissen und Gewissen beantwortet.

★Mercato

Mediterraner Lifestyle ist das Thema, und der italienische Architekt Daniele Morelli hat das ansprechende Einkaufsparadies im toskanischen Renaissancestil passend gestylt: Der ★**Mercato** 48 präsentiert sich von außen wie von innen als sehenswerte Mall mit mehr als 90 Geschäften – mit „nur" 60 000 Quadratmetern für VAE-Verhältnisse noch relativ überschaubar. Mittags bummelt man hier am entspanntesten, abends wird es oft voll.

Jumeirah Beach Park und Open Beach

Dubai'in und vor allem westliche Gastarbeiter zieht es am Freitag hinaus, und da man Komfort gewohnt ist, treffen sich die meisten am gepflegten Sandstrand des gebührenpflichtigen, begrünten **Jumeirah Beach Park** 49. Palmen und kleine Holzdächer spenden Schatten, es gibt Strandduschen, Toilettenhäuschen, Kioske, Grillplätze und ein Restaurant. Der Park liegt an der Jumeirah Beach Road, an der es Cafés in Laufweite gibt, die auch Take-away anbieten. Fotografieren am Strand und Oben-ohne sind tabu, und samstags gilt zudem: Ladies only!

Ebenfalls eine internationale Besucherschar trifft man freitags am frei zugänglichen **Open Beach** (Taxifahrern

Rechts: Der Mercato in Jumeirah setzt auf mediterranen Lifestyle.

auch als „Russian Beach" bekannt), rund 4 km nördlich beim Marine Beach Resort.

★Safa Park

Wer nicht soviel Wert auf Strand legt, sondern sich mit einem großen Park zufrieden gibt, kann auch in den nahen ★**Safa Park** 50 gehen (bis 2016 Beeinträchtigungen wegen dem Bau des Dubai Canal). Die weitläufigen Grünflächen sind vereinzelt mit Palmen bepflanzt, im rückwärtigen Teil gibt es einen kleinen **See** mit **Bootsverleih** und einen Wasserfall; eine Alternative zum lebhaften Strandbad.

Noch nicht uneingeschränkt frei zugänglich ist eine interessante Ausgrabung zwischen Beach Park und Safa Park, an der seit 1969 gegraben wird. Wer die **Jumeirah Archaeological Site** 51 besuchen möchte, muss sich erst beim Fremdenverkehrsamt (DTCM in der Baniyas Road) eine Genehmigung holen. Bis jetzt wurden auf dem 80 000 m^2 großen Gelände die Fundamente mehrerer Wohnhäuser, einer frühislamischen Moschee, eines Marktplatzes sowie einer großen Karawanserei freigelegt – eine Karawanenstation auf dem Handelsweg vom Irak nach Oman. An einigen Tür- und Mauerresten waren noch florale und geometrische Stuckaturen zu erkennen. Ihr Alter sowie das der Fundstücke, darunter Töpferwaren, Ohrringe, glasierte Gefäße und Münzen, wird auf über 1000 Jahre geschätzt.

Allerdings lagern die Fundstücke in den Museen (Dubai Museum und Heritage Village), und die Fundamente lassen nur ahnen, wie das Städtchen ausgesehen haben könnte.

Majlis al Ghuraifa

Folgt man der Jumeirah Beach Road weiter stadtauswärts, weist eines der braun-weiß beschrifteten Touristenschilder auf die **Majlis al Ghuraifa** 52 hin, zu der es kurz hinter dem Jumeirah Beach Park links ab geht. Von Scheich

Foto: Rainer Hackenberg

Rashid bin Saeed al Maktoum, dem Begründer des modernen Dubai, wird erzählt, er habe ein Auge für „den richtigen Platz" gehabt – u. a. soll er seinerzeit bei einem Spaziergang am Strand bei Jebel Ali seinen Kamelreitstecken in den Sand gebohrt und so den Platz für einen neuen Hafen bestimmt haben, der sich in kürzester Zeit zum wichtigen Warenumschlagplatz entwickelte.

Auch bei der Wahl seiner Sommerresidenz im Ortsteil Umm Suqaim in Jumeirah bewies er ein gutes Auge, was angesichts eines lieblichen Palmenhaines und einer kleinen Quelle nicht schwer war. Schon damals, 1955, als der Strand und das Hinterland noch unbebaut waren, erkannte Scheich Rashid die Schönheit der Region und ließ sich im Schatten der Palmen eine Sommerresidenz errichten, jene Majlis al Ghuraifa, die auch unter dem Namen **Majlis Ghorfat Umm al Sheef** bekannt ist.

Man sollte keinen Palast erwarten, es handelt sich um ein gemütliches Gebäude aus den damals üblichen Baumaterialien Korallengestein und Gips,

lediglich die Säulen, Türen und Fensterrahmen sind aus teurem indischem Teakholz gefertigt. Das Erdgeschoss ist ein offener Platz, umgeben von Säulen, darüber befinden sich der eigentliche Empfangsraum (*majlis*) und eine offene Veranda – von der man seinerzeit noch einen freien Blick auf das Meer hatte. Scheich Rashid kam meist am Abend hierher, um seine „Untertanen" zu empfangen und sich ihren Sorgen und Nöten in aller Ruhe widmen zu können.

Ein britischer Offizier bezeichnete den Majlis einmal als das arabische Camelot und Scheich Rashid als König Arthur. Es kam nicht selten vor, dass die Empfänge bis spät in die Nacht dauerten, dann blieb der Regent über Nacht und schlief gerne auf der Veranda. Nach der Renovierung legte die Stadtverwaltung großen Wert darauf, die ursprüngliche Anmutung des Gebäudes zu erhalten. Nur der Garten wurde um ein traditionelles Bewässerungssystem erweitert. Obwohl die Majlis heute von einer Wohngegend umgeben ist, hat sie viel von ihrem alten Charme bewahrt.

» **Stadtplan S. 154-155, Info S. 179-183**

159

Foto: Jumeirah Image Library

★★Jumeirah Beach Hotel

Wie eine zu verspiegeltem Beton erstarrte Welle überragt das 600-Zimmer-Fünfsternehaus **★★Jumeirah Beach Hotel** 53, eines der Wahrzeichen Dubais, seinen 900 m langen, gepflegten Sandstrand. Ende 1997 eröffnet, variiert es im Innendekor die Themen Erde, Wasser, Feuer und Wind; sein eindrucksvolles, fast 100 m hohes Atrium ziert ein astronomisches Modell. Der Kinderclub *Sindbad* wie auch das große Konferenzzentrum sind Schiffen nachempfunden. Wer beim Dinieren Abwechslung sucht, wird hier fündig – das kulinarische Angebot der rund 20 Restaurants und Bars reicht von Indonesisch (im „Beachcombers") bis Deutsch (im „Keller"). Wer nicht sparen muss, mietet sich eine der 19 Luxus-Strandvillen.

Oben und rechts: Wasserrutschen aller Geschwindigkeitsgrade und Längen kann man im Wild Wadi Water Park ausprobieren.

★Wild Wadi Water Park

Dubai ist die Stadt der Superlative, einer davon liegt vor dem großen Jumeirah Beach Hotel und heißt **★Wild Wadi Water Park** 54. Noch ein Wasserspielplatz? Ja, aber was für einer: Drei Jahre lang verarbeiteten 3000 Arbeiter auf einem knapp 49 000 m² großen Stück Land 50 000 m³ Beton, 6500 Tonnen Stahl und 80 km Seil. Zum Schluss setzten sie 40 000 Pflanzen von der Palme bis zur Bougainvillea, drehten den Hahn auf und ließen 30 Millionen Liter Wasser in diese riesige Abenteuerbadewanne laufen, immerhin die größte außerhalb Nordamerikas. Aber die „Wanne" liegt in einer schönen Umgebung, denn das Auge badet ja mit, und Wasserratten können sich hier mal so richtig austoben.

Für reichlich Abwechslung sorgen 23 Rutschen, davon sind 14 miteinander verbunden, sodass man kilometerlange aufregende Wasserwege ohne Umsteigen zurücklegen kann. Die ganz Wagemutigen stürzen sich gleich die **Jumeirah Sceirah** hinab, eine 33 Meter lange und sehr steile Freifallrutsche, auf der man kurzzeitig mit 80 km/h unterwegs ist! Ihre Geschwister sind die **Falcon Fury**, die eine kurze, aber keineswegs erholsame Schleuderfahrt durch eine Spiralrutsche verspricht, sowie der einladende „Tunnel der Verdammnis", **Tunnel of Doom**, der komplett unterirdisch verläuft. Im **Master Blaster** sorgen mehrere starke Wasserdüsen dafür, dass man in seinem Gummifloß sogar bergauf rutschen kann. Für Kinder ein Heidenspaß, aber nicht umsonst lautet die erste Sicherheitsregel, dass die Kleinen nicht alleine losziehen sollten, um sich in die Tiefe zu stürzen.

Aber es geht auch gemächlicher: Im „Faulenzerfluss" treibt man einen halben Kilometer langsam dahin, und es gibt doch tatsächlich auch Pools, wo man einfach selbst schwimmen darf. Für die kleineren Besucher ist ein Abenteuerspielplatz à la Robinson Crusoe eingerichtet – ein am künstlichen Fels

Foto: Jumeirah Image Library

hängendes Schiffswrack! Mehrere Restaurants und Cafés sorgen für das leibliche Wohl der Spaßbadbesucher.

★★Burj Al Arab, der arabische Hotelturm

Spätestens seit am 1. Dezember 1999 das Hotel der Superlative ★★**Burj Al Arab** 55 eröffnete, erfuhren die meisten Europäer durch die Furore in den Medien, wo Dubai liegt. Der Transfer vom Flughafen beginnt mit einem der acht weißen Rolls Royce, es sei denn, man nimmt gleich den Helikopter. Dann steht man vor diesem 321 Meter hohen Prachthotelpalast, dessen Architektur von der Form arabischer Dhausegel inspiriert wurde und der trotz seiner enormen Ausmaße eine gewisse Leichtigkeit ausstrahlt.

In der **Lobby** bleibt einem erst mal die Luft weg, denn mit 180 Metern ist sie so hoch, dass die amerikanische Freiheitsstatue bequem ihren Arm ausstrecken könnte, ohne mit der Fackel an der Decke zu kratzen.

Alles, was in diesem Hause gülden glänzt, ist zumindest vergoldet – rund 1000 m² Blattgold wurden verarbeitet. Das kleinste Zimmer ist eine Deluxe-Suite von 170 m² für 1500 € die Nacht, inklusive eigenem Butler. Der ist auch nötig, um dem Gast in einem viertelstündigen Vortrag die 14 Telefone zu zeigen und die technische Einrichtung zu erläutern, denn sogar die Vorhänge werden per Fernbedienung geöffnet. Wie lange wohl die Einweisung in einer der beiden Königlichen Suiten dauert? Die sind auf zwei Etagen insgesamt 780 m² groß, verfügen über 27 Telefone und kosten ca. 9000 € die Nacht. Über Geld spricht man hier allerdings nicht, und so liegen die Baukosten im Dunkeln. Angeblich müsste das Hotel jedoch mindestens 50 Jahre ausgebucht sein, um sich zu amortisieren.

The World

Etwa 7 km vom Burj Al Arab entfernt – Richtung Meer wohlgemerkt – liegt **The World** 56. Gut 300 kleine Inseln,

Foto: Jumeirah Image Library

jede einzeln künstlich aufgeschüttet, zeichnen seit 2008 den Globus im Wasser des Persischen Golfes nach. Sie stellen in ihrer Form Teile eines Kontinentes dar, so gibt es für Europa beispielsweise eine französische, englische, holländische und deutsche Insel – in stark verkleinertem Maßstab.

Die Zukunft von „The World" ist jedoch mehr als ungewiß. Fast alle der 2-4ha großen Eilande, die anfangs für bis zu 30 Millionen Euro gehandelt wurden, sind in Privatbesitz und noch immer unbebaut und haben so manchen

Investor ruiniert. Auch die geplante Kartbahn auf der Insel, die einst Michael Schuhmacher geschenkt bekam, blieb Wunschdenken. Zwischenzeitlich drohten die Inseln sogar wieder im Meer zu verschwinden, da das Geld für den Erhalt und das permanente Freibaggern der Fahrrinnen fehlte. Im Jahr 2014 kündigte ein österreichischer Ex-Polizist (dem u. a. die Insel „Deutschland" gehört) Themenparks an, in denen es sogar schneien sollte – zu sehen ist davon noch nichts.

Immerhin hat 2012 auf der **Libanon-Insel** der **Royal Island Beach Club** mit dem Restaurant **Toro Blanco** eröffnet – für Tagesbesucher, die von der Jumeirah-Palme übersetzen.

Oben: Zwei architektonische Highlights, die Jumeirah weltberühmt gemacht haben – das Jumeirah Beach Hotel und der Hotelturm Burj Al Arab.

★★Madinat Jumeirah

Zurück auf das Festland, wo man, 2 km vom Burj Al Arab, eine orientalische Stadt errichtet hat: ★★**Madinat Jumeirah** 57. Zwischen zwei 5-Sterne-Häusern im orientalischen Stil, die durch Kanäle verbunden sind, entstand der Nachbau eines **Arabischen Marktes**. Allerdings ohne staubige Gassen, windschiefe Dächer und stickige Luft, denn die Böden sind aus festem Stein, das Dach aus festem Holz, die Gänge klimatisiert. Trotzdem strahlt die Anlage eine gemütliche und einladende Atmosphäre aus. Zu kaufen gibt es zwar hauptsächlich teure Souvenirs wie silberne Kannen oder Schmuck, aber es ist nett, einfach einmal hindurchzubummeln.

Der eigentliche Anziehungspunkt – nicht nur für Hotelgäste, sondern auch für die Einheimischen – sind die über 20 verschiedenen **Restaurants**, die alle etwas Besonderes haben, sei es ihre Küche, die ausgesuchte Spezialitäten anbietet, oder ihr exklusives Ambiente (wie das arabische *Hanaaya*). Einige Lokale sind im palmenbepflanzten Garten neben dem Hotelkanal platziert, auf dem Wassertaxen die Hotelgäste chauffieren. Andere liegen oben auf einer Dachterrasse, von der man einen prächtigen Blick auf das nachts in wechselnden Farben angestrahlte Hotel Burj Al Arab oder die zahllosen von innen

» **Stadtplan S. 154-155, Info S. 179-183**

erleuchteten Windtürme der beiden Nobelunterkünfte genießt.

Für Nachteulen dröhnen in zwei Clubs bis morgens um drei die Bässe.

Die „Palmeninsel" Jumeirah

Vor der Küste Jumeirahs (und weiter südlich bei Jebel Ali) ließen die Stadtväter Dubais 80 Mio. Kubikmeter Stein und Sand ins Meer schütten, um zwei gigantische palmenförmige Inseln ins Meer zu pflanzen. Jene bei *Jebel Ali*, 30 km südlich, muss erst noch gedeihen, aber **The Palm Jumeirah** 58 trägt bereits kostbare Früchte: Außer Luxushotels wie One&Only, Atlantis, Raffles, Waldorf Astoria auch 1000 Villen und 3000 Appartements, und darin ist alles vom Feinsten: Ihr Online-Kühlschrank ist mit dem Lager eines Supermarkts verbunden, und wenn der Kaviar zur Neige geht, wird automatisch Nachschub geliefert.

Aufsehenerregend war 2008 die Eröffnungsfeier für das erste Hotel auf der Palmeninsel: 20 Mio. US $, u. a. für Promi-Gäste und ein gigantisches Feuerwerk, kostete die Edelpremiere für das ★**Atlantis The Palm Hotel**. Über 1500 Zimmer sind in den beiden Royal Towers untergebracht, zwischen den Türmen spannt sich eine Brücke, in der die teuerste Suite des Hauses untergebracht ist: ca. 20 000 € pro Nacht. Dafür bekommt man u.a. einen goldgefassten Esstisch für 16 Personen, zwei Balkone, drei Schlafzimmer und einen eigenen Butler.

Das Hotel ist eingebettet in eine enorme Gartenanlage, und ★wer den Pool sucht, findet sich im ★**Aquaventure Waterpark** wieder: einem Erlebnispark, ausgestattet unter anderem mit einer Rutsche, deren Glasröhrenende durch ein Haibassin führt, und **Dolphinbay**, wo man sich für teures Geld den Pool mit Delfinen teilt.

1000 m nördlich steht das Schwester-Luxushotel **Atlantis The Royal**, das, aus der Ferne betrachtet, zwar architekto-

Oben: Im Honeymoon Treatment Room des Six Senses Spa (im Hotel Madinat Jumeirah). Rechts: Das Atlantis The Palm, ein Hotel der Superlative, auf der künstlich aufgeschütteten Insel The Palm Jumeirah.

Foto: Heiner Walther

nisch die Anmutung von zwei lückenhaften Containerstapeln hat, aber allen Luxus wie einen Pool in 95 m Höhe bietet.

2009 wurde die 5,45 km lange Strecke der Einschienenbahn **Monorail** von der Gateway Station zum Hotelkomplex Atlantis The Palm eröffnet.

Am südlichen Stamm der Palme lockt große Badehotel **Fairmont The Palm** mit verkehrsgünstiger Lage, relativ moderaten Preisen, vier Pools, Privatstrand, geschütztem Schwimmbereich und diversen Wassersportangeboten.

Dubai Marina und ★Ain Dubai

Am Südwestende des **Jumeirah Beach**, wo der ★**Strand** breit und einladend ist, stehen Hotels internationaler Ketten wie **Hilton**, **Ritz Carlton**, **Sheraton** und **Metropolitan Meridien** oder das exklusive **W Dubai Mina Seyahi**. Dahinter ragen die Zwillingstürme **Al Fattan Marine Towers** auf. An der **Lagune** wird das Großprojekt **Dubai Marina** 59 verwirklicht, eine „Stadt in der Stadt" mit Wolkenkratzern, Hightech-Wohnungen

und Intranet für 100 000 Menschen – und einem attraktiven Golfplatz nebenan: Der **Emirates Golf Club** bietet ein originelles Clubhaus und zwei 18-Loch-Plätze. Das weltgrößte „verdrehte" Hochhaus ★**Cayan Tower** ist 306 m, **23 Marina** 392 m, der **Princess Tower** 413 m und **Marina 101** sogar 425 m hoch.

Entlang dem Hochhauskomplex **Jumeirah Beach Residence** (JBR) verläuft ★**The Walk**: 1,7 km lang, gesäumt von Restaurants, Cafés und Läden – nett zum Bummeln am Abend.

Auf der künstlichen Insel **Bluewaters** ragt ★**Ain Dubai** 60 auf, das derzeit mit 250 Metern Durchmesser größte Riesenrad der Welt. Es bietet 48 geräumige, luxuriöse Kabinen für die Panoramafahrt, die 40 Minuten dauert. Den Weg zum Ain Dubai säumen die abends märchenhaft blau leuchtenden **Dubai Super Trees**.

Sheikh Zayed Road

Besonders eine Straße verkörpert die rasante Entwicklung Dubais seit

» Stadtplan S. 154–155, Info S. 179–183

Foto: dblight (iStockphoto)

den 1990ern: die **Sheikh Zayed Road**. Bevor die Emirates Ring Road am südlichen Stadtrand entstand, war sie die Haupteinfallstraße nach Dubai. 1995 entdeckten Spekulanten die öden Randgebiete der breiten Straße und flankierten sie mit Hochhäusern. Freunde moderner Stahlbetonbauten werden eine Fahrt durch das Wolkenkratzerspalier genießen – wenn auf den bis zu 16 Spuren gerade kein Stau ist (der v. a. zwischen 17 und 20.30 Uhr droht). Die Sheikh Zayed Road ist deshalb mautpflichtig (*Salik*-System, s. S. 182).

★Ibn Battuta Mall

Ein Shopping-Highlight am Südende der Sheikh Zayed Road ist die großzügige ★**Ibn Battuta Mall** ⑥ Das Thema lautet hier „Orientalische Reise" – umgesetzt in entsprechend gestalteten „Höfen", von Andalusien bis China.

Oben: Eine Fata Morgana? Das vom Burj Khalifa dominierte Wolkenkratzerspalier entlang der Sheikh Zayed Road.

★Mall of the Emirates und Ski Dubai

Vom Burj Al Arab kommend trifft man am Interchange (Autobahnkreuz) Nr. 4 auf die Sheikh Zayed Road, und biegt entweder links ab nach Dubai – oder man macht einen kurzen Skiurlaub. Dafür muss man nur auf die andere Straßenseite zur ★**Mall of the Emirates** ⑥. Denn neben diesem gigantischen Einkaufszentrum mit hunderten Luxusboutiquen, Foodcourts und Kinocenter hat mit **Ski Dubai** das größte Hallenskigebiet der Welt seine gekühlten Pforten geöffnet. Während draußen bei über 40 °C der Sand glüht, können sich bis zu 1500 Skiläufer bei minus 2 °C auf fünf Pisten austoben; die längste misst 400 Meter. Es gibt verschiedene Schwierigkeitsgrade, von der schwarzen Buckelpiste bis zum „Idiotenhügel". Eine Skischule für kleine und große Anfänger, von denen es im Wüstenstaat reichlich geben dürfte, hilft bei den ersten Pflugbögen. Natürlich bedachte man auch Snowboarder, im „Stunt Park" können sie ihre Sprünge vollführen und aus dem „Lawinencafé" dabei beobachtet werden. Damit die Pisten nicht vereisen, schneit es öfter: 30 Tonnen Neuschnee rieseln dann pro Nacht auf eine Fläche von der Größe dreier Fußballfelder, damit die Kinder im 3000 m² großen „Snow Park" genug Schneemänner bauen können. Mama und Papa wärmen sich derweil beim Glühwein in einem der umliegenden Restaurants oder Cafés. Die Skiausrüstung kann man leihen.

Kempinski managt das zugehörige noble Hotel, zudem gibt es Ski-Chalets mit Pistenblick.

Gold and Diamond Park

Nördlich des Interchange Nr. 4 steht an der Sheikh Zayed Road der – in Dubai eigentlich zu erwartende und sehr beliebte – **Gold and Diamond Park** ⑥③. Das Außergewöhnliche ist, dass Besucher mit ihren eigenen Schmuckentwürfen dort hingehen können und diese umgehend angefertigt bekommen. Aber das wird von europäischen Gästen eher selten praktiziert, weshalb die 37 Geschäfte auch fertigen exquisiten Schmuck zum Verkauf anbieten.

Damit die Verkäufer sich auf ihre Kundschaft konzentrieren können und durch die Beantwortung von Fragen nicht abgelenkt werden, gibt es einen **Ausstellungsraum**. Die kostenlose, 30 Minuten dauernde **Führung** beschränkt sich nicht auf diesen Raum, man wird auch durch die **Goldschmiedehallen** geleitet und erfährt dort vieles über traditionellen arabischen Schmuck und seine Bedeutung, aber auch über die Qualität moderner Stücke.

JW Marriott Marquis Dubai

2012 hat Marriott markante Zwillingstürme neu bezogen – das zu diesem Zeitpunkt „höchste reine Hotelgebäude der Welt" (355 m, 1608 Zimmer). Das luxuriöse **JW Marriott Marquis Dubai** ⑥④ hat v.a. Kongressveranstalter

als Zielgruppe. In der 71./ 72. Etage bietet die exklusive Bar **Vault** einen tollen Panoramablick.

★★Burj Khalifa

Zum vierten Jahrestag seines Amtsantrittes, dem 4. Januar 2010, war es soweit: Scheich Mohammed bin Rashid al Maktoum konnte den ★★**Burj Khalifa** ⑥⑤, das höchste Gebäude der Erde eröffnen (s. Bild S. 116). Dabei überraschte der Regent seine Untertanen mit der Verkündung des neuen Namens: Das Wahrzeichen Dubais erhielt den Namen der Herrscherfamilie Abu Dhabis, die erhebliche Finanzhilfe geleistet hatte. Erst dann wurde die finale Höhe des Gebäudes bekannt gegeben: 828 Meter und somit Weltrekord. Wer nach oben will, erklimmt entweder 11 300 Stufen, klettert an der Fassade -hoch (was über sechs Stunden dauert, wie der „französische Spiderman" Alain Robert 2011 bewies) oder bedient sich modernster Fahrstühle, die mit 36 km/h in die Höhe schießen.

Über 12 000 Menschen sollen hier leben, einkaufen, sich vergnügen oder arbeiten. Parken ist eher schwierig, es stehen „nur" 3000 Stellplätze in der Tiefgarage zur Verfügung.

Neben der Höhe kann sich der Burj Khalifa mit weiteren Superlativen schmücken: höchstes Bauwerk, höchstes Dach, höchste genutzte Etage, dritthöchste Aussichtsetage – ★**At the Top**, 452 m, Level 124 – und höchste Aussichtsetage – ★**At the Top SKY** (555 m, Level 148). Für das Fundament wurden 110 000 Tonnen Beton bis in 50 m Tefe versenkt, in den unteren Stockwerken sind die Außenwände bis zu 1,5 m dick. Der Grundriss erinnert an eine Wüstenblume mit sechs Blütenblättern. Besuchertickets bekommt man in der benachbarten Dubai Mall (vorab übers Internet allerdings wesentlich billiger!); gleich neben dem **Ticketschalter** lockt der entsprechende **Souvenirshop**.

Was in diesem Turm untergebracht ist? Unter anderem das **Luxushotel Ar-**

Foto: Heiner Walther

mani. Und über tausend Wohnungen; der Quadratmeterpreis lag anfangs noch bei 5200 €. In der 122. Etage verwöhnt das Gourmetlokal **At.mosphere** seine Gäste – Grill und Lounge in 422 Metern Höhe, was weltweit kaum zu toppen ist; auch die Preise bewegen sich in eindrucksvollen Regionen.

Auch das Gelände um den Turm ist interessant: Shopping-Freunde gehen in die 500 000 m² große ★**Dubai Mall** ⑥⑥ (s. S. 178) – mit riesigem Aquarium, Eisbahn und Kinos – oder in den neuen ★**Souk al Bahar**. Der ist zwar erheblich kleiner, dafür läuft man aber nicht Gefahr, die Orientierung zu verlieren, und seine arabische Architektur bildet einen schönen Kontrast zu den Wolkenkratzern der Umgebung. Man erreicht ihn über eine kleine Fußgängerbrücke, die den Seitenarm eines gigantischen Springbrunnens überspannt. Jeden Abend zwischen 18 und 22 Uhr, zu jeder halben Stunde, erwacht hier die ★**Dubai**

Fountain zum Leben: Aus schwenkbaren Düsen schießt das Wasser im Rhythmus von Welthits wie Michael Jacksons „Thriller" oder arabischer Musik bis zu 275 Meter hoch.

Wer die Brunnen von oben sehen möchte, hängt sich in das Tragegeschirr der **Dubai Xline** und schwebt knapp 600 Meter weit am Drahtseil einmal quer drüber. Los geht es am W1 Turm aus fast 100 Meter Höhe und während des „Fluges" achte man auf das neue Gebäude auf der linken Seite – das neue **Opernhaus** von Dubai. Fast 2000 Zuschauer finden in dem Kulturpalast Platz, der wahlweise zum Theater-, Konzert- oder auch Ausstellungssaal umfunktioniert werden kann. Um die Oper herum entsteht derzeit ein ganz neues Stadtviertel – der Operndistrikt.

★★Emirates Towers

An der „**Allee der Wolkenkratzer**", der Sheikh Zayed Road, sieht man ausgefallene Fassaden und Formen. Einige Hochhäuser werden als Hotels genutzt,

Oben: Blick vom Burj Khalifa über Downtown Dubai und den Souk al Bahar auf „Old Town Island".

andere als Büro- oder Apartmenthäuser. Glasfronten leuchten in allen Farben und spiegeln das Nachbargebäude wider – wer spätnachmittags unterwegs ist, kann tolle Fotos machen.

Ein Highlight sind die ★★**Emirates Towers** ⑥⑦ (s. Bild S. 68), fast am Ende der **Sheikh Zayed Road**. Die beiden Türme haben eine Ausstrahlung, die selbst Kritiker moderner Architektur verstummen lassen, alles scheint perfekt. Blickt man aus einem speziellen Winkel auf die Zwillinge, muten sie wie Skalpelle an, die in den Himmel schneiden. Der höhere Büro-Turm misst 354 Meter; sein „kleinerer" Bruder ist zwar um 50 Meter niedriger, damit aber immer noch einer der höchsten Hotelbauten der Welt. Die Luxusausstattung ist vom Feinsten und die 40. Etage für anspruchsvolle weibliche Gäste reserviert.

Das Shopping Center **Emirates Towers Boulevard** im Erdgeschoss hat sich mit aufwändigem Interieur und teuren französischen und italienischen Designerboutiquenauf auf die wohlhabende Klientel eingestellt.

Seien Sie zum Sonnenuntergang da, fahren Sie mit dem gläsernen Aufzug an der Außenfassade so weit es geht nach oben, steigen Sie um in den nächsten Lift – und fahren bis zur ★**Alta Badia Bar** im 51. Stock. Sie ist eine der höchstgelegenen Bars und lockt mit Panorama-Aussicht: Im Norden erstreckt sich die tiefblaue Weite des Persischen Golfs; nach Süden blickt man bis in die Dünen am Stadtrand. Da lohnt es sich, die Kleidervorschrift zu beachten – mit offenen Sandalen, kurzen Hosen und ohne Sakko muss man leider unten bleiben!

Das am 22.2.2222 eröffnete ★**Museum of The Future** (Museum der Zukunft) – ein auf der Seite stehender ovaler Ring, verziert mit arabischer Schriftkunst – soll innovative Technologien der Zukunft wie Roboter, Künstliche Intelligenz, Virtual Reality und Augmented Reality präsentieren, und es sollen Interaktionen zwischen den Besuchern und den Exponaten möglich sein.

Die Sheikh Zayed Road endet am Trade-Center-Kreisverkehr. Das helle Hochhaus rechts mit der langen Antenne ist das **World Trade Center** ⑥⑧ – 1979 das höchste Haus Dubais (184 m) und ein visionäres Gebäude: Es markierte architektonisch den beginnenden Boom.

Nordöstlich davon erstreckt sich die Freizeitlandschaft des **Zabeel Park** mit dem vor allem auf Kinder abzielenden **Star Gate Park** (am Gate 4).

Pferde- und Kamelrennen

Aus der Ferne sieht es aus, als wäre ein unförmiges UFO auf dem Dach eines Hochhauses gelandet, bei näherer Betrachtung entpuppt es sich jedoch als „Stadiondach" über Zuschauertribünen für Zehntausende: 2010 eröffnete der **Meydan** ⑥⑨ ein Pferdesportkomplex, der seinesgleichen sucht. Neben der eigentlichen **Rennbahn** gehören ein Hotel, ein **Museum** sowie Trainings- und Zuchtstation dazu. Der Pferdesport ist für Emiratis so wichtig wie andernorts Fußball. Ende Oktober beginnt die Rennsaison mit dem großen Eröffnungsrennen.

Die **Rennen** finden abends statt. Jeden Donnerstag, auch mal freitags oder an den Feiertagen, gegen 19 Uhr, wird das Flutlicht eingeschaltet. Der Eintritt ist frei, und es winken zudem attraktive Preise: Der Besucher füllt, da das Wetten mit Geldeinsatz im muslimisch regierten Dubai verboten ist, einen kostenlosen Lotterieschein aus und tippt auf die Gewinner der sechs oder sieben an einem Abend ausgetragenen Rennen. Hat er alle Namen richtig, wandert sein Los in die Trommel und *inschallah* – so Gott will – gehört das Preisgeld ihm.

Der **Dubai World Cup** lockt Rennpferdbesitzer und Jockeys aus aller Welt an, denn mit 6 Mio. Dollar Siegprämie ist er das höchstdotierte Pferderennen der Welt. Der „Cup" ist *das* gesellschaftliche Ereignis, ein internationales – mit aufgestylten Ladies und Glamour: Ende März versammeln sich hier 70 000 Gäste aus aller Welt. Der Präsident der VAE, die

4

Emirat Dubai

Foto: DTCM Frankfurt (Fremdenverkehrsamt Dubai)

Regenten aller Emirate und die gesamte Maktoum-Familie nehmen Platz auf der Ehrentribüne. Schon Stunden vor dem Rennen herrscht eine ausgelassen-gespannte Stimmung, der Scheich mischt sich unters Volk. Auch einer seiner eigenen 140 Vollblut-Araber ist am Start, und wenn dieser gewinnt – ein *asiles* (reinblütiges) Araberpferd eines arabischen Herrschers auf arabischem Boden – geht die Party richtig los. 2011 allerdings siegte ein japanischer Galopper.

Im **Dubai Camel Racing Club** in **Al Marmoum**, 35 km südöstlich, finden von September bis April am arabischen Wochenende (Donnerstag- und Freitagnachmittag) frühmorgens spannende **Kamelrennen** statt, bei denen bis zu 100 Dromedare gleichzeitig starten und den Eigentümern hohe Preisgelder winken. Täglich trainieren hier hunderte wertvoller Rennkamele, oft unter den Blicken ihrer stolzen adligen Besitzer.

Oben: Endspurt beim Dubai World Cup, dem höchstdotierten Pferderennen der Welt.

AM STADTRAND

Miracle Garden

Wen wundert es, dass Dubai nicht einfach einen Botanischen Garten eröffnet, sondern mit über 100 Millionen Blumen einen Wundergarten kreiert, den **Miracle Garden** 70. Wegen der Temperaturen schließt er im Sommer, denn selbst bei den kühleren Temperaturen im Winter braucht die bunte Blumenpracht täglich 750 000 Liter Wasser!

IMG Worlds of Adventure

2016 hat **IMG Worlds of Adventure** 71 eröffnet, ein großer Indoorthemenpark mit Fahrgeschäften rund um **Marvel-Comic-Helden** wie Spiderman, Hulk, Thor und Avengers, und dem Dinosaurier-Abenteuerpark **Lost Valley**.

Das benachbarte **Global Village** wird von Oktober bis April zu einer Art internationalem Jahrmarkt mit Fahrgeschäften. Die Länderpavillons bieten Kulinarisches und typische Souvenirs. Auf der großen Bühne finden Shows statt und donnerstags um 21 Uhr ein Feuerwerk.

Auf dem **Dubai Autodrome** liefern sich genormte Achtzylinderrenner von Lola in der **Formel A1 GP** Rennen.

★Dubai Parks and Resorts

★**Dubai Parks and Resorts** ❿ ist ein hochpreisiger Themenparkkomplex. Er umfasst u. a. **Legoland** mit dem klimatisierten Miniland (u.a. Dubais Wolkenkratzer aus Legosteinen), den **Legoland Water Park** mit 20 Wasserrutschen für Kinder, **Bollywood Parks** v. a. für indische Besucher und **Motiongate** mit 4-D-Filmen und Hunger-Games- (Tribute-von-Panem)-Fahrgeschäften.

Expo 2020 Dubai

Mitten im **Expo-2020-Gelände** ⓫ steht der **Al Wasl Dome**, eine 67 Meter hohe Kuppel, die abends als Projektionsfläche für Lichtshows dient. Das Leitmotiv war *Gedanken verbinden, die Zukunft gestalten*, als Publikumsmagnet erwies sich der Campus Germany.

Erhalten sind außer der Al Wasl Plaza u.a. der **Pavillon der Emirate**, der an Falkenflügel erinnert, der **Garden in the Sky**, ein in 55 m Höhe hoch fahrender Rundgarten; der **Saudische Pavillon** mit seinem enormen LED-Display; die von Musik untermalten **Wasserspiele** von WET; der Mobilitäts-Pavillon Alif; der Nachhaltigkeits-Pavillon Terra und das **Dubai Exhibition Centre** mit zwei Hotels. Die Anfahrt erleichtert eine Metrostation. Auf dem 4 qkm großen Gelände, künftig **„District 2020"** genannt, soll eine Smart City für 145 000 Menschen und viele Start-ups entstehen; eine intelligente Mehrzweckstadt, von Siemens digital vernetzt.

★Dubai Safari Park

119 ha Fläche nimmt Dubais neuer ★**Safari Park** ⓬ ein, südlich des Mushrif Park. Stolz ist man auf die hier geborenen weißen Löwen. Es gibt u. a. ein afrikanisches, ein arabisches und ein asiatisches Dorf, Tiere aus den entsprechenden Regionen wie Hippos und die passenden Habitate, so auch ein grünes Tal und ein semiarides Wadi.

Kamelfarm

Keine offizielle Touristenattraktion ist die **Kamelfarm** ⓭ beim Ort **Al Awir**, die größte der Emirate. Rund 1600 Kamele sind hier beisammen, darunter wertvolle Renntiere aus dem Besitz von Scheich Mohammed. Mit etwas Glück kann man den Zutritt auf das Gelände erbitten, sich die Gehege anschauen und vielleicht auch einen Blick in das **Kamelkrankenhaus** werfen.

★★Jumeirah Bab Al Shams

Dass Hotels nicht Wolkenkratzerhöhe erreichen müssen, um außergewöhnlich zu sein, beweist das ★★**Jumeirah Bab Al Shams Desert Resort & Spa** ⓮ – der Name bedeutet „Tor zur Sonne" (s. Bild S. 114). In den flachen Dünen, etwa 40 km vom Stadtzentrum, ist ein geschmackvolles Hotel entstanden, in das man auch für einen Nachmittag entfliehen kann. Im Garten lockt ein **Pool**, der sich mit den gemütlich-orientalisch gestalteten Dachterrassen einen schönen Blick in die weite Landschaft teilt. Ein besonderes „Zuckerl" ist die täglich um 17 Uhr stattfindende **Falkenshow**. Die beiden Falkner zeigen, wie sie die wertvollen Tiere abrichten (siehe auch Feature S. 29). Wer möchte, kann einen kurzen **Kamelritt** in die Dünen unternehmen.

Besonders lohnt der Ausflug in das Wüstenresort, wenn man ihn mit einem **Abendessen** verbindet. Denn kein normales Restaurant erwartet hier den Gast, sondern – 300 m vom Hotel entfernt – ein von Sanddünen umrahmtes Wüstenfort, das **Al Hadheerah Desert Restaurant**. Der Weg dorthin ist stilvoll mit Fackeln beleuchtet, der Eingang gleicht

4

Emirat Dubai

Foto: Jumeirah Image Library

einem Markt, und zu essen gibt es Köstlichkeiten der arabischen und internationalen Küche. Suppen, Fisch, Gemüse und frisch gebackenes Brot sind nur ein kleiner Teil des opulenten Buffets. Hier hat man auch die Gelegenheit, einmal das sonst nur an religiösen Feiertagen zeitaufwändig zubereitete *schoowa* (Lamm im Erdofen gegart) zu probieren. Kerzenbeleuchtung, versteckt angebrachte Lampions und ein Lagerfeuer sorgen für eine romantische Atmosphäre.

★★Al Maha

Das ★★**Al Maha Resort** ⓯ ist purer Luxus mitten in der Wüste (60 km südöstlich von Dubai, Anfahrt auf dem Al Ain Highway; reine Besichtigung nicht möglich – nur für Hotelgäste!). Die Bungalows sind Beduinenzelten nachempfunden (aber stabiler), bieten

einen ungestörten Blick in die ★**Dünen** des Leeren Viertels, bei den Suiten sind privater Pool und Butler inklusive. Zum Programm des Resorts gehören **Falkenvorführungen**, **Pferde- und Kamelreiten**, Bogenschießen und Führungen durch das 225 km² große umzäunte **Naturschutzgebiet** in der Wüste. Die Besitzer engagieren sich für den Öko-Tourismus und haben hier u. a. die **Oryx-Antilopen** wieder angesiedelt.

AUSFLUG NACH ★HATTA

Hinweis: Der direkte Weg nach Hatta auf der E44 empfiehlt sich nicht für Touristen, da dieser kurz durch omanisches Staatsgebiet führt und die omanischen Grenzbeamten nur VAE-„Residents" (mit Reisepass) durchlassen. Die Umfahrung erfolgt über die E 55, die E 102 und die Straße 42. Der Grenzübergang östlich von Hatta im weiteren Verlauf der E 44 ist für Ausländer geöffnet.

Die Bergoase Hatta liegt in einer landschaftlich schönen Gegend am Fuß des Hajjargebirges. Die 100 km dorthin

---

Oben: Im Jumeirah Bab Al Shams Desert Resort & Spa. Rechts: 50 km von Dubai beginnt ein Dorado für Motorsportfans, die dort mit Quads durch die Dünen rasen.

Foto: Thomas Stankiewicz

führen durch wunderbares Sanddünengebiet. Es beginnt 50 km südöstlich von Dubai, und man braucht nicht mal einen Geländewagen, um es zu erkunden, denn eine Straße wurde quer durch die ★**Sanddünen** ⑯ gebaut. Bis zu 150 Meter ragen die rötlichen Sandberge auf, und wer etwas läuft, genießt einen herrlichen Blick über geschwungene Sicheldünen. Am Wochenende ist hier viel los. Dann sind Off-Road-Piloten mit Geländewagen unterwegs und rasen die Dünen hinauf und hinunter. Auch mit leichten Quads, vierrädrigen Gelände-Spaßfahrzeugen mit grobstolligen Reifen, kann man die steilsten Dünen hinauffrasen: Die Wüstenregion zwischen Dubai und Hatta hat sich zu einem Freizeitzentrum mit **Quadverleihstationen** und **Restaurants** entwickelt.

Wer tiefer in die Dünen fahren möchte, um sie in Ruhe zu genießen, sollte sich besser an eine örtliche Reiseagenturen wenden, das ist ungefährlicher, entspannter und man kommt z. B. auch zum **Kamelfelsen**, einer von Sanddünen umgebenen Felsformation.

★Hatta

Nur ein paar Kilometer weiter endet die Sandwüste und geht in eine Ebene am Fuß der Hajjar-Berge über, die mit dornigen Schirmakazien bewachsen ist. Wenn an der Straße die ersten Verkaufsstände mit Töpferwaren auftauchen, ist ★**Hatta** ⑰ fast erreicht. Da es auf 900 Meter ü. M. liegt, ist sein Klima im Sommer etwas erträglicher.

Viele Dubai'in haben sich Zweitvillen in und um Hatta gebaut – Dubai ist ja nur 100 km entfernt. Unter der Woche geht es in dem 10 000-Seelen-Städtchen beschaulich zu, am Wochenende strömen jedoch Ausflügler bis aus Abu Dhabi hierher, denn die Umgebung von Hatta bietet mit ihren Palmenhainen und Wasserquellen inmitten der rauen Bergwelt viele Wander- und Spaziermöglichkeiten. Die meisten Besucher bevorzugen jedoch eine Tour mit dem Geländewagen durch die einsamen Wadis.

Gleich am Eingang des modernen Hatta geht es am ersten Kreisverkehr

» **Karte S. 118-119, Info S. 179-183**

173

Foto: DTCM Frankfurt (Fremdenverkehrsamt Dubai)

links ab zum ★**Hatta Fort Hotel** mit seinem prächtigen Garten, dem **Pool** und einem umfangreichen Sportangebot mit Minigolf, **9-Loch-Golfplatz**, Bogen- oder Tontaubenschießen und Joggingstrecken. Die Bergkulisse ist grandios, deshalb ist am Wochenende kaum ein Zimmer zu bekommen. Wer mag, kann sich vom Hotel einen Hubschrauberrundflug organisieren lassen.

Hatta Heritage Village

Das **Hatta Heritage Village** ist das wieder auferstandene Alt-Hatta. Die Geschichte der in den Bergen liegenden alten Oase reicht über 4000 Jahre in die Vergangenheit, wie ein in der Nähe gefundenes Grab aus der Umm-al-Nar-Zeit (2700-2000 v. Chr.) beweist; mehr ist aus der Jungsteinzeit allerdings nicht erhalten. Die Gebäude des 2001 eröffneten **Freilichtmuseums** gehen auf

das 16. Jh. zurück, als ein Handelsweg zwischen dem benachbarten Oman und Dubai durch die Hajjar-Berge führte. Hatta war damals schon bekannt für seinen Tabak, der auf diesem Weg transportiert wurde. Geraucht wird er aus kleinen schwarzen Pfeifchen.

Die 30 Häuser des historischen Dorfes sind keine neuen „Altbauten", sondern originale Häuser, die aus ruinösem Zustand unter Verwendung traditioneller Baumaterialien wie Lehm und Palmenstrünke wieder aufgebaut wurden. Als Putz dient *saruj,* eine Mischung aus Lehm, Kalk und Stroh, dessen Herstellung aufwändig ist. Während des Wiederaufbaus dokumentierte ein Fotograf die einzelnen Arbeitsschritte, seine Bilder sind in einer „Vorher-Nachher"-Ausstellung zu sehen. Das **Folklorehaus** zeigt eine arabische Gedichtsammlung, Musikinstrumente und besitzt eine Videoanlage, die auf Knopfdruck Musikstücke und Tänze abspielt. Weitere Häuser widmen sich dem sozialen Leben in dieser abgelegenen Bergregion, dem Handwerk und dem Schulwesen. Einen

Oben: Ausflug zum Kamelfelsen. Rechts: Ganzjährig klares Wasser macht die Hatta Pools zum attraktiven Ausflugsziel.

» Karte S. 118-119, Info S. 179-183

würdigen Rahmen bilden die „Zwei Steine". So heißen die beiden **Wehrtürme**, beide etwa 200 Jahre alt und einer davon begehbar, mit schönem Rundblick über die Anlage und die Umgebung.

Kein Dorf ohne Festung, denn es waren raue Zeiten, und so ließ Scheich Maktoum bin Hashr al Maktoum 1896 eine feste **Burg** hochziehen. Aber nicht nur zur Verteidigung, wie es die Puppen in einem Raum des Festungsturmes demonstrieren, sondern auch als Versammlungsort, um mit den Oberhäuptern der ansässigen Clans die Geschicke der Oase zu leiten. Da ging es nicht nur um Politisches, sondern auch um essentielle Fragen – wem z. B. die Aufsicht über die Sonnenuhr übertragen werden sollte. Das war extrem wichtig, denn man hatte zwar einen *falaj* (Kanal), der aus den Bergen das Wasser in die Oase brachte. Doch für alle Felder auf einmal reichte es nicht, und so wurde für jedes Feld eine feste Bewässerungszeitspanne festgelegt – mit Hilfe der Sonnenuhr. Da Wasser kostbar war und gerecht verteilt werden musste, kamen für diese Aufgabe nur die Honorigsten unter den Würdenträgern in Frage. Nachts maß man die Zeit mit Hilfe der Sterne!

In einem Raum findet sich eine **Fotoausstellung** über die Festungen der Emirate. Erwähnt sei auch die über 200 Jahre alte **Sharia-Moschee** mit Gebetshalle, Innenhof und Minarett und der Souvenirshop. In einem der restaurierten Häuser serviert ein **Restaurant** arabische Speisen. Gelegentlich gibt es Vorführungen traditioneller Tänze.

★Hatta Pools

Etwa 20 km südlich von Hatta liegen im **Wadi Qahfi** die bekannten ★**Hatta Pools** ⓲, ein originelles Badeziel. Das Wadi gehört zwar offiziell zum Sultanat **Oman**, aber man kommt problemlos ohne Visum hin. Und man benötigt keinen Geländewagen. Die Badepools sind Auswaschungen durch das fast ganzjährig fließende Wasser.

Foto: Rainer Hackenberg

EINKAUFEN IN DUBAI

Dubai ist ein Einkaufsparadies mit schier unerschöpflichen Möglichkeiten. Gäbe es eine Auszeichnung für die höchste Quadratmeterzahl Einkaufsfläche pro Einwohner, Dubai wäre sie vermutlich sicher. Vom kleinen Laden um die Ecke, wo man bis spät in die Nacht das Nötigste kaufen kann, bis hin zum Supermarkt, der so groß ist, dass er Hypermarkt heißt, reicht die Bandbreite im Einzelhandel.

Auf der Suche nach Souvenirs wird man überall fündig, egal ob man nun einen verzierten Krummdolch, eine Holztruhe, Datteln, Gewürze, eine Stoffpuppe in arabischem Gewand oder das „I ♥ Dubai" T-Shirt bevorzugt.

Märkte und Günstiges

Nostalgiker schlendern gerne über die kleinen Märkte des **Deira Souk** wie den **Gewürz-Souk** ① (Plan S. 126), den **Gold-Souk** ④ (Plan S. 126) oder den Stoffmarkt mit seinen verwinkelten

Foto: Nimoak (Dreamstime)

Foto: Maksym Poriechkin (Shutterstock)

Gassen und dem noch überschaubaren Warenangebot.

Diverse Ecken beiderseits des Creeks wie die **Fahidi Street** ㉞ (Plan S. 126) oder der **Baniyas Square** ⑪ (Plan S. 126), beim für Teppichkäufer interessanten **Deira Tower**, sind bekannt für günstige Angebote, aber auch für Billigimitate elektronischer Markenware, vom Handy bis zur Kamera.

Für Freizeitkleidung lohnt ein Gang durch die **Sabkha Road** ⑩ (Plan S. 126), aber wer sich modisch neu einkleiden möchte ohne viel Geld auszugeben, sucht das **Karama-Viertel** ㊸ (Plan S. 151) auf. Hier hängen zwar in einer Straße alle namhaften Labels der Designer dieser Welt aus, aber Vorsicht ist geboten: Produktpiraten fälschen Alles, vom Kleid über die Handtasche bis zu den Schuhen – es handelt sich meist um illegale Ware aus China. Daran

sollten insbesondere Europäer denken, denn die Einfuhr solcher Imitate in ihre Heimat ist eigentlich verboten.

„Shop 'till you drop"

Während der 1990er Jahre baute man in verschiedenen Stadtvierteln einfach große Gebäudekomplexe mit drei oder vier Etagen und brachte so viele Geschäfte wie möglich unter. Zwar boten auch hier schon diverse Restaurants, Cafés und Spielmöglichkeiten etwas Abwechslung, aber im Wesentlichen sollte das Warenangebot die Kundschaft in die klimatisierten Hallen locken. Bestes Beispiel dafür ist das **Deira City Centre** ㉒ (Plan S. 151). Gut 300 Geschäfte unterschiedlichster Branchen, deren Angebot von der Bodylotion bis zu wertvollen Schmuck reicht, sind unter einem Dach vereint.

Festival City ㊷ (Plan S. 151) ist zwar nicht Venedig, hat aber einen Kanal, gesäumt von Geschäften, Bars, Restaurants und gemütlichen Cafés. Bei der Gestaltung der Marktgassen, darunter

Oben links: Christmas-Shopping in der Mall of the Emirates. Oben rechts: Modeschau in der Mall of the Emirates. Rechts: Dubai Mall.

Foto: Heiner Walther

solche für Goldschmuck und Souvenirs, haben die Architekten traditionelle und moderne Stile gemischt – durchaus gelungen. An Feiertagen finden hier Konzerte und Veranstaltungen statt.

Die Architektur der Shoppingmalls ist großzügig, Glasdächer lassen Tageslicht herein und Pflanzen sorgen für eine angenehme Atmosphäre wie im ★**BurJuman Centre** ㊺ (Plan S. 151), das internationale Designermode offeriert.

Auch in der Urlauberhochburg Jumeirah sind neue Malls entstanden, die nicht überdimensioniert erscheinen, aber dennoch ein überaus umfangreiches Angebot aufweisen. Der ★**Mercato** ㊽ (Plan S. 155) direkt an der Jumeirah Beach Road ist mit seiner florentinischen Fassade nicht zu übersehen. Vor allem an Freitagen und an Feiertagen sind die breiten Gänge voller Menschen, die in Parfümerien, Sportgeschäften, dem Virgin Megastore mit brandneuen CDs oder in Blumenläden einkaufen.

Bei saisonalen Angeboten und Aktionen werden nicht nur lokale Festtage berücksichtigt – wäre doch schade, das hinduistische Lichterfest Divali oder das Weihnachtsgeschäft zu versäumen. Und die Betreiber der Konsumtempel bemühen sich redlich, trotz 30 °C und strahlendem Sonnenschein entsprechende Stimmung aufkommen zu lassen. In der ägyptisch inspirierten Mall **Al Wafi City** ㊸ (Plan S. 151) hängen dann riesige Schlitten mit Rentieren von der Decke, in den Auslagen der fast 150 Geschäfte liegt Papierschnee, und ein turmhoher Weihnachtsbaum kitzelt mit seiner sternbewehrten Spitze die Decke der Eingangshalle. Ein Berg von bunt eingepackten Geschenken liegt als Mahnung darunter: „Shop 'till you drop" – Kauf ein bis zum Umfallen. Das ist nicht nur das Motto von Al Wafi, sondern von ganz Dubai.

In Dubai geht man allerdings nicht wie anderswo einfach „einkaufen", und so versuchen die Planer, es mit anderen Freizeitbeschäftigungen in räumliche Verbindung zu bringen und integrierte künstliche Erlebniswelten zu schaffen – zumal es den zivilisationsverwöhnten ehemaligen Wüstensöhnen die meiste

Foto: Rainer Hackenberg

Foto: Olga Vasilyeva (Shutterstock)

Zeit des Jahres „draußen" sowieso zu heiß für fast alles ist. Neben dem Al Wafi war noch Platz, also errichtete man dort einen pyramidalen Neubau und eröffnete den **Pharaoh's Club** mit mehreren Pools, Massagesalons, Kletterwand und Fitnessstudio.

Damit solche „Nachbesserungen" in Zukunft nicht mehr nötig sind, verbindet man sie heute gleich mit einer Freizeitattraktion, wie bei der ★**Mall of the Emirates** 62 (Plan S. 154), neben der die größte Indoor-Skihalle **Ski Dubai** gleich mitgebaut worden ist.

Die 2005 im südwestlichen Jebel Ali eröffnete ★**Ibn Battuta Mall** 61 (Plan S. 154) könnte man als riesigen Einkaufsthemenpark bezeichnen, denn ihre 260 Läden repräsentieren mit ihren Waren verschiedene, im 14. Jh. von dem berühmten marokkanischen Namensgeber bereiste Länder: China, Indien,

Persien, Ägypten, Tunesien, Andalusien, eine Fundgrube für Souvenirjäger.

Zu Füßen des Burj Khalifa lockt die ★**Dubai Mall** 66 (Plan S. 155), ein Shoppingtempel der Extraklasse mit überdachtem Erlebnispark, der **Sega Republic**. Hier findet der staunende Besucher neben 1200 Geschäften u. a. eine olympiataugliche **Eislaufbahn**, einen Kinokomplex und ein gigantisches ★**Aquarium** mit „versunkener Stadt", in dem sich Haie und Rochen tummeln. Überschaubarer und recht geschmackvoll arabisch gestylt ist der benachbarte ★**Souk al Bahar** auf Old Town Island – mit schönem Blick auf die Fontäne und den Burj Khalifa.

Von Vielreisenden gerühmt wird der **Duty Free Shop** am **Dubai Airport**: weltweit einer der größten (9000 m^2), mit umfassendem 24-h-Angebot, nicht nur für Abfliegende, sondern auch für Ankommende,– und einer regelmäßigen Luxusauto-Verlosung.

Oben: Parfümerie im Deira City Centre. Oben rechts: Die Stationen eines marokkanischen Weltreisenden des 14. Jahrhunderts sind das Gestaltungsthema in der Ibn Battuta Mall.

 » Info S. 179-183

DUBAI (☎ 04)

ℹ️ Dubai unterhält ein sehr gutes Fremdenverkehrsamt, das **Department of Tourism and Commerce Marketing** (**DTCM**). Das deutsche Büro ist unter DTCM, Bockenheimer Landstraße 23, 60325 Frankfurt /Main, Tel. 069/710 0020, Fax 069/710 00234, www.dubaitourism.ae, erreichbar. Die Zentrale in Dubai ist in der Baniyas Rd. im Gebäude der National Bank of Dubai am Creek, Tel. 223 0000. Nebenstellen befinden sich auch in den großen Einkaufszentren (z. B. BurJuman; Al Wafi). Man erhält Karten und Pläne sowie Informationen über Verkehrsmittel und die touristische Infrastruktur.

Die regelmäßig erscheinenden Broschüren „What's On" und „Out and about" informieren über das aktuelle Unterhaltungsprogramm. Sie liegen in den meisten Hotel aus, letztere gibt es auch gratis bei der Touristeninformation (DTCM); sie verfügt über ein umfangreiches Restaurant-, Café- und Barverzeichnis.

Alle Passagiere, die den **Flughafen** von Dubai nutzen, müssen eine **Flughafengebühr** in Höhe von 35 AED (8,60 €) bezahlen.

🍴 **AMERIKANISCH**: Neben US-Food gibt es auch das begehrte T-Shirt im **Hard Rock Café Dubai**, im Festival Centre in Dubai Festival City, Tel. 232 8900, zu kaufen. Im **Planet Hollywood** neben der Wafi City hängen die entsprechenden Kinoplakate, an der Decke eine Harley; kalifornische Burger-Küche. Die bekanntesten amerikanischen Fastfoodketten finden sich auch in Dubai.

ARABISCH: Das **Local House** im Bastakia-Viertel, Tel. 353 2288, ist die gemütlichste und authentischste Adresse, um lokale Köstlichkeiten zu probieren.

Im **Al Khaimah** des Royal Meridien Beach Resort in Jumeirah, Tel. 399 5555, beherrscht der libanesische Koch die Zubereitung perfekt, die Live-Musiker ihre Instrumente ebenso, nur das Klima auf der Terrasse am Meer ist launisch und manchmal zu feucht; dann lockt die gemütliche Inneneinrichtung.

Einfacher – aber mitnichten schlechter – geht es im **Bait al Wakeel,** Tel. 353 0530, im Souk von Bur Dubai zu. Die Lage ist perfekt, denn das historische Haus steht direkt am Creek, man sieht die beleuchteten Dhaus und Abras vorbeiziehen und genießt dabei frische Meeresfrüchte, arabische Spezialitäten oder westliche Gerichte.

DINNERCRUISE: Früher (s)aß die Schiffsbesatzung auf dem Boden, heute beleuchten Kerzen fein gedeckte Tische auf dem Deck alter Dhaus, das arabische Buffet duftet herüber, und die Skyline verzaubert: **Ramee Cruise**, Bur Dubai, Tel. 050-778 2628; **Al Boom Tourist Village**, nahe Al Garhoud Brücke, Tel. 324 3000. Modernes Boot mit französischer Küche: **Bateau Dubai**, Tel. 337 1919.

FRANZÖSISCH: Verwöhnservice und französische gehobene Küche bietet das **Apartment**, Jumeirah Beach Hotel, Tel. 406 8181.

GOURMET: Auf 3-Sterne-Michelin Niveau speist man im **Reflets Par Pierre Gagnaire** im Intercontinental Dubai-Festival City Hotel, Tel. 701 1111.

INDISCH: Die weltberühmte indische Sängerlegende Asha Bhosle kocht gern und liebt ihre Heimatküche, und das **Asha's** in den Pyramids neben dem Al Wafi Center, Tel. 324 4100, ist auch für unmusikalische Gourmets eine Empfehlung. Angeblich stehen auf der Karte einige persönliche Familienrezepte der Sängerin. Eine gute vegetarische Auswahl hat das freundliche Parsi-Restaurant **Kitchen** in Satwa, Al Diyafah Street, Tel. 398 5043.

INTERNATIONAL: Das **Alta Badia Restaurant** in den Jumeirah Emirates Towers, Tel. 319 8088, ist eines der höchstgelegenen Restaurants des Nahen Ostens mit europäischer Exklusivküche, man sollte es sich einmal gönnen.

Hohen Ansprüchen wird auch das **Al Muntaha Restaurant** in der 27. Etage des Hotels Burj Al Arab, Tel. 301 7600, gerecht: mit seiner umfangreichen Weinkarte, vielen Köstlichkeiten dieser Erde und einem tollen Ausblick aus 200 Metern Höhe.

Im **Dubai Marine Beach Resort** am Strand von Jumeirah, Tel. 346 1111, sind mehrere Lokale vereint, die guten Service, gutes Essen und landestypisches Ambiente bieten. Es gibt u. a. ein kubanisches, italienisches, thailändisches, japanisches, mexikanisches und französisches Restaurant.

PERSISCH: Das *Fesenjan-Ba-Morgh* ist kein Außerirdischer, sondern ein leckeres persisches Hühnchengericht mit Granatapfelsauce, das z. B.

4

Emirat Dubai

im **Shabestan**, Tel. 205 7333, des Hotel Radisson Blu serviert wird.

Wer eine Reise nach Persien scheut, aber die Küche probieren möchte, dem könnte das **Shahrzad** im Hyatt Regency, Tel. 209 1234, zusagen. Die Inneneinrichtung ist zwar etwas in die Jahre gekommen, nicht jedoch die Fähigkeit der Küche, ausgesuchte Hochgenüsse zuzubereiten.

PANORAMA: Zum üppigen Buffet einen tollen Blick über Dubai bietet das Drehrestaurant **Al Dawaar** im 25. Stock des Hotels Hyatt Regency, Tel. 209 1234.

SEAFOOD: Den Blues bekommt man vom Essen im **Blues**, Dubai Marina, Tel. 367 4747, sicher nicht, denn es ist ausgezeichnet. Das fischkundige Personal hilft bei der Auswahl und berät über diverse Zubereitungsmöglichkeiten. Schöner Blick von der Terrasse.

Das **Pierchic** im Al Qasr Hotel der Madinat Jumeirah, Tel. 366 6730, liegt einladend auf einem Holzpier am Strand, unter den Gästen rauschen die Wellen. Die Präsentation des ausgezeichneten Essens erscheint schon fast zu kunstvoll.

Das **Al Mahara** im Hotel Burj Al Arab, Tel. 301 7600, gehört zu den exklusivsten Adressen, fängt der Besuch doch mit einer simulierten U-Boot-Fahrt in eine Gourmethalle mit Blick auf ein riesiges Aquarium an. Die Auswahl an Speisen ist gewaltig, die Weinliste lässt kaum einen Wunsch offen, und das Personal ist ausgesucht höflich. Kein günstiges, aber ein empfehlenswertes Vergnügen.

STEAKHOUSE: Das **Palm Grill** im Radisson Blu Hotel am Creek, Tel. 205 7033, weiß, wie man Steaks perfekt grillt, allerdings auch, wie man sie abrechnet.

Sehr beliebt ist auch das **Legends** im segelförmigen Clubhaus des Creek Golf Club, Tel. 295 6000. Perfekte Angus-Beefsteaks, dezente Piano-Musik und die entspannte Atmosphäre tragen zu einem gelungenen Abend bei.

BARS: Eine „Wow-was-für-ein-Blick"-Bar ist **Alta Badia Bar** in den Jumeirah Emirates Towers über dem gleichnamigen Restaurant in rund 220 m Höhe, ebenso die Bar **Uptown** im Jumeirah Beach Hotel. So hoch die anderen, so gemütlich ist die **Rooftop Lounge & Terrace** des One & Only Royal Mirage Arabian Court Hotel, Cocktails mit und ohne Alkohol, Sternenhimmel, Blick aufs Meer, arabisches Ambiente – Top-Adresse.

CAFÉS: Wer sein Porzellan-Souvenir selbst gestalten möchte, kann das im **Café Ceramique** in der Town Center Mall in der Jumeirah Road tun. Man genießt Kaffee, Salate oder Sandwiches, leiht sich Pinsel und Farbe aus und legt los. Hier ist es jedoch meist etwas laut; ruhiger geht es im schattigen Innenhof des **Arabian Tea House Café** im Bastakia-Viertel zu, das ein bisschen Karawanserei-Stimmung verströmt.

Ein Knaller mit orange-gelber Einrichtung erwartet den Kaffeetrinker in der **Lipton T-Junction** der Jumeirah Emirates Towers, mal was originell anderes (zumindest für hiesige Verhältnisse); Laptop- und Palm-Besitzer werden den WLAN-Hotspot schätzen.

Empfehlenswert für eine Mittagspause und einen Blick von oben auf den Creek ist das **Apple Café & Restaurant** im 3. Stock der Twin Towers an der Baniyas Rd., Tel. 227 4446.

FREITAGSBRUNCH: Nach durchzechter Nacht um 8 Uhr Frühstück? Nein, besser ausgeschlafen ab 11 Uhr zu einem der beliebten späten Frühstücke, z. B. im **The Colonnade** des Jumeirah Beach Hotel, dem **Antigo** des Hotel Le Meridien Dubai oder der **Brasserie** des Le Royal Meridien Hotel.

 INTERNETCAFÈS: Surfen beim Kaffeetrinken kann man z. B. im **Formel 1** im Palm Strip Shopping Center, Jumeirah, im **Dot Net Café** im BurJuman Centre oder im **Al Jassa-Café** in der Mankhool Road.

NACHTCLUBS: Einer der dienstältesten ist **The Lodge** im Al Nasr Leisure Land, in dem hin und wieder Live-Konzerte stattfinden, wo aber auch sonst immer etwas los ist.

Allein reisende Herren finden eine Begleitung im **The Cyclone**, in der Nähe des American Hospital.

„Feelin' Groovy"? – Ab ins **Jimmy Dix** im Mövenpick Hotel, gute Leute, gute Stimmung, gute Drinks.

Ein Tipp für Urlauberkids: Eltern anpumpen, rein in die **Apartement Lounge** des Jumeirah Beach Hotels und hören, welchen Sound die DJs aus aller Welt in ihrem Plattenkoffer haben.

Tipp für Eltern: die Kids ziehen lassen und im **Kasbar** des One & Only Royal Mirage Palace Hotels die Cocktail- oder Weinkarte testen und in der gemütlichen Lounge niveauvolle Musik in moderater Lautstärke hören.

AUSSICHTSPLATTFORMEN BURJ KHALIFA (AT THE TOP und SKY): Express-Tickets für Spontanbesucher zur Sofortauffahrt zum Level 124 kosten 300 AED; besser online (www.burjkhalifa.ae) vorab ein Zeitticket für 125/150 AED buchen (bis 30 Tage voraus). SKY auf Level 148 kostet 400 AED (ca. 85 €) vor Ort, online 500 AED vor Ort. Letzter Einlass 45 Min. vor Schließung (Level 124: 8.30 bis Mitternacht; SKY: 12-22 Uhr). Bei Online-Ticketkauf die verwendete Kreditkarte zum Besuch mitbringen!

BALLONFLUG: Wenn es das Wetter zulässt eine großartige Gelegenheit, die Stadt oder die Wüste von oben zu betrachten; **Balloon Adventures** in der Sh Zayed Rd, Tel. 388 4044.

GALERIEN: Neben den in der Beschreibung des Bastakia-Viertels erwähnten Galerien (s. S. 149) sei hier auch auf die ca. 10 Galerien im DIFC (Dubai International Financial District) an der Sh. Zayed Road an der hingewiesen, darunter z.B. „Artspace", Tel. 323 0820. Eine wichtige Adresse ist auch die 8th street im Stadtviertel Al Qouz mit mehreren wichtigen Gallerien wie z. B. Green Art Gallery, Tel. 346 9305.

GOLF: Dubai verfügt über mehrere erstklassige Golfplätze, die auch für internationale Meisterschaften genutzt werden. Einer der ältesten ist der **Emirates Golf Club** am Stadtrand von Dubai. Der **Dubai Creek Golf & Yacht Club** (mit spektakulärem Clubhaus) liegt direkt am Ufer des Creek. Der 18-Loch-Parcours des **Nad al Sheba Clubs** kann dank Flutlicht auch nachts bespielt werden. Alle drei Tel. 347 5205, unter www.dubaigolf.com Infos über weitere Golfplätze. Golfausrüstung kann geliehen werden. Der **Desert Course**, Tel. 884 6777, und der **Montgomerie Golf Club**, Tel. 390 5600, stellen attraktive Herausforderungen dar.

HOCHSEEFISCHEN: Einen halben oder ganzen Tag auf See, das bietet **Club Joumana** im Jebel Ali Golf Resort, Tel. 814 5555. Empfehlenswert sind auch die beiden Boote des **Le Meridien Seyahi Beach Resort & Marina**, Tel. 399 3333, die zwar auf das Fangen von Segelfischen spezialisiert sind, diese jedoch nach dem Fang ökologisch korrekt wieder ins Meer entlassen.

HUBSCHRAUBERFLUG: Zu buchen bei **Aerogulf Services Company** am Internationalen Flughafen, Tel. 877 6120.

JETSKI: Diese Wasserflitzer gibt es an den öffentlichen Stränden Jumeirahs zu mieten.

KAMELREITEN: Wird beim **Bab Al Shams Hotel** angeboten. Noch schöner ist die Gegend um **Al Ain**.

KLETTERN: Im Freizeitclub **Pharaoh's** neben der Wafi City gibt es eine Hallenkletterwand, Tel. 324 0000. Im Winter werden auch Kletterausflüge in die Hajjarberge organisiert.

OFF-ROAD-FAHREN: Wer für Paris – Dakar üben und lernen möchte, wie man einen Geländewagen ausbuddelt bzw. ihn mit der richtigen Dünenfahrtechnik gar nicht erst festfährt, sollte bei **Sand Trax Tours** anrufen, Tel. 506 853 036, www.toursandtrax.com.

SANDSKIFAHREN: Örtliche Agenturen ermöglichen das Vergnügen, auf Snowboards die Dünen hinabzugleiten.

SCHLITTSCHUHLAUFEN: Gleich zwei Eishallen stehen in Dubai zur Verfügung, die größere in der **Dubai Mall**, Tel. 437 3200, die etwas kleinere **Ice Rink** neben dem Hyatt Regency Hotel in Deira, Tel. 209 6551. Schlittschuhverleih.

SKILAUFEN: Im **Ski Dubai** in der Mall of the Emirates, www.skidxb.com.

STADTRUNDFAHRTEN: Mehrere Agenturen bieten Stadtrundfahrten an, die ungewöhnlichste führt **Wonder Bus Tours**, Tel. 359 5656, durch – mit einem Amphibienfahrzeug teilweise auf dem Creek.

Schauen, aber auch dinieren kann man auf den zweimal täglich stattfindenden Touren mit dem klimatisierten Flusskreuzfahrtschiff „Al Minsaf" von **Bateaux Dubai**, www.bateauxdubai.com, Tel. 814 5553.

TAUCHEN: Informationen über die Tauchreviere und Tauschulen bei der **Emirates Diving Association** im Diving Villaga, Shindaga, Tel. 393 9390, www.emiratesdiving.com. Einige Strandhotels vermitteln ebenfalls Tauchausflüge zu den vor der Küste Dubais liegenden Schiffs- und Autowracks.

QUADFAHREN: **Al Qudra Motor Cycle Rental,** etwa 50 km von Dubai Richtung Hatta an einer großen Sanddüne, Allrad-Quads in verschiedenen PS-Stärken, 30 Min. kosten ab 100 DH, Tel. 050-631 1992.

DUTY FREE: Im **Dubai Duty Free Shop**, dem drittgrößten der Welt, geht man nicht nur profan Zigaretten, Schnaps oder Parfüm kaufen: Hier shoppt und gewinnt man. Schon bei der Ankunft können die Passagiere in den Juwelierläden, Boutiquen und Hifi-Stores zuschlagen. Nach dem Motto „Fly-Buy-Dubai" werden auch Transitpassagiere in Versuchung geführt und an den Geschäften vorbeigeschleust. Um den Titel „Bester Duty Free" zu sichern, werden Luxuslimousinen, Goldbarren oder Schmuck unter den Käufern, die ein Los ausgefüllt haben, verteilt. Zwar kommt man nur mit einem gültigen Flugticket an die 65 0000 zollfreien Warenartikel, aber über die Website www.dubaidutyfree.com kann man immerhin ein Glückslos für die Lotterie kaufen. Kostet etwa 200 €, heißt „Finest Surprise", und die Gewinner werden für ein Wochenende nach Dubai geladen – zusätzlich zum Hauptgewinn.

Der öffentliche Nahverkehr in Dubai wird von der Roads and Transport Authority verwaltet. Auf deren Internetseite finden Sie Auskünfte über Busse, Taxen und die Metro sowie die einzelnen Tarife mit Vergünstigungen.

BUS: Gut 30 Buslinien durchziehen die Stadt, eine Fahrt durch Dubai kostet ca. 10-20 DH, Tickets gibt es beim Fahrer, einen Fahrplan beim DTCM (siehe **Information**). Die zentralen Busstationen sind für Stadtbusse: **Al Sabkha Station** in der Al Sabkha Road; **Al Satwa Station** in der Al Satwa Road; **Hor al Amz Station** in der Salah al Din Road.

Stadt- und **Fernbusse** fahren ab der **Al Ghubaiba Station** nahe dem Shindaga-Markt, Tel. 393 7014, und der **Deira Station** in der Umer Ibn al Khattab Road, Tel. 227 3840.

STADTRUNDFAHRT: Big Bus Tours, Doppeldeckerbus mit Hop-on-Hop-off-System, 24h- oder 48h-Ticket, www.bigbustours.com.

METRO: Die Metro fährt fahrerlos, teils als U-, teils als Hochbahn. Die rote Linie fährt küstenparallel bis Jebel Ali, die grüne City-Linie verbindet Nord- und Südseite des Creek. Eine 24-Stunden-Karte kostet 14 Dirham.

TAXI: Für **Frauen** gibt es einen eigenen Taxiservice, Tel. 208 0808, mit weiblichen Chauffeurinnen. Die Taxen sind leicht zu erkennen – sie sind pinkfarben. Eine moderne Einrichtung sind die Rufboxen wie im Mamzar Park; man wirft einen Dirham ein und es kommt ein Taxi angefahren. Auf belebten Straßen kann jederzeit ein Taxi herangewunken werden, es fahren genügend herum. Dubai hat mehrere Ruftaxi-Firmen:
Metro Taxi, Tel. 267 8222;

Dubai Transport, Tel. 208 0808; **National Taxi**, Tel. 339 0002.

SAMMELTAXI: Bei den Busstationen stehen auch die Sammeltaxen, die jedoch auf festen Routen bleiben und verschiedene Stadtteile und Dubai mit anderen Städten verbinden, z. B. Sharjah (ca. 6 DH), Ajman (ca. 7DH) oder Fujairah (15 DH).

MIETWAGEN: (alle mit Büros in der Stadt und 24 Std. Service am Flughafen): **Hertz**, gebührenfrei Tel. 800 4345, Flughafen Tel. 224 5222; **Avis**, gebührenfrei Tel. 800 5454, Flughafen Tel. 224 5219; **Budget**, Tel. 295 6667, Flughafen Tel. 224 5192; **Autolease**, Tel. 282 6565.

MAUT: Für Verkehrsadern wie Sheikh Zayed Road oder die Al Garhoud Bridge, ist eine Mautgebühr zu entrichten (ca. 4 Dirham pro Durchfahrt). Dies erfolgt mittels eines elektronischen Stickers („Salik") an der Windschutzscheibe, der mit einem Guthaben aufgeladen wird; die Maut wird elektronisch abgebucht. Ist das Guthaben verbraucht, wird man per SMS benachrichtigt. Alle Mietwagenverleiher haben einen solchen Sticker an ihren Fahrzeugen, abgerechnet wird bei Rückgabe des Autos. Wer ohne den Sticker auf einer mautpflichtigen Strecke erwischt wird, muss mit einer hohen Geldstrafe rechnen!

FLUG: Dubai hat seine eigene Fluggesellschaft **Emirates Airways**, mit täglichen Verbindungen zu mehreren Flughäfen in Europa (www.emirates. com). Ansonsten fliegen alle international renommierten Airlines Dubai an.

Airport: 4 km vom Stadtzentrum entfernt (Taxi Innenstadt ca. 40-50 DH, nach Jumeirah ca. 70 DH), Tel. 224 5555, Flugauskunft Tel. 316 6666. Die Buslinien 4, 11, 15 verkehren von ca. 6 Uhr morgens bis ca. 23 Uhr zwischen Flughafen und Deira, die Linie 401 rund um die Uhr. Die Linie 402 verbindet den Flughafen rund um die Uhr mit Bur Dubai 24. www.dubaiairports.ae

Die genannten Krankenhäuser verfügen alle über einen 24-Stunden-Notdienst: **Emirates Hospital**, in der Jumeirah Beach Road, Tel. 349 6666.

In folgenden Hospitälern praktizieren auch **Zahnärzte**: **American Hospital**, in Umm Hureir beim Al Nasr Leisure Land, Tel. 336 7777; **Al Zahra Medical Centre**, Sheikh Zayed Rd., Tel. 331 1155.

APOTHEKE: Gut bestückte Pharmazien findet man u. a. im **Deira City Center** (Deira), im

Lamzy Plaza Center (Oud Metha), im **Mercato** (Jumeirah), im **BurJuman Centre** (Bur Dubai).

GELDAUTOMATEN UND WECHSELSTUBEN:

In Einkaufszentren gibt es Wechselstuben und Geldautomaten, wo man meist auch mit EC-(Maestro-)Karte Geld bekommt, allerdings nicht mit VPay-Karte. In Bur Dubai finden sich in der Al Fahidi Street und im Souk Wechselstuben, in Deira in der Sabkha Road und im Souk.

VERANSTALTUNGSKALENDER:

Zu den wichtigsten Veranstaltungen gehört das alljährlich im Frühjahr zelebrierte **Dubai Shopping Festival (DSF)**. Wie das Oktoberfest in München zieht es Gäste aus der ganzen Welt an, denn es wird ein umfassendes kulturelles Programm geboten. In den Kneipen treten Bands auf, im Heritage Village finden folkloristische Darbietungen statt, in Straßentheatern führen Laiendarsteller ihre Stücke auf, die Häuser und Souks sind mit Lichterketten geschmückt, und natürlich locken die Geschäfte mit Sonderpreisen. Einen ganzen Monat dauert das Festival, wer es erleben möchte, muss rechtzeitig eine Unterkunft reservieren. Ursprünglich sollte es eine einmalige Aktion sein, um den Einzelhandel anzukurbeln, heute ist es die „fünfte" Jahreszeit. Im Ausverkauf sind nicht etwa Restposten und Altwaren, auch auf Neuware wird ein besonderer Rabatt gewährt. Jedes Einkaufszentrum lockt mit Lotterien, im Goldsouk werden hin und wieder Barren des Edelmetalls im Wert von über 1000 € verlost.

Beim DSF findet in der Media City das **International Jazz Festival** statt, das im Februar viele Zuhörer anlockt – bekannte Jazzer wie James Blunt, John Legend, Claire Martin oder die Band Jazz Matrix haben hier schon aufgespielt.

Etwas weniger spektakulär als das DSF ist das **Dubai Summer Surprises (DSS),** das im heißen Sommer, irgendwann zwischen Juni und September, abgehalten wird. Wegen der Hitze finden die Veranstaltungen in den klimatisierten Einkaufszentren statt. Rabatte und Lotterien locken viele Besucher an.

Im Dezember findet das **Internationale Filmfestival** statt.

Dubai hat sich zum Austragungsort großer **Sportereignisse** entwickelt. Dazu gehört nicht nur das höchstdotierte **Pferderennen**, sondern auch die **Dubai Tennis Open**, bei denen alle großen Stars auftreten. Spektakulärer sind die **Powerboot-Rennen**, sozusagen die „Wasser-Formel-Eins". Schon bevor die dröhnenden Motoren angeworfen werden, herrscht auf den Zuschauerrängen an der Küste Hochstimmung, laute Konzerte stimmen die Ohren vorher auf den Lärm ein, Imbissbuden sorgen für das leibliche Wohl, und hinterher ist Party angesagt. Allerdings gibt es keinen Terminplan, Auskünfte unter www.class-1.com.

Rasend schnell sind die Geländerennwagen während der **Abu Dhabi Desert Challenge** in den Dünen zwischen Abu Dhabi und Dubai unterwegs. Es nehmen auch Motorräder und Lkws teil, die Termine erfährt man unter www.abudhabidesertchallenge.com oder Tel. 296 1122.

Visuelles Golftraining erhält der engagierte Hobbyspieler während der **Dubai Desert Classic** von Tiger Woods und Kollegen, die hier versuchen, mit wenigen Schlägen viel Geld zu gewinnen. Näheres unter www. dubaidesertclassic.com oder Tel. 399 5060.

Ein schöner, aber selten gewordener Anblick sind die vollen Segel der alten **Dhaus**, wenn diese sich zu besonderen Gelegenheiten wie dem **Nationalfeiertag** ein **Rennen** liefern. Auch die in den Werften Abu Dhabis und Dubais gebauten **Rennruderboote** kommen dann zum Einsatz. Termine gibt es beim Dubai Offshore Sailing Club, Tel. 394 1669, http://dosc.doscadmin.webfactional.com.

4

Emirat Dubai

In der Oase von Al Dhaid, dem Gemüsegarten des Emirats Sharjah

EMIRAT SHARJAH

MUSANDAM PENINSULA

Arabian Gulf

OMAN

Ras al Khaimah

Umm al Quwain

Ajman

Sharjah

Dubai

Fujairah

Hatta

ABU DHABI

UNITED ARAB EMIRATES

OMAN

Buraimi

Al Ain

SHARJAH

SHARJAH DESERT PARK

5

Emirat Sharjah

EMIRAT SHARJAH

Das Emirat Sharjah („Schardscha") ist durch seine Erdöl- und Gasvorkommen sowie seine florierende Landwirtschaft die drittstärkste Wirtschaftskraft der Föderation, so dass es sich gegenüber Abu Dhabi und Dubai eine gewisse Unabhängigkeit bewahren konnte und die Stimme des Herrschers, Dr. Scheich Sultan bin Mohammed al Qasimi, im Rat der Sieben Gewicht hat. Mit knapp 2600 km² ist es auch flächenmäßig das drittgrößte Föderationsmitglied, in dem gut 1,4 Mio. Menschen leben, die meisten davon in der gleichnamigen Hauptstadt. Eine geografische Besonderheit ist, dass Sharjah als einziges Emirat sowohl an der Golf- als auch an der Ostküste Besitztümer hat (siehe Kapitel „Ostküste"). Als ab 1971 Grenzverhandlungen im neu gegründeten Staat nötig wurden, berücksichtigte man die althergebrachten Wohngebiete der Stämme, die über Jahrhunderte einem bestimmten Herrscher ihre Loyalität zugesichert hatten. In Kalba, Khor Fakkan und Dibba lebten Stammesangehörige der Qawasim (Ez. Qasimi), deren Familien engere verwandtschaftliche Beziehungen zum Zweig der in Sharjah regierenden Familie hatten als zu der Qasimi-Familie im Emirat Ras al Khaimah. Das hat heute wirtschaftliche Vorteile, denn der Tiefseehafen von Khor Fakkan, wo es zudem schöne Badestrände gibt, ermöglicht es Frachtschiffen, ihre Ladung bereits an der Ostküste zu löschen und nicht auf einen Termin für die teure Durchfahrt der engen Straße von Hormuz warten zu müssen. Im Vergleich zu den anderen Emiraten liegt Sharjah weit vorn, was den Umschlag an Frachttonnage betrifft. Während in Dubai überwiegend Touristen landen, wird an den Terminals von Sharjahs internationalem Flughafen v. a. Luftfracht umgeschlagen, darunter Waren, die auf dem Landweg vom Ostküstenhafen kommen.

Zum Emirat gehören eigentlich auch zwei Inseln im Persischen Golf, Sir Abu Nu'air und Abu Musa, 60 km vor der Küste. Die Nordhälfte von Abu Musa besetzte 1971 der Iran – wegen der strategischen Lage und weil man dort Erdöl vermutete. Der Konflikt sorgte anfangs für große Aufregung und war ein Grund, warum sich Sharjah den Vereinigten Arabischen Emirate anschloss. Er verschärfte sich, als kurz darauf Erdöl im Mubarak-Feld nahe der Insel Abu Musa entdeckt wurde. Man teilte sich das Öl und die Erdöleinnahmen; 1994 jedoch stationierte der Iran dort Raketen, was die Emirate und die USA stark beunruhigte.

Links: Unter der Kuppel des Museum of Islamic Civilisation.

» **Karte S. 118-119, Info S. 204-205**   187

Foto: DTCM Frankfurt (Fremdenverkehrsamt Dubai)

dieser Wirtschaftszweig besonders am Herzen liegt. Etwa 4000 Farmen rund um Al Dhaid bewirtschaften die Felder, und auch während der heißen Sommermonate wird fleißig geerntet. Möglich machen das die vielen kleinen Gewächshäuser, die nach einem einfachen Prinzip arbeiten: Auf der einen Seite rieselt permanent Wasser über ein Metallgitter, das mit Hilfe von Ventilatoren fein zerstäubt ins Innere gepustet wird. Angebaut werden Obst, Gemüse und Tierfutter; eines der exklusivsten Produkte dürften die Erdbeeren sein, die angeblich sogar ihren Weg ins Tennismekka Wimbledon finden.

Mileiha – Kamel- und Pferdegräber

Ob in der Antike, als Sharjah *Sarcoa* genannt wurde, schon solch kostbare Früchte hier wuchsen, darf bezweifelt werden, aber dass Menschen schon sehr lange in dieser fruchtbaren Region Ackerbau betreiben, dafür gibt es untrügliche Zeichen. Wie in den anderen Emiraten finden sich auch auf dem Gebiet Sharjahs Anzeichen für eine 6000-jährige Besiedlungsgeschichte, doch für die Archäologen von besonderer Bedeutung ist eine Ausgrabungsstelle etwa 20 km südlich von Al Dhaid. Dort liegt der kleine Ort **Mileiha**, ein Nest wie viele andere auch, aber rechts und links der Durchgangsstraße dehnt sich ein jeweils 1 Kilometer langes Gebiet, auf dem die Wissenschaftler die Überreste der bisher einzigen Siedlung aus dem dritten vorchristlichen Jahrhundert entdeckten. Während aus der Eisenzeit (ca. 1250-350 v. Chr.) sehr viele Fundstellen in den Emiraten bekannt sind, lag die Zeit danach bisher ziemlich im Dunkeln. Mit Mileiha konnte zumindest ein wenig Licht hineingebracht werden, und es scheint eine archäologisch spannende Zeit mit einer wohlhabenden Gesellschaft gewesen zu sein. Die Siedlung umfasste eine große Anzahl Wohnhäuser, dazu Werkstätten und eine befestigte Anlage. Die alten

Sharjahs Wirtschaft baut aber nicht allein auf die vergleichsweise kleinen – und in den letzten Jahren rückläufigen – Öleinnahmen. Das Emirat besitzt außerdem verhältnismäßig große Gasvorkommen. Die 1980 in der Nähe des modernen Flughafens auf dem Saja'a-Feld gefundenen Reserven werden seit dem Aufbau einer Erdgasindustrie nicht nur exportiert. Alle Haushalte und Restaurantküchen arbeiten mit Gas, das teilweise aus heimischer Produktion stammt. Und in die Kochtöpfe kommt viel Gemüse aus dem „eigenen Garten". Der ist gut 10 000 ha groß und erstreckt sich ca. 50 km südöstlich von Sharjah-Stadt in der weiten Ebene rund um die Oase Al Dhaid. Seinen Doktortitel hat Scheich Mohammed im Bereich Agrarökonomie erworben, und so verwundert es kaum, dass ihm

---

Oben: Ein Oasenbauer transportiert Viehfutter. Rechts: Al Hisn, das Fort von Sharjah, wurde 1820 errichtet und beherbergt heute das Volkskundemuseum.

Foto: Volkmar E. Janicke

Bewässerungskanäle, deren Verlauf noch gut erkennbar ist, führten Wasser aus den nahen Hajjarbergen in die Oase und weisen auf eine umfangreiche, intensive Landwirtschaft hin. Aber in Mileiha lebten nicht nur Bauern, es fanden sich auch Hinweise, dass es eine Handelsstadt war: Münzgussmulden und Münzen, die für einen König Abiel geprägt wurden; importierte schwarz glasierte Tonscherben attischen Ursprungs stammen von Amphoren von der griechischen Insel Rhodos, wie ihre Verzierungen beweisen. Südarabische Alabastergefäße mit Löwengriffen (aus dem Jemen) legen die Vermutung nahe, dass Mileiha bis weit ins erste nachchristliche Jahrhundert bewohnt war.

Einen besonderen Schatz entdeckten die Wissenschaftler in ein paar unscheinbaren flachen Gräbern mit Kamel- und Pferdeknochen. Menschliche Gräber bestanden aus einer mit Lehmziegeln verstärkten Grabkammer, über die ein weithin sichtbarer Turm geschichtet worden war – das lockte Grabräuber an, die alle wertvollen Bei-

gaben mitnahmen. Die Tiergräber ließen die Räuber links liegen – ein Fehler, denn es fanden sich wertvolle goldene Medaillons und Anhänger, vor allem an Pferdeskeletten.

Religionskrieg oder Steuerhinterziehung?

Um 633 fand nahe der heute teilweise zu Sharjah gehörenden Stadt Dibba (s. S. 235) eine denkwürdige, für die Ausbreitung des Islams bedeutende Schlacht statt, für die es vermutlich nicht nur religiöse Gründe gab. In Arabiens Stammesgesellschaft jener Zeit war es üblich, Schutzbündnisse zu schließen. Nomadisierende Beduinen taten sich zusammen (wie etwa die Bani-Yas-Föderation in und um Liwa); aber auch die Oasen und Städte suchten sich vor Attacken (Razzien) räuberischer Nomaden zu schützen. Die Seßhaften schlossen eine Art „Nicht-Angriffs-und-Schutz-Pakt" mit einem der Stämme, der sie zugleich vor Raubzügen anderer Nomaden schützen sollte; im Gegenzug gewährte die Oase ihnen Versorgungsmöglichkeiten. Für die Viehzüchter in der Wüste waren solche „Razzien" – die Herkunft dieses Wortes ist arabisch – oft aus der Not geborene Aktionen, um sich mit Nahrung einzudecken. Die Schutzbündnisse waren häufigen Änderungen unterworfen; wurde etwa eine Oase oder Stadt trotzdem überfallen, suchte sie sich einen neuen Bündnispartner, und das konnten sogar die Anführer des gelungenen Raubzuges sein.

Als der Prophet Mohammed um 630 seine Boten von Mekka aus über die Arabische Halbinsel schickte, hatten diese einen Brief in der Tasche. In dem Schreiben forderte Mohammed Könige, Scheichs und Regenten auf, sich der neuen Religion Islam anzuschließen, ansonsten würde er seine Reiterei ausschicken und sie absetzen. Das sorgte für Aufsehen, wagte es doch dieser Mohammed, ihnen mit einem einfachen Brief zu drohen. Viele Stammesführer, Oasen- und Stadtoberhäupter waren beeindruckt, so dass sie die Bedingungen akzeptierten und sich der neuen Religion anschlossen, darin aber eigentlich nur einen der üblichen Schutzverträge sahen, in diesem Falle eben mit Mohammed. Nach seinem Tod betrachteten viele Stammesführer den Vertrag als beendet. So hatten Mohammeds Nachfolger (*kalif*) große Mühe, die junge Gemeinschaft der Muslime zusammenzuhalten und gingen entschlossen gegen Verräter vor. Im Süden der Arabischen Halbinsel gab es kaum Abtrünnige – bis auf die Herren von Dibba. Daraufhin entsandte der erste Kalif Abu Bakr ein Heer, um für den Weiterbestand des Islams zu kämpfen. Auf dem großen Friedhof am Rande Dibbas sollen angeblich Teilnehmer dieser historischen Schlacht, die Abu Bakrs Reiter gewannen, bestattet sein. Die zweite Legende ist weltlicheren Ursprungs – die Stadt Dibba weigerte sich angeblich, ihren Tribut zu bezahlen und bekam deshalb mächtig Ärger und „militärischen Besuch".

Die Qawasim

Im Jahr 1490 wurde die Stadt Sharjah erstmals schriftlich erwähnt, und zwar in den Büchern Ahmed bin Majids, der schrieb, man könne die Stadt finden, wenn man den Sternen der Insel Tunb folge. Die Portugiesen, die ab etwa 1500 die Region beherrschten, hinterließen kaum Schriftliches, dafür ein paar Festungen an der Ostküste. Bei den Holländern, die im 17. und 18. Jh. im Persischen Golf mitmischten, hieß die Stadt Scharge, denn sie hatten mit der arabischen Aussprache, die in etwa „asch-schaariqa" lautet (was „Osten" bedeutet), ihre Probleme (ebenso wie später die Engländer, die die Schreibweise „Sharjah" erfanden). Ende des 18. Jh. waren es die Qawasim, die den Persischen Golf mit ihrer Flotte von fast 1000 Schiffen und 20 000 Seeleuten beherrschten; ab 1804 leitete Scheich Sultan bin Saqr bin Rashid al Qasimi für ein halbes Jahrhundert die Geschicke von Stadt und Emirat und eroberte die heutigen Besitzungen an der Ostküste. Die Qawasim beherrschten nun den Persischen Golf, und der Hafen Sharjah wurde neben Ras al Khaimah zu ihrem zweiten wichtigen Stützpunkt. In die Amtszeit dieses Scheichs fiel auch die Auseinandersetzung mit dem britischen Empire, während der die Stadt als „Piratennest" verschrien war und deshalb 1820 zusammen mit ihrer Flotte zerstört wurde. Im Verlauf dieser Auseinandersetzung gingen die Qawasim eine Allianz mit den aus Saudi-Arabien stammenden Wahhabiten ein, die gemeinsam gegen die britische Seeherrschaft im Persischen Golf kämpfte (wobei die Briten wiederum mit dem Sultan von Oman verbündet waren). Diese historische Verbindung beeinflusst noch heute das Leben in Sharjah, denn es gilt

---

Rechts: Promenade entlang der Khaled Lagune mit modernen Bürohochhäusern im Hintergrund.

Foto: Heiner Walther

als das „sittsamste" aller sieben Emirate, in dem der Austausch von Zärtlichkeiten mehr als nur verpönt ist und auch kein Alkohol ausgeschenkt wird.

Ein Wort noch zur – von den britischen Empire-Strategen so bezeichneten – „Piraterie". Der heutige Herrscher, Scheich Dr. Sultan bin Mohammed al Qasimi, ist nicht nur studierter Ökonom, sondern auch Historiker und hat über diese Zeit ein sehr interessantes Buch verfasst, *The Myth of Arab Piracy in the Gulf* (Der Mythos von der arabischen Piraterie im Golf). Darin zeigt er u. a. auf, dass viele der Untaten, die die Europäer den Piraten unterstellten und die die europäische Geschichtsschreibung als Begründung für die Vernichtung von Stadt und Flotte anführt, gar nicht von diesen begangen wurden.

Der erste Flughafen

Nachdem Englands Flotte Sharjah zerschossen hatte, schlossen die Briten großzügige Friedens- und Handelsverträge zur Sicherung eigener Interessen auch mit dieser Stadt. Da Sharjah damals noch vor Dubai ein wichtiger Handelsplatz war, ließ sich 1823 der englische „resident agent" hier und nicht etwa in Dubai nieder. Dieser Vertreter schützte nicht nur britische Handelsinteressen (wozu ein sicherer Seeweg nach Indien gehörte), er hatte auch ein Auge auf die politischen Aktivitäten der Qawasim und war Vermittler zwischen Emir und der britischen Krone. Die enge Beziehung zu England stellte sich in den nächsten Jahren als überlebenswichtig heraus. Denn auch Sharjah war vom Niedergang der Perlentaucherei betroffen, der Zweite Weltkrieg schränkte die Handelsaktivitäten weiter ein, und in den 1940er Jahren versandete die Zufahrt zum Hafen. Der auf ein Minimum geschrumpfte Seeverkehr verlagerte sich vollends nach Dubai, Sharjah verarmte zusehends.

Lediglich der Flughafen milderte die wirtschaftliche Depression ein wenig. Etwa 3 km außerhalb der Stadt hatte England 1932 eine staubige Piste und eine Baracke als Zwischenstopp für die Luftverbindung nach Indien eingerichtet. Alles, was an Material benötigt wurde, vom Wasser bis zum Essen an Bord, musste mit Eseln hertransportiert werden. Immerhin gab es schon einen Transferservice für die ersten Fluggäste, die in die Stadt kamen: Sie ritten auf Kamelen zu ihrer Unterkunft.

Wie Abu Dhabi verfügte auch Sharjah über eine Festung, die jedoch nicht außerhalb der Stadt lag, sondern ihr Zentrum war. Hier wohnte die herrschende Familie und empfing sowohl einfache Bürger, die zur Audienz kamen, als auch Gäste (heute erstreckt sich hier das Bankenviertel). In der nahegelegenen Al Arooba Street fanden damals noch Pferderennen statt.

Als Wilfred Thesiger Ende der 1940er Jahre nach Sharjah kam, zeigte er sich nicht sehr begeistert von der armseligen Stadt und beklagte die negativen Folgen des „modernen" Flughafens: „Wir näherten uns einer kleinen Araberstadt an einem freien Strand. Sie war so schäbig und baufällig wie Abu Dhabi, aber ungleich schmutziger, da sie mit dem Unrat unserer Zivilisation übersät war."

★SHARJAH

Klein, gemütlich und oft unterschätzt – obwohl ★Sharjah ⑲ die erste Stadt der Emirate mit einem internationalen Flughafen war und auch die ersten Badehotels an seinen **Stränden** entlang der **Al Meena Road**, beim Fischerdorf **Al Khan** öffneten, steht es touristisch schon lange im Schatten seiner mächtigen Nachbarin Dubai. Dabei hat es das eigentlich nicht verdient, denn unter seinem Regenten Scheich Dr. Sultan bin Mohammed al Qasimi ist es konsequent seinen eigenen Weg gegangen. Als der Bruder und Vorgänger des Herrschers, Khalid bin Sultan, Ende der 1970er Jahre nach dem Vorbild

Dubais damit begann, die historische Substanz der Stadt breiteren Straßen zu opfern, schritt der Scheich ein. Vom alten Familiensitz, der Festung im Herzen Sharjahs, konnte er zwar nur noch einen Turm und das Eingangstor retten, aber die Altstadt blieb zunächst erhalten, wenn auch in ruinösem Zustand. In den letzten Jahrzehnten wurde sie schrittweise unter Verwendung alter Materialien wieder aufgebaut.

Scheich Dr. Sultan wollte nicht mit Dubai konkurrieren, und zieht man heute einen Vergleich, so ist Dubai die grell geschminkte High-Society Party Lady, während sich Sharjah mit dezenten Farben und schön angelegten Grünflächen schmückt, es ruhiger angehen lässt, den Intellekt und die Musen fördert – und ein **Alkoholverbot** hat. Letzteres ist ein Zugeständnis an die Saudis; dabei wissen angeblich auch manche „Wasserprediger", wie Whisky schmeckt. Jedenfalls griff das saudische Königshaus dem Emir in den 1980er Jahre aufgrund der historischen Verbindungen zwischen Wahhabiten und Qawasim finanziell unter die Arme, als es zu Engpässen kam, und spendierte dazu noch eine Moschee. Daraufhin fühlte man sich in Sharjah moralisch verpflichtet, der saudischen Auffassung zum Umgang mit Alkohol entgegenzukommen und gelangte zu dem Schluss, dass er verbannt werden sollte. Seit 1985 ist das Emirat „trocken", d. h. weder in Hotels noch in Bars werden Spirituosen ausgeschenkt.

Dr. Scheich Sultan bin Mohammed al Qasimi ist ein vielseitiger Mann, der unter den sieben Regenten den Spitznamen „der Gelehrte" trägt, denn auch beim Thema Bildung ist er, der selbst Geschichte, Geografie und Agrarökonomie studierte, um Weiterentwicklung bemüht. Während in Dubai die elegantesten Hotels entstanden, ließ er drei Universitäten, eine Bibliothek und neun Kulturzentren für Frauen errichten. Neben seinen Bemühungen um die Landwirtschaft und den Erhalt des kulturellen Erbes ist er auch Ästhet und

Rechts: Fischverkauf in Sharjah.

Foto: Volkmar E. Janicke

den modernen Künsten zugetan. Während seine Kinder zu den aktiven Kunstschaffenden gehören, begnügt sich der Scheich mit Besuchen in den Museen dieser Welt. Beim Besuch der Uffizien in Florenz sollen es ihm die Mariendarstellungen angetan haben – in Anlehnung an die arabischen *dishdasha* soll ihm deren weißes Tuch vertraut vorgekommen sein. Damit auch seine Landsleute in den Genuss moderner Kunst kommen, ließ er Museen errichten, organisiert Ausstellungen wie die Kunstbiennale, stiftete einen Künstlerförderpreis und lädt Künstler aus aller Welt nach Sharjah ein. Neben der Heritage Area gibt es auch eine Arts Area, ein Künstlerviertel.

Die Bemühungen seiner Hoheit wurden durch die Verleihung eines besonderen Titels belohnt: Die UNESCO krönte Sharjah für das Jahr 1998 zur kulturellen Hauptstadt, nicht nur der Emirate, sondern der gesamten Arabischen Welt. Das mag etwas schmeichelhaft sein, denkt man an Städte wie Kairo oder Damaskus, aber es honoriert zu Recht die Bemühungen des Regenten.

„Smile, you are in Sharjah"

So ganz kann man sich aber auch in Sharjah den Versuchungen der modernen Entwicklung nicht verschließen: Wie ein Bazillus greift derzeit der Trend zum Bau künstlicher Inseln um sich. Nachdem Dubai damit anfing, den Meeresboden abzusaugen und ihn in Palmen- und gar Weltform aufzuschütten, begannen auch in anderen Golfstaaten wie Bahrain oder Qatar derartige Bauprojekte.

Im August 2005 kündigte Sharjah ebenfalls ein Mega-Projekt an: die **Al Nujoom Islands**, Sternen-Inseln. Für 5 Milliarden Dollar entstanden auf einem 50 km^2 großen Gebiet zehn Inseln, die durch Brücken untereinander verbunden sind. Darauf sollen nach Fertigstellung in Zukunft sowohl 2500 Villen als auch Bürogebäude und Hotels entstehen.

Das Lächeln, zu dem Sharjah seine Gäste im touristischen Slogan auffordert, wird künftig wohl noch ein wenig breiter ausfallen.

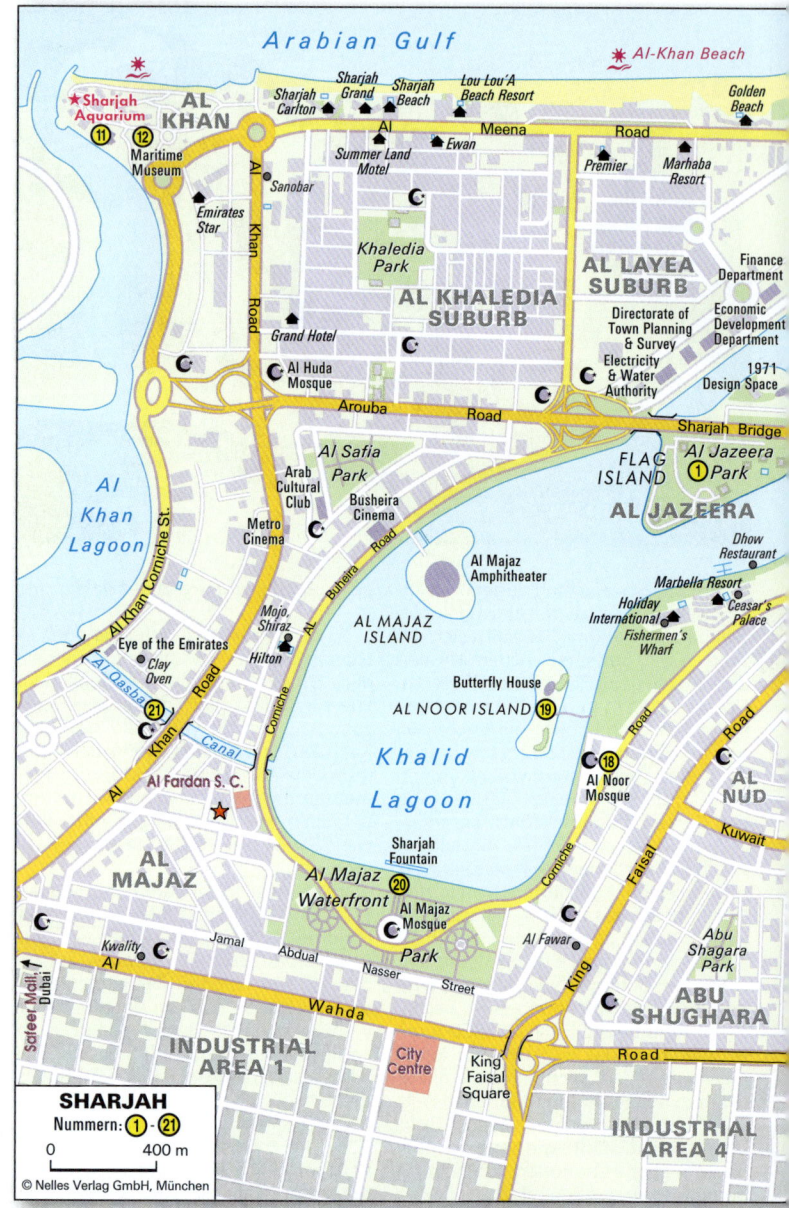

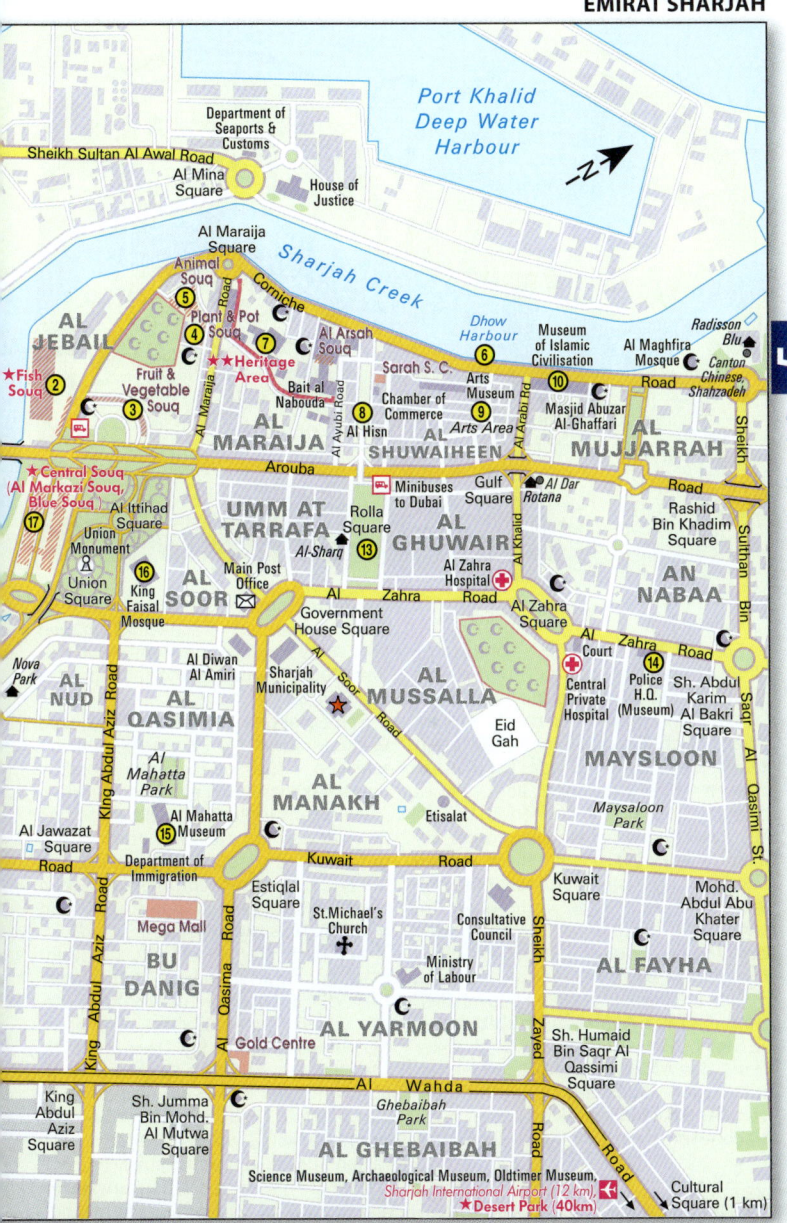

Port Khalid Deep Water Harbour

Department of Seaports & Customs

Sheikh Sultan Al Awal Road

Al Mina Square

House of Justice

Al Maraija Square

Sharjah Creek

Animal Souq

AL JEBAIL

⑤ Plant & Pot Souq ④

★Heritage Area ⑦

Al Arsah Souq

Dhow Harbour

Museum of Islamic Civilisation

Al Maghfira Mosque

Radisson Blu

Canton Chinese, Shahzadeh

★Fish Souq ②

Fruit & Vegetable Souq ③

Bait al Nabouda

Sarah S. C.

Arts Museum

Masjid Abuzar Al-Ghaffari

⑩

AL MUJJARRAH

AL MARAIJA

Al Hisn ⑧

Chamber of Commerce

Arts Area ⑨

★Central Souq (Al Markazi Souq, Blue Souq) ⑰

Al Ittihad Square

Union Monument

UMM AT TARRAFA

Al-Sharq

Arouba

Minibuses to Dubai

Rolla Square ⑬

AL SHUWAIHEEN

Gulf Square

Al Dar Rotana

AL GHUWAIR

Rashid Bin Khadim Square

Union Square

King Faisal Mosque ⑯

AL SOOR

Main Post Office

Al Zahra Hospital

AN NABAA

Nova Park

AL NUD

AL QASIMIA

Al Diwan Al Amiri

Sharjah Municipality

Government House Square

Al Zahra Road

Al Zahra Square

Al Court

Central Private Hospital

Police H.Q. (Museum) ⑭

Sh. Abdul Karim Al Bakri Square

AL MUSSALLA

Eid Gah

MAYSLOON

Al Mahatta Park

Al Mahatta Museum ⑮

AL MANAKH

Etisalat

Maysaloon Park

Al Jawazat Square

Department of Immigration

Kuwait Road

Kuwait Square

Mohd. Abdul Abu Khater Square

Estiqlal Square

St.Michael's Church

Consultative Council

AL FAYHA

Mega Mall

BU DANIG

Ministry of Labour

AL YARMOON

Sh. Humaid Bin Saqr Al Qassimi Square

Gold Centre

King Abdul Aziz Square

Sh. Jumma Bin Mohd. Al Mutwa Square

Al Wahda

Ghebaibah Park

AL GHEBAIBAH

Science Museum, Archaeological Museum, Oldtimer Museum, Sharjah International Airport (12 km), ★Desert Park (40km)

Cultural Square (1 km)

Am Creek

Sharjah liegt an einem Meeresarm, dem **Creek**, der sich zu einer weiten Bucht, der **Khaled-Lagune** weitet. Am besten fährt man über die Al Arouba Street nach Sharjah hinein. Sie überquert den Eingang der Lagune, in dessen Mitte eine **Insel** liegt. Sie ist abends und am Wochenende beliebtes Ausflugsziel für Familien, denn der **Jazeira Park** ① ist mit seinen kleinen Fahrgeschäften und Karussells eine willkommene Ablenkung vom Alltag. Interessante, wechselnde Ausstellungen zum Thema zeitgenössische Gestaltung bietet **1971 Design Space** auf der Insel.

Eine kleinere Insel weiter südwestlich trägt das neue **Al Majaz Amphitheatre**. Gleich hinter der Brücke liegt linker Hand der ★**Fischmarkt** ②. Am lebhaftesten geht es in den frühen Morgenstunden zu, wenn die Fischer von ihren Nachtfahrten zurückkehren, doch auch um die Mittagszeit ist noch ausreichend Ware vorhanden – schließlich haben 160 Verkäufer Platz in dem 2014 neu errichteten großen Marktgebäude des Jubail Souk.

Schräg gegenüber ist der **Obst- und Gemüsemarkt** ③ in einem schlichtschönen Gebäude untergebracht, durch das man ruhig einmal schlendern sollte. Die Händler sind selbst nach einem langen Tag auch am Abend noch gut aufgelegt und haben die exotischsten Früchte aufgetischt. Hier kann man auch verschiedene Dattelsorten und guten Dattelsirup probieren.

Auf dem Weg in die Altstadt folgt man der Straße entlang dem Creek-Ufer, die auf der rechten Seite plötzlich voller Blumenkübel steht: hier ist der **Pflanzenmarkt** ④. Dann geht die Uferstraße in Sharjahs **Corniche Road** über, und gleich zu Beginn, an der Ecke zur Al Mina Road, liegt der **Tier- und Vogelmarkt** ⑤, wo sich Emiratis junge Falken aus Persien besorgen. Die Corniche führt im weiteren Verlauf am **Hafen** ⑥ entlang, wo alte **Dhaus** festmachen

Oben: Der Obst- und Gemüsemarkt von Sharjah.

und ihre Ladung löschen. Hier lohnt ein Spaziergang am späten Nachmittag.

★★Heritage Area

Al Sheyouk und **Al Maraija**, hinter diesen beiden Stadtvierteln mit ihren wohlklingenden Namen an der Corniche versteckt sich das Herz von Sharjah, die restaurierte ★★**Heritage Area** ⑦. Hier sind die Museen des kulturellen Erbes an engstem Raum beieinander. Am Anfang ist die Orientierung etwas schwer, denn einige Häuser (arab. *bait*) tragen den Namen ihrer ehemaligen Besitzer, wie z. B. das **Bait Sheikh Sultan bin Saqr al Qasimi**, auch Bait al Garbi genannt, in dem traditionelle Wohnräume zu sehen sind. Bei anderen sagt der Name schon, was den Besucher erwartet, so z. B. im **Museum für Trachten und Kosmetika** oder dem **Schulmuseum**. Einen Überblick über die Museen und die aufwändigen Wiederherstellungsarbeiten gibt das **Restaurationsmuseum**. Anhand von Hausmodellen und Vorher-Nachher-Fotografien wird der betriebene Aufwand deutlich. Man sollte sich Schwerpunkte setzen, denn vieles wiederholt sich, so sind z. B. in mehreren Museen Kleidung oder Schmuck ausgestellt. Wer sich dennoch alles ansehen möchte, kann für jedes Museum einzeln bezahlen, im Durchschnitt 3 DH, oder das Sammelticket für 20 DH erstehen.

Bait al Nabouda / Heritage Museum

Wer nicht alle Museen besuchen, sondern nur einen Überblick über das historische Sharjah gewinnen möchte, sollte das prächtige Gebäude **Bait al Nabouda** ansteuern, in dessen hellen Räumen das **Heritage Museum** untergebracht ist. Ausgestellt sind Dinge des täglichen Lebens wie Kleidung und Schmuck, aber auch Geräte zum Fischfang oder Kochutensilien. Das Haus gehörte einer wohlhabenden Händlerfamilie, den Naboudas, und war auch

in der Vergangenheit vergleichsweise großzügig angelegt. Als eines der wenigen historischen Gebäude hatte es die Jahrhunderte so gut überstanden, dass seine Substanz zu einer Rekonstruktion ausreichte; es musste nicht komplett neu aufgebaut werden. Ausnahmsweise hatte das Bait Nabooda keinen Windturm: Die beleuchteten Bettnischen in den Räumen sind eigentlich Belüftungsschächte zum Dach.

Nach seinem Besitzer benannt ist das **Majlis Ibrahim Mohammed al Midfa**. Eine kleine Ausstellung widmet sich dem früher auch in Sharjah wichtigen **Perlenhandel**. Auf dem Gebäude thront eine Besonderheit: der einzige runde **Windturm** der Stadt. Eine besondere Rolle in der Entwicklung Sharjahs zur Kulturhauptstadt spielte Herr Ibrahim, der bis 1983 hier lebte. Als Sekretär des Herrscherhauses hatte er direkten Zugang zum Emir, der ihm die Einrichtung einer Bibliothek und die Gründung einer Zeitung erlaubte.

Gleich um die Ecke liegt der **Souk al Arsah**. Das Problem von restaurierten Märkten ist jedoch immer das gleiche: Die Wände sind sauber verputzt, der Boden ist nicht staubig, sondern gepflastert, einige leere Läden warten noch auf Mieter, und obwohl man mit originalgetreuem Baumaterial gearbeitet hat, fehlt es an Atmosphäre. Aber ein Besuch lohnt trotzdem. Man kann sogar hier wohnen, in einer der Seitengassen liegt ein sehr schönes **Hotel** mit wenigen Zimmern und ohne den Superluxus eines 5-Sterne-Hauses. Dafür wohnt man direkt über den Gassen des Marktes, und in dem traditionell eingerichteten Restaurant werden bei ausreichender Gästezahl lokale Köstlichkeiten zubereitet. Und für Souvenirsucher lohnt der Souk allemal, wobei man mit einigen der angebotenen Verkaufsartikel eventuell Probleme beim deutschen Zoll bekommen würde – dazu zählen lebende Falken und Hitlerbüsten.

Für eine Pause eignet sich der **Al Arsah Coffee Shop** mitten im Markt.

5

Emirat Sharjah

» **Stadtplan S. 194-195, Info S. 204-205**

Foto: DTCM Frankfurt (Fremdenverkehrsamt Dubai)

Museumstour

Das **Briefmarkenmuseum** ist ein Muss für Philatelisten. Ausgestellt sind in diesem kleinen Schmuckkästchen u. a. die ersten staatlich gedruckten Briefmarken von 1963, das Jahr, in dem auch die erste Post in Sharjah eröffnete. Die britische Postagentur in Bahrain half damals, einen Service zu Lande und auf dem Luftweg aufzubauen. Auf den Postwertzeichen sind lokale Persönlichkeiten und internationale Ereignisse verewigt.

Das **Museum für traditionellen Schmuck** interessiert vor allem die Damen. Bei den Beduinen war es üblich, Silberschmuck nicht als solchen zu vererben, sondern nach dem Tod der Besitzerin etwa die schweren Ketten in ihre Einzelteile zu zerlegen und zu neuen Kreationen zusammenzustellen.

Oben: Festlich geschmückte Braut. Über die Mittel zur Schönheitspflege gibt das Museum für Hausmedizin Auskunft. Rechts: Schatztruhe mit Beduinen-Silbergeschmeide im Museum für traditionellen Schmuck.

Ringe, Arm- oder Fußreifen ließ man einschmelzen und zu neuem Schmuck verarbeiten. Deshalb kommt diesem Museum mit seinen teilweise sehr alten Stücken eine besondere Bedeutung zu. Daneben sind auch neuere Geschmeide aus Gold, teils mit Diamanten oder Perlen besetzt, ausgestellt.

Wenn es für Mama und Papa ein Museum gibt, dann sollen die Kinder auch eins haben, nämlich das **Spielzeugmuseum**. Der stolze Beduine auf seinem Kamel sitzend, die Flinte über die Schulter gehängt, einen Falken auf dem Arm und mit schmalen Augen in die Ferne blickend – auch er war mal ein Steppke, der im Wüstensand spielte. Aber womit? Und woher hatte er es? Aus welchen Materialien bastelten sich die Kinder ihr Spielzeug? Darüber gibt diese kleine Ausstellung Auskunft.

Von den Heilkräften der Natur erzählt das **Museum für Hausmedizin**. Ein milchig weißer Saft fließt aus den weichen Blättern des „Sodomsapfels" (*Solanum sodomaeum*), wenn man sie anritzt. Der Saft der weit verbreiteten Wüstenpflanze ist ziemlich giftig, fand aber seinen Weg in die Hausapotheke der Emiratis, die daraus ein Heilmittel gegen Asthma und Atembeschwerden herstellten. Weitere spannende Details, z. B. mit welchen Kräutern und Lotionen die großen und kleinen Wehwehchen vor der Ankunft des Aspirins behandelt wurden oder was den Frauen zur Schönheitspflege zu Verfügung standen, erfährt man hier ebenfalls.

Zu guter Letzt lockt das **Museum für Münzkunde**: Den emiratischen Dirham gibt es erst seit der Staatsgründung 1971, vorher war der Rial, die heutige Währung im Sultanat Oman, Zahlungsmittel. Davor beglich man seine Rechnungen eine Zeit lang mit der indischen Rupie, die den wegen seines hohen Silbergehaltes beliebten Maria-Theresien-Taler ablöste. Wie der nach Arabien kam und welche Münzen seit 2000 Jahren in den Taschen arabischer Dischdaschas klimperten, kann man hier erfahren.

Foto: DTOU Frankfurt (Fremdenverkehrsamt Dubai)

Arts Area

Die Heritage Area wird im Osten von der Hisn Avenue (auch Burj Avenue) begrenzt, wobei „Avenue" wohl die falschen Assoziationen wecken dürfte. Denn es handelt sich eher um eine kurze Durchgangsstraße, aber nachdem hier die ehemalige Herrscherresidenz steht, das **Al Hisn** ⑧ (arab. „Festung"), musste auch ein wohlklingender Name her. Das Fort war 1820 im Zentrum der Stadt errichtet worden und diente bis 1969 als Wohnhaus und Versammlungsort. Dann fiel es der Verkehrsplanung zum Opfer, nur ein einzelner Turm, der Muhalwasa Tower, blieb übrig, der verloren auf einer Verkehrsinsel verkümmerte. Heute ist der Straßenverlauf geändert, die restaurierte Festung liegt am Rand eines autofreien Platzes; und im Inneren erwartet den Besucher ein **Volkskundemuseum** mit Fotos, Waffen, Dokumenten und einem Film über die rasante Entwicklung der Stadt.

Im Stadtteil Al Shuwaiheen liegt das **Künstlerviertel** ⑨ (**Arts Area**). In den fünf historischen Häusern sind u. a. die Ateliers einiger Künstler, mehrere Verkaufsgalerien, die Emirates Fine Arts Society und ein **Künstlercafé** untergebracht, in dem es sich herrlich fachsimpeln lässt. Gegenüber, am südöstlichen Rand des Arts Square, ragt der imposante Bau des 1997 eröffneten **Kunstmuseums** (Arts Museum) in den blauen Himmel. Manche finden sein fast langweiliges Äußeres geradezu hässlich, andere sind der Überzeugung, die Fassade sollte nicht von den ausgestellten Werken im Inneren ablenken. In den auf zwei Stockwerken verteilten 72 Galerien sind gibt es acht permanente Ausstellungen, die sich u. a. mit der historischen „Kontroverse zwischen den Al Qawasim und der britischen Armee" auseinandersetzen. Zu den Kunstwerken gehören Drucke, Ölgemälde, Aquarelle und Lithografien, einige davon aus dem 18. Jh. Bei den Wechselausstellungen kommen neuere Werke, darunter auch Fotografien, Bronzestatuetten und Steinskulpturen zur Schau, teils von einheimischen Künstlern aus Sharjah.

Foto: Heiner Walther

Im Norden des Künstlerviertels liegt das architektonisch sehr gelungene Gebäude des **Museum of Islamic Civilisation** ⑩, das man leicht an seiner goldfarbenen Kuppel erkennt (s. Bild S. 186). Über 5000 Exponate aus unterschiedlichsten Epochen erläutern dem Besucher Geschichte und Errungenschaften des Islams. Zusammengetragen hat ein Großteil der Ausstellungsgegenstände Dr. Scheich Sultan al Qasimi, darunter wertvolle Münzen, Gold- und Silberschmuck.

Im Stadtteil Al Khan, am Eingang zur Al-Khan-Lagune, tummeln sich im ★**Sharjah Aquarium** ⑪ etwa 250 Arten einheimischer Fische, vom Seepferdchen bis zum Riffhai, die man bei einem Spaziergang durch den gläsernen Tunnel in aller Ruhe beobachten kann. Gleich um die Ecke liegt das **Maritime Museum** ⑫. Historische Werkzeuge aus verschiedenen Lebensbereichen, darunter die gefährliche Perlentaucherei und der Schiffsbau, dokumentieren das Leben vergangener Tage. Interessant sind die Videofilme, in denen Zeitzeugen zu Wort kommen.

Innenstadt

Viel mehr los ist dagegen am **Rolla Square** ⑬ in der Stadtmitte. Früher stand hier ein riesiger Banyan-Baum (*Ficus bengalensis*), dessen Ableger rund um den Platz gepflanzt wurden. Angeblich erreichte er das biblische Alter von über 180 Jahren, heute erinnert ein Betonmonument an den Abu Schajjara, den Vater der Bäume. In den Abendstunden ist dies ein beliebter Treffpunkt der indischen Gastarbeiter. Zum Nationalfeiertag Anfang Dezember wird der Platz für kulturelle Veranstaltungen genutzt.

Vom Rolla Square sind es nur ein paar Meter zum von Hochhäusern gesäumten **Al Zahra Square**, in dessen Nähe sich das **Polizeipräsidium** ⑭ mit einem kleinen **Museum** befindet, das mit Ausstellungsstücken wie gefälschten Bank-

Oben: Der Souk al Markazi wird wegen seiner blauen Kacheln auch „Blue Souk" genannt. Rechts: Ästhetisch ansprechend – die neue Al Noor-Moschee.

noten und sicher gestellten Drogen eher wenige Besucher anlockt.

Das **Al Mahatta Museum** (15), nahe dem **Estiqlal-Platz**, ist interessant für Fans der Flughistorie. Dieses **Flughafenmuseum** steht auf dem Gelände des 1932 eingerichteten Airports und zeigt Erinnerungsstücke der letzten 70 Jahre. Der kurze Film über den staubigen Alltag des Flughafens zu Beginn der 30er Jahre ist recht amüsant und zeigt schöne Aufnahmen aus alten Tagen. Die in der Nähe gelegene **King Abdul Aziz Road** verläuft auf der damaligen Startbahn.

Die **King-Faisal-Moschee** (16) ist ein Geschenk Saudi-Arabiens. Mit Platz für 3000 Gläubige war sie seinerzeit die größte Moschee der VAE. Die King-Faisal-Moschee steht neben einer großen Grünfläche, dem **Ittihad Square** (Platz der Vereinigung). In seiner Mitte erhebt sich eine hohe, perlengekrönte Säule, das **Union Monument** zur Erinnerung an die Staatsgründung.

Foto: Oleg Zhukov – alan64 (iStockphoto)

★Souk Al Markazi

Zum Wahrzeichen Sharjahs ist der 1979 eröffnete **★Souk al Markazi** (17) (Central Souk, Blue Souk) geworden. Das 19 Mio. Euro teure Bauwerk ist optisch ansprechend, die Fassaden sind mit Kalligrafien und blauen Fliesen verziert, weshalb es auch „**Blue Souk**" genannt wird. Seine beiden Tonnengewölbe sind mit je zehn stilisierten Windtürmen verziert. Trotz der modernen Einkaufszentren hat dieser Markt nichts von seiner Anziehungskraft verloren. Denn die Auswahl in rd. 600 Geschäften ist groß, es gibt Juweliere, Musikläden, Geldwechsler, Antiquitätengeschäfte, Boutiquen und Freizeitkleidung. Der Souk liegt am Ufer der Khaled-Lagune. Spaziert man Richtung Süden, kommt man zu einem schönen Park.

Al Noor-Moschee

Die **Al Noor-Moschee** (18) von 2005, nach dem Vorbild der Sultan-Ahmed-Moschee in Istanbul im byzantinisch-osmanischen Kuppelstil errichtet, steht montags um 10 Uhr auch Nichtmuslimen offen (einstündige Führung).

Nahe der Moschee führt eine Brücke zur **Al-Noor-Insel** (19), die mit einem **Schmetterlingshaus**, aufwändiger Bepflanzung und dem kleinen Cafe *Noor* begeistert.

Al Majaz Waterfront

Südlich der Noor-Moschee liegt die **Al Majaz Waterfront** (20), ein aufwändig neu gestalteter Park. Es gibt hier Minigolf, Laufwege, einen kleinen Skulpturenpark, Restaurants und die **Sharjah Fountain**, die wie in Dubai mir Wasserfontainen, Licht und Musik die Zuschauer allabendlich ausser Sonntags ab 18.30 Uhr verzaubert.

Al Qasba

Nur wenige Meter westlich der Al Majaz Waterfront verbindet der Kanal **Al Qasba** (21) die Khalid Lagune mit der

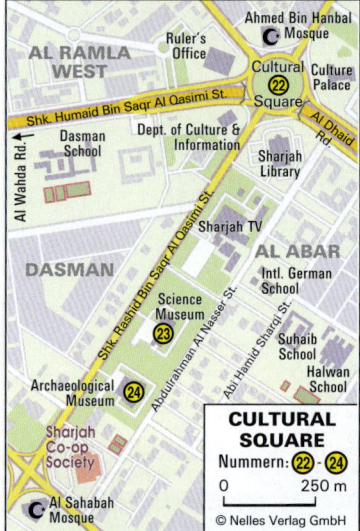

Ahmed Bin Hanbal Mosque
AL RAMLA WEST
Ruler's Office
Cultural Square
Culture Palace
Shk. Humaid Bin Saqr Al Qasimi St.
Dept. of Culture & Information
Al Dhaid Rd.
Al Wahda Rd.
Dasman School
Sharjah Library
Sharjah TV
DASMAN
AL ABAR
Science Museum
Intl. German School
Shk. Rashid Bin Saqr Al Qasimi St.
Abdurrahman Al Nasser St.
Abu Hamid Sharqi St.
Suhaib School
Halwan School
Abu Hamid Sharqi St.
Archaeological Museum
Sharjah Co-op Society
Al Sahabah Mosque

CULTURAL SQUARE
Nummern: 22 - 24
0   250 m
© Nelles Verlag GmbH

Al Khan Lagune. An seinen Ufern laden Geschäfte und Restaurants zum Flanieren ein, und vom Riesenrad **Eye of the Emirates** genießt man einen famosen Blick.

Science Museum und Archäologisches Museum

Am östlichen Innenstadtrand – südlich des **Cultural Square** 22 (des markanten Platzes mit der **Buchskulptur** und dem Kulturpalast) – liegt das **Science Museum** 23. Dass es für Kinder und Jugendliche konzipiert wurde, heißt nicht, dass nicht auch Erwachsene hier ihren Spaß haben und etwas dazulernen könnten. Man schlendert nicht nur durch die modern eingerichteten Ausstellungsräume, die sich verschiedenen Themen wie „Der menschliche Körper – Aufbau und Funktion der Organe" oder „Elektrizität – dein täglicher Be-

Rechts: Im Arabia Wildlife Centre des Sharjah Desert Park leben Oryx-Antilopen, die in den VAE fast ausgestorben waren.

gleiter" widmen, nein, hier gibt es auch Knöpfe zu drücken, die dann Schautafeln aufleuchten lassen. Das **Planetarium** zeigt den Sternenhimmel über Sharjah und entführt jährlich gut 50 000 Besucher in die Weiten des Weltalls.

Gleich daneben steht das **Archäologische Museum** 24 (Archeological Museum). Bei den Stichworten „Archäologie" und „Museum" zucken manche Touristen zusammen und denken an endlose Reihen von Glasvitrinen mit verstaubten Steinscherben und verrosteten Dolchgriffen, die mit schief hängenden, vergilbten oder gar unleserlichen Täfelchen beschriftet sind. Dass es auch ganz anders geht, beweist das vom Scheich persönlich initiierte Museum. Es legt großen Wert auf eine kreative Ausstellung ohne Langeweile, die das klassische Darstellungskonzept mit modernster Technik verbinden soll. Natürlich bleibt eine Tonscherbe eine Tonscherbe, aber wenn in einem leicht zu bedienenden Computer daneben eine Grafik verdeutlicht, wozu sie gehörte und wie man sie anfertigte, wird das Ganze viel lebendiger. Satellitenbilder, Karten, Fotos und Filme gehören ebenfalls zum Informationsprogramm. Für jüngere Besucher sind interaktive Videospiele installiert, um das Thema Archäologie näher zu bringen.

In der Vergangenheit suchten Archäologen vornehmlich nach sagenhaften Goldschätzen oder versunkenen Städten und Palästen, deren Entdeckung ihnen Ruhm und Anerkennung einbringen sollten. Dabei gingen sie teilweise sehr rücksichtslos vor und vieles, was heute für die Erforschung des alltäglichen Lebens der Menschen von einst von Bedeutung wäre, ging unwiederbringlich verloren. Wie Archäologen heute vorgehen, wie sie arbeiten, was sie erforschen und entdecken wollen, darüber informiert der erste Raum des Museums mit dem Schwerpunkt „Was ist Archäologie?". In den folgenden Räumen ist die Entwicklung Sharjahs von der Steinzeit bis zur Moderne in chronologischer Reihenfolge anschaulich dokumentiert.

Foto: Peter Franzisky (Bedu Expeditionen)

Oldtimer-Museum

Auf dem Weg nach Dibba sollten Liebhaber alter Automobile einen Stop im **Oldtimer-Museum** ⑳ (*Sharjah Classic Cars Museum*) nahe dem Flughafen einlegen. Mehr als hundert historische Kraftfahrzeuge, die auf den ersten Straßen Sharjahs unterwegs waren, stehen blank poliert in den Hallen, darunter etliche Rolls Royce der Scheichs, ein „Adenauer-Benz" und ein historisches Indian-Motorrad (Sa-Do 10-15 Uhr).

★Sharjah Desert Park

Einen Ausflug wert ist der ★**Sharjah Desert Park** ㉑, etwa 35 km außerhalb der Stadt. Dort lädt das aufwändig gestaltete **Naturhistorische Museum** zu einer Reise durch die Zeit. Von den Anfängen der Erde bis zur Entstehung menschlichen Lebens werden alle Epochen anschaulich dargestellt. Dinosauriermodelle, ein mechanisches Kamel, dessen gläserne Haut einen tiefen Einblick gewährt, bunte Schautafeln und Karten, auf denen es jede Menge Knöpfe zu drücken gibt, und ein „aktiver Vulkan" lassen die Zeit schnell vergehen.

Das **Arabia Wildlife Centre** ist der wohl einzige Zoo in Arabien, der über 100 einheimische Arten – alle auf der Arabischen Halbinsel natürlich vorkommenden Tiere – präsentiert, ob Reptilien, Fische, Insekten oder Vögel. In einem speziell eingerichteten Haus lassen sich sogar nachtaktive Tiere beobachten, und wer den äußerst selten gewordenen arabischen Leoparden sehen möchte – hier ist es möglich. Vom Café genießt man einen Blick auf den **Flamingo-See**, in der Nachbarschaft rennen Strauße um die Wette oder schlingen ihre Hälse bei der Balz fast zum Knoten. Mitte der 1960er Jahre war die **Oryx-Antilope** in diesen Breiten ausgestorben, heute gibt es sie auf der Arabischen Halbinsel wieder, in freier Wildbahn und auch hier im Zoo.

Im **Streichelzoo** tummeln sich Esel, Kühe, Pferde, Kamele und Ziegen, und im Gegensatz zum Wildlife Centre ist Füttern hier erlaubt.

》 Karte S. 118-119, Info S. 204-205

SHARJAH (☎ 06)

Das Emirat setzt nur auf virtuelle Betreuung seiner Touristen, eine ausländische oder lokale Anlaufstelle gibt es nicht. Dafür ist die webseite www.sharjahmydestination.ae recht ausführlich und in deutsch, eine Telefonnummer vor Ort ist 800 8000.

AMERIKANISCH: Das **Chili's** im Sahara Center, Tel. 282 8484, gehört zu einer Kette, die neben Burgern auch ein paar gute Fischgerichte anbietet. Für die Mittagspause stehen leichte Suppen und Salate zur Auswahl. Ansonsten sind in den belebten Stadtvierteln alle Fastfoodketten zu finden.

ARABISCH: Ein Restaurant mit emiratischer Küche sucht man in Sharjah vergeblich, dafür gibt es ein paar gute Libanesen, z. B. das **Al Fawar** in der King Faisal Road, Tel. 559 4662, oder das **Jabal Lebnan** in der Jamal Abdel Nasser Street, Tel. 555 7520, beide einfach aber gut.
Vom Namen nicht abschrecken lassen sollte man sich beim **Automatic** an der Buhaira Corniche, Tel. 573 6886, es ist zwar kein Gourmetlokal, aber man isst gut und überblickt die Lagune.
Einfach, aber günstig und gut ist auch die Küche des **Sanobar** in der Al Khan Road, deshalb sitzen hier immer viele Gäste.
CHINESISCH: Im **China Town**, Tel. 553 9778, gibt es gute Nudelgerichte aus Fernost; nur bei der Peking-Ente hat man das Gefühl, sie wäre selbst hergeflogen und deshalb etwas ausgezehrt.
Besser isst man sie im vornehmen **Canton Chinese** des Radisson Blu Hotel, Tel. 565 7777, das auch schöner eingerichtet ist.

INTERNATIONAL: Das **Dhow Restaurant,** Tel. 573 0222, liegt südlich des Central Souk fest am Ufer der Khaled-Lagune vertäut und ist eines der ältesten Restaurants der Stadt mit ausgezeichneten Fisch- und Grillgerichten, einem sehr guten Mittagsbuffet zu vernünftigem Preis und schönem Blick über die Lagune.
Eine vielleicht etwas beliebige Auswahl internationaler Speisen à la carte oder auf dem Buffet bietet das **Al Dar** im Rotana Hotel in der Al Arouba Street an, Tel. 563 7777, was aber der Qualität keinen Abbruch tut!

INDISCH: Aus dem **Clay Oven** (Lehmofen) nahe dem Al-Qasba-Kanal, Tel. 556 2312, kommen zur Mittags- und Abendzeit sehr gute Tandoori-Spezialitäten.
Vegetarier aufgepasst: Das **Kwality** in der Al Wahda Road, Tel. 559 1016, bietet viele fleischlose – und bestens gewürzte – indische Gerichte; gute Currys.

ITALIENISCH: Wen es nach einigen Schon-wieder-Reis-als-Beilage-Tagen nach einem deftigen Nudelgericht oder einer saftigen Pizza gelüstet, der fährt in das noble **Ceasar's Palace** im Marbella Resort, Tel. 574 1111. Reservieren Sie einen Platz auf der Terrasse im Garten!
Pizza Express an der Buhairah Corniche, Tel. 572 8364, der Name ist Programm.

PERSISCH: Das **Shiraz** im Hilton Hotel an der Corniche Road, Tel. 519 2222, zelebriert die iranische Küche mittags und abends, u. a. mit ausgezeichneten Kebabs, frisch gebackenem Brot und einem schönen Blick über die Lagune.

SEAFOOD: Das **Fishermen's Wharf** im Hotel Holiday International, Tel. 573 6666, ist zwar wie eine Seemannskneipe eingerichtet, aber man benimmt sich besser; das Essen auf dem üppigen Buffet ist sehr gut.
Im ersten Stock des Hilton-Hotels an der Corniche Road serviert das **Mojo**, Tel. 519 2222, u. a. eine Gulf Seafood Platter.
Es soll Leute geben, die die frittierölbasierte englische Küche in Arabien suchen – diese könnten im **Oceans Fish & Chips** an der Ecke Al Arouba/ Al Khan Road, Tel. 556 7733 eventuell glücklich werden.

BAR: In Sharjah gibt es **keinen Alkohol** und keine Bars – auf nach Dubai!

CAFÈS: An der Buhaira Corniche gibt es mehrere gute Cafés, darunter **Gerards Patisserie**, immer gut für einen Milchkaffee und ein zweites Croissant, oder das **1st Avenue Café**. Sehr arabisch ist das **Al Gahwa al Shahbeya**, viel Süßes gibt es im **Samadi Sweets**. Das **Starbucks** hier ist wie überall auf der Welt. Einfach schön entspannt geht es im **Al Arsah Public Coffee Shop** im Al Arsah Souk zu.

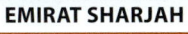
EIS: Sie möchten ein Eis? Besonders lecker ist es bei **Baskin Robbins** in der Al Wahda Road und im **Café Gelato** an der Buhaira Corniche.

INTERNETCAFÈS: Gibt es vor allem in den neuen Einkaufszentren, in der Al Arouba Street und am Rolla Square.

FREIZEIT: Das Freizeitangebot beschränkt sich in Sharjah hauptsächlich auf die Strände und Badehotels im Stadtteil Al Khan.
Die besten Tauchreviere Sharjahs finden sich an der Ostküste.
GO-KART: Neben dem Sharjah Sport Club bietet **Formula One's** einen 500 Meter langen Rennparcours für Profis, Anfänger und Kinder ab 10 Jahren. Einzige Bedingung: Die Kids müssen mit den Füßen schon die Pedale erreichen. Vor dem Rennen gibt es eine Sicherheitseinweisung, Helme werden gestellt.

In Sharjah gibt es ein paar große Einkaufszentren, die versuchen, mit Dubai zu konkurrieren. Während des Fastenmonats Ramadan findet ein kleines Einkaufsfestival mit Ausstellungen statt und im März die so genannte „Frühjahrspromotion", eine gute Gelegenheit für das eine oder andere Schnäppchen. Die Suche könnte auf den vier Etagen der **Al Taawun Mall** an der Ausfallstraße nach Dubai beginnen und im architektonisch auffallenden **Sahara Centre** weitergehen. Der Eingang des gläsernen Palastes ist mit einer Zeltkonstruktion überdacht, im Inneren bieten 155 Markengeschäfte ihre Waren an.
Für Kinder ist das **Adventureland** eingerichtet, für Erwachsene das **Multiplex-Kino**. Anfang 2005 eröffnete die **Safeer Mall** in der Al Wahda Road, deren 300 Geschäfte nach eigener Aussage „eine ungeheure Auswahl an Einkaufs- und Unterhaltungsmöglichkeiten für die ganze Familie" bieten – das kann man bei 111 500m^2 auch erwarten. Ein große Auswahl an Mode und Elektronik sowie einen Schuster gibt es im **Sharjah City Center** ein paar hundert Meter die Straße rauf Richtung Innenstadt.

BUS: Es gibt mehrere innerstädtische Linien (auch zum Flughafen) und zwischen 5.30 und 23.30 Uhr verkehren Busse in die anderen Emirate, nach Dubai auch ein Nachtbus. Infos bei Sharjah Transport (Tel.5 62 44 44 und 7 00 06 70 00, www.stc.gov.ae/en), Fahrpläne und Streckennetz bei KGL Passenger Transport Services, Tel. 6 00 52 22 82, www.mowasalat.ae, Vielfahrern sei die „Saver Card" empfohlen, die es für 45, 90 oder 180 Dh gibt (wiederaufladbar). Zu kaufen an der Haltestelle am Ittihad Platz und am Rolla Platz. Die Badehotels bieten meist einen Gratis-Shuttle nach Dubai an.

SAMMELTAXI: Sammeltaxen sind ein günstiges Fernverkehrsmittel. Abfahrt ist an verschiedenen Stellen, Richtung Ras al Khaimah (ca. 20 DH) ab Al Arouba Street auf Höhe des Hamra-Kinos, nach Al Ain und Abu Dhabi (beide ca. 35 DH) neben dem Obst- und Gemüsemarkt, nach Dubai (ca. 10 DH) ab Rolla Square und an die Ostküste (zwischen 20 und 30 DH) via Al Dhaid (ca. 15 DH) ab der Station am Khaleej Square.

TAXI: Alle Taxen haben Taxameter, die Grundgebühr beträgt tagsüber (6-22 Uhr) 3,50 DH, nachts 4 DH, jeder weiterer Kilometer ca. 1 DH. **Ruftaxen:** Delta Taxi, Tel. 559 8598, Citi Taxi, Tel. 533 4444.

AIRPORT: 12 km vom Zentrum entfernt, Tel. 558 1111. Ein Taxi kostet ca. 45 DH, die Busse des Airport City Link fahren regelmäßig in die Innenstadt und kosten 5 DH.

Das **Hauptpostamt** liegt in der Al Zahra Road nahe dem Gouvernement House Square, Tel. 600 599 999.

WECHSEL / GELDAUTOMAT: Wechselstuben im Central Souk und in der Arouba Street, die Banken mit Geldautomaten in der Burj oder Hisn Avenue. Teilweise kann man auch mit EC-Karte Geld ziehen.

APOTHEKE: In der Al Arouba Street. Alle Krankenhäuser haben eine angeschlossene Apotheke. Nachtapotheken sind in der Tageszeitung veröffentlicht.

KRANKENHAUS: **Al Qasimi Government Hospital**, in der Wasit Road, Tel. 538 6444. **Al Zahra Private Hospital**, am Al Zahra Square, Tel. 561 9999. **Kuwaiti Government Hospital**, in der Al Kuwait Road, Tel. 524 2111.
German Medical Clinic, Buhairah Corniche, Al Batha Tower, Tel. 575 0280, deutsches Ärzteteam.
ZAHNARZT: im **Al Zahra Private Hospital**.

5

Emirat Sharjah

Das Fort von Khasab auf der Halbinsel Musandam (Oman)

Foto: Mirafilm (Dreamstime)

NÖRDLICHE EMIRATE UND MUSANDAM

AJMAN

UMM AL QUWAIN

RAS AL KHAIMAH

HALBINSEL MUSANDAM (OMAN)

DIE DREI NÖRDLICHEN EMIRATE

Nördlich von Sharjah befinden sich die drei Emirate Ajman, Umm al Quwain und Ras al Khaimah, die durch eine Küstenstraße verbunden sind und eher am Rand des touristischen Geschehens liegen. Sie haben noch etwas Charme bewahren können, denn ihre alten Zentren liegen auf schmalen Landzungen, die kaum Platz für Erweiterungen ließen. Man sollte zwar keine restaurierten Gebäude erwarten, aber im Gegensatz zum Hochglanz von Abu Dhabi oder Dubai geht es hier beschaulicher zu. Zwar sind auch in diesen Emiraten mittlerweile Stadtviertel mit Hochhäusern entstanden, aber immerhin außerhalb der Altstädte.

Die nördlichen Emirate gehörten aufgrund ihrer Grundwasservorräte, die vom nahegelegenen Hajjargebirge gespeist wurden, zu den frühesten Siedlungsgebieten und heute noch zu den fruchtbarsten Gegenden des Landes. Aus jeder Epoche sind noch Spuren menschlicher Aktivitäten erhalten. Für Freunde der Archäologie finden sich interessante Ausgrabungen, wo teils noch gearbeitet wird; mit etwas Glück bekommt man sogar von den Wissenschaftlern vor Ort aktuelle Auskunft. Wer darauf nicht hoffen möchte, besucht die Museen in der jeweiligen Hauptstadt, in denen viele der so gesammelten Artefakte ausgestellt sind.

Von Dubai oder Sharjah aus lässt sich die Region in einem Tag bereisen, wenn man Schwerpunkte setzt. Das könnten zum Beispiel die Dhauwerften von Ajman sein, die archäologischen Ausgrabungen von Al Dur, ein Fallschirmsprung im Emirat Umm al Quwain oder aber die Landschaft im Emirat Ras al Khaimah. In den jeweiligen Hauptstädten bieten sowohl einfache als auch luxuriösere Unterkünfte Besuchern ein Dach über dem Kopf.

Ein Tipp für Abenteurer: Man nehme einen Geländewagen und das Buch *UAE Off-Road Explorer* mit detaillierten Satellitenkarten und Streckenbeschreibungen. Denn obwohl in den Emiraten zunehmend Pisten in den Bergen asphaltiert werden, um den nach wie vor dort lebenden Menschen einen leichteren Zugang zu den Märkten des Landes zu schaffen, sind noch genügend staubige Pisten zu sehenswerten Oasen übrig. In dem erwähnten Straßenatlas ist auch die Musandam-Halbinsel beschrieben, die zum Sultanat Oman gehört und ein vortreffliches Ziel auf einer Tour durch die drei nördlichen Emirate abgibt.

Links: Schlucht des Hajjargebirges bei Khasab.

6

Nördliche Emirate und Musandam

» **Karte S. 118-119, Info S. 226-227**

EMIRAT AJMAN

Fährt man von Sharjah Richtung Norden, kann es passieren, dass man in dem fast zusammengewachsenen, verstädterten Gebiet **Ajman** schon durchfahren hat, bevor man den Namen auf der Karte gefunden hat, so klein ist das Emirat. Sein Herrscher, Scheich Humaid V. bin Rashid al Nuaimi, regiert seit 1981 über gerade mal 259 km² mit einer Küstenlänge von 16 km (das entspricht lediglich 0,3 % der emiratischen Landesfläche) und hat rund 350 000 Untertanen.

Immerhin verfügt das Emirat noch über ein paar Inseln im Golf und zwei kleine Enklaven: die **Oase Manama**, etwa 60 km von der Küste entfernt nahe Al Dhaid, und das kleine Örtchen **Masfut** nahe Hatta an der Grenze zum Sultanat Oman. Sie sind wichtig für das Emirat, weil dort fruchtbares Land liegt, was Ajman zumindest teilweise eine Eigenversorgung mit landwirtschaftlichen Produkten ermöglicht, denn Öl gibt es hier keines.

Das Emirat profitiert von der Föderation durch finanzielle Zuwendungen aus Abu Dhabi. Die Bootsbauer Ajmans zählten jedoch schon in der Vergangenheit zu den besten ihrer Zunft, und sie haben den Sprung in die Neuzeit insofern recht gut gemeistert, als dass sich hier eine moderne **Schiffswerft**, die größte der Emirate, befindet und für konstante Einnahmen sorgt. Der nötige Stahl dafür wird ebenfalls vor Ort erzeugt. Weitere Industriebetriebe haben sich in der Freihandelszone Hamriya angesiedelt.

In mancher Beziehung mag die – wenn auch kurze – Distanz zu den Wirtschaftszentren ein Nachteil sein, in einer Hinsicht allerdings ist sie von großem Vorteil: Die Mietpreise sind niedriger, und da Ajman nur knapp 10 km von Sharjah bzw. 20 km von Dubai entfernt liegt, bevorzugen zunehmend mehr Arbeitnehmer die ruhigere und vor allem preiswerte Wohnlage. Allerdings müssen diese dafür den alltäglichen Verkehrsstau morgens und abends in Kauf nehmen.

Ajman

Touristisch gesehen ist die **Stadt Ajman** ㉒ gerade noch nah genug dran, um für Gäste, die nicht im Trubel Dubais oder den etwas beengten und zudem alkoholfreien Verhältnissen Sharjahs entspannen möchten, eine überlegenswerte Alternative zu sein. Der feine weiße ★**Sandstrand** ist lang und sauber, und in den letzten Jahren ist die fremdenverkehrstechnische Infrastruktur immer mehr verbessert worden. Dazu gehören mehrere Mittelklasse- und ein Luxushotel – das **Ajman Kempinski Resort** ① – und bald auch ein (bereits geplanter) Jachthafen mit weiteren schicken Hotels.

★Museum im Fort

Ajman ist klein, übersichtlich und liegt am Ufer einer großen Bucht, dem Khor Ajman, in dem sich der Hafen, die modernen Werften und – auf dem gegenüberliegenden Ufer – die Dhauwerften befinden.

Von Sharjah kommend folgt man der **Sheikh Rashid Street**, einer der Hauptgeschäftsstraßen, und gelangt mitten hinein.

Im Zentrum steht der obligatorische **Uhrturm**, direkt gegenüber die alte **Festung** am Central Square. Das Emirat war schon immer so klein, weshalb es die Briten wahrscheinlich bei ihrer Strafaktion gegen die Piraten Anfang des 19. Jahrhunderts übersahen, jedenfalls stammt das Fort aus dem Jahr 1775 und diente der Herrscherfamilie lange Jahre als Wohnsitz. Der erste Bau war allerdings eine reine Verteidigungsanlage ohne großen Wohnkomfort, weshalb die Festung im Lauf der Zeit schrittweise erweitert wurde, u. a. um die gut erhaltenen Räume mit Windtürmen. Dann wollte auch Scheich Humaid schöner

ARABIAN

GULF

Sabella's,
Café Kranzler,
Bukhara, Hai Tao

Ajman
Kempinski Resort

Ajman Saray Resort

Ajman Beach

Fairmont Ajman

Ajman Palace

Ajman Beach

Lotah
Jamea
Mosque

Cornish
Apartments

OLD
TOWN
(NAKHEEL)

Ajman Beach

An Naheel

Landmark
Suites

Al-Murabaa

RUMAILAH

Holiday
Beach Club

Ajman
Cornish

Caravan
Resort

Waves
Resort

Sharja
Beach

Coral
Beach

Khor Ajman

Fish &
Meat Souq

Al Sahabah
Mosque

Ajman Ports
& Customs

Ajman Culture
Centre

Iranian
Souq

Fruit &
Vegetable
Souq

Ajman Free
Zone Authority

Ajman
Court

FREE

Khor Ajman

Ruler
Court

BenJaber
Mosque

Al Zahra
S. C.

Chamber of
Commerce
& Industry

Al Madina
Souq

Ajman
Museum

ZONE

Clocktower

Central
Square

BUSTAN

Abaya
Market

Gold
Souq

Commercial
Bank of Dubai

Cinema

Main Post
Office

Fish
Market

Land & Property
Department

City Medical Centre

Municipality
& Planniung
Department

Shaikha
Bent
Ahmad
Mosque

FEWA

Lulu S. C.

Al Ittihad

Power
Station

Al Karahma Street

Al Sahah
Clinic

Az Zahra Street

Street

Emirates Bank
International

Rashid Ben
Humaid
Al Nouami
Mosque

Shahad
Medical
Centre

Othman Ben
Afan Mosque

Falcon
Towers

AL RASHIDIA

Khalid Bin Al Waleed Street

Kasr Az Zehr Street

Ruler's
Palace

Umm Al
Momineen
Association

Al
Rashidia
Ladies
Park

Ar Rumailah Street

SAWAN

Al Hassawi
Mosque

Ruler's
Palace

Al Gharafah Street

Badr Street

Traffic Office

Safeer
Mall

Ministry of
Health

Arabic
Institute

Ras al Khaimah Street

First Gulf Bank

Investbank

King

Preston
University

Faisal St.

Boundary Road

AR RIFA'AH

Dubai, Sharjah

AJMAN	
0	400 m

© Nelles Verlag GmbH

6

Nördliche Emirate und Musandam

Foto: Kempinski Emirates Palace Abu Dhabi

wohnen, baute sich 1970 einen neuen Palast mit Klimaanlage und vermachte das Gebäude der örtlichen Polizei. Dicke Mauern, kleine Fenster, eisenbeschlagene Türen – ideal für ein Gefängnis. Bis Ende der 70er Jahre hielten die alten Mauern jedem Fluchtversuch stand, dann begannen sie zu bröckeln, so dass man nicht mal Werkzeug brauchte, um ein Loch reinzukratzen. Gefangene raus, Bauarbeiter rein, und nach zehn Jahren Hämmern, Schleifen und Zimmern war 1991 das kleine, aber feine ★Ajman Museum ② fertig, das sich hinter dem High-tech-Showroom in Dubai nicht zu verstecken braucht.

Das alltägliche Leben steht im Mittelpunkt, und wie sollte es sich von jenem in Abu Dhabi oder Sharjah unterscheiden? Die Menschen lebten vom Fischfang, der Perlentaucherei, aßen Datteln und – hörten Radio! Jawohl, Radio. Zwar erst ab 1961 und auch nur für wenige

Jahre, aber immerhin gab es hier die erste Radiostation der Vereinigten Arabischen Emirate, die der damalige Herrscher Scheich Abdullah Ali bin Hamdha einrichten ließ. Das Programm war allerdings nicht sehr abwechslungsreich und wurde vor allem von den Inhalten des Korans bestimmt. Im „broad cast"-Raum sind die alten Gerätschaften ausgestellt.

Bereits im Innenhof beginnt die detaillierte Darstellung der alltäglichen **Lebenswelt** der Vorerdölzeit mit lebensgroßen Figuren: Unter einem Baum füllt ein Mann den für die Allgemeinheit aufgestellten Trinkwasserbehälter, während sein Esel geduldig wartet. In den zwei Etagen der ehemaligen Wohnräume setzt sich die Darstellung fort – achten Sie darauf, mit welchen Gerätschaften der Frisör zu Werke geht. Dass man sich bei der Heilung von Krankheiten nicht nur auf die Kräfte der Kräuter verließ, sondern auch den Koran zu Hilfe nahm, mag nicht unbedingt überraschen – aber das „Wie" vielleicht schon: Der Arzt schrieb ausgesuchte

Oben: Ein ausgedehnter, gepflegter Sandstrand und das komfortable, gut geführte Kempinski Resort locken Badeurlauber nach Ajman.

Koranverse mit einer besonderen Tinte aus Rosenwasser auf, wusch sie vorsichtig von der Unterlage und gab das geheiligte Wasser dem Patienten zu trinken.

In weiteren Räumen sind archäologische Funde und das zugehörige **Rundgrab** von Mowaihat (Umm-al-Nar-Periode), historische Handschriften, Waffen, Spielzeug und auch landwirtschaftliche Geräte ausgestellt. Ein Zimmer zeigt, wie ein Scheich damals lebte und welche Schuhe seinerzeit modern waren. Nach soviel Kultur gönnt man sich gern eine Pause im **Café** und findet im kleinen Museumsshop vielleicht eine Postkarte mit ansprechendem Erinnerungsmotiv, denn das Fotografieren ist nicht gestattet.

Rund um Khor Ajman

Um das Museum herum liegt das historische Zentrum Ajmans, was aber eher bedeutet, dass die Läden klein sind, vornehmlich Gebrauchsartikel für die Bevölkerung und kaum touristisch Interessantes feilbieten. Auch vom **Souk** 3 am **Hafen** sollte man in dieser Hinsicht nicht zu viel erwarten, es sei denn, man ist auf Motivsuche. **Obst**, **Gemüse** und in den frühen Morgenstunden frischer **Fisch** sind das Hauptangebot, daneben bietet der **Iranische Markt** viele Plastikwaren für den Haushalt.

Das meistbesuchte Gebäude Ajmans dürfte wohl die unscheinbare Baracke „Hole in the wall" nahe dem Hafen sein, denn hier wird zur Aufbesserung der Emiratskasse **Alkohol** verkauft. Zwar gibt es in allen großen Städten der VAE (außer im Emirat Sharjah) „liquor shops" (Spirituosenläden), doch dürfen Muslime dort nicht einkaufen. Sie sind für Ausländer, die hier leben; diese Expats benötigen jedoch für den Schnapskauf ein offizielles, von der Polizei ausgestelltes Dokument (*liquor license*). In dem spöttisch als „Trinkerpass" bezeichneten Heftchen prangt ein Passfoto und ist die monatlich erlaubte Summe für den Einkauf von Alkohol vermerkt. Jeder Kauf wird in dem Heftchen notiert und gestempelt, und wer es sich nicht einteilen kann, bekommt am Ende des Monats nichts mehr – und fährt dann nach Ajman, da wird ohne Pass an jeden alles verkauft, von Wein bis Whisky. Aber Achtung – wenn Sie als Tourist den Trip dorthin machen, beachten sie folgendes: Die Ausfuhr von Alkohol aus dem Emirat Ajman ist illegal! Das Mitführen von Alkohol im Auto ist wie überall in den Emiraten auch in Ajman illegal. Wenn sie in eine Polizeikontrolle geraten und man findet Alkohol, haben Sie ein massives Problem. Wenn Sie einen Unfall bauen und man findet Alkohol in ihrem Auto, haben Sie keinen Versicherungsschutz und werden vorläufig festgenommen, selbst wenn die Flasche nur verschlossen im Kofferraum liegt! Dies wird tatsächlich immer so gehandhabt und ist keine Reiseführer-Übertreibung!

Die Hallen des **Neuen Souks** im modern-arabischen Stil, an der Ausfallstraße nach Umm al Quwain, wurden Mitte der 1990er Jahre eröffnet, und es dauerte wegen der Entfernung zur Stadtmitte eine ganze Weile, bis sie von der Bevölkerung angenommen wurden. Wegen des großen Angebots an Freizeitkleidung, Parfüms und Goldschmuck sowie einigen Restaurants und Cafés kann man durchaus einen Abstecher dorthin erwägen.

Eine Visite im Neuen Souk lässt sich mit dem Besuch der **Dhauwerften** verbinden. Hier werden noch Schiffe nach traditionellem Vorbild gebaut, überwiegend für die Fischer, aber ab und zu findet sich auch ein großes Frachtschiff darunter. Die Kosten für die Auftraggeber halten sich einigermaßen in Grenzen, seit das teure Holz in den letzten Jahren weitestgehend durch die günstigeren und schneller zu verarbeitenden Glasfasermatten ersetzt wurde. Aber mit etwas Glück sieht man noch das Gerippe eines hölzernen Neubaus am Strand stehen.

6

Nördliche Emirate und Musamdam

EMIRAT UMM AL QUWAIN

Nur 20 km von Ajman entfernt liegt das nicht sehr viel größere Emirat **Umm al Quwain**, dessen Name übersetzt „Mutter der Stärke" bedeutet. Diese Stärke, einst auf die furchtlosen Seeleute bezogen, verteilt sich heute auf knapp 780 km² und weniger als 75 000 Einwohner. Scheich Saud bin Rashid al Mualla, Herrscher Umm al Quwains, hat von den sieben Emiren wohl das schlechteste Los gezogen, denn dieses Föderationsmitglied besitzt im Gegensatz zu allen anderen keine Enklaven. Da es sich auch über keinerlei Erdölvorkommen freuen kann, sind die Haupteinnahmequellen die Fischerei und die Landwirtschaft (in der **Oase Falaj al Mualla**, 55 km südöstlich). Der Scheich versucht, das Beste daraus zu machen und baute z. B. vor den Toren der Stadt einen Vergnügungspark. Für Archäologen und Ornithologen halten Stadt und Emirat jedoch ein paar Schätze bereit.

Die **Stadt Umm al Quwain** ㉘ (ca. 90 000 Einwohner) erstreckt sich auf einer 12 km langen Landzunge, die zusammen mit der gegenüberliegenden Insel Siniyyah die riesige (zum Segeln ideale) Bucht des **Khor al Baidah** bildet. Auf **Siniyyah** sprudelte einst eine Süßwasserquelle, hier ließen sich in grauer Vorzeit die ersten Siedler nieder. Doch eines Tages versiegte die Quelle, und die Menschen zogen um auf die nordöstliche Spitze der Landzunge. Siniyyah blieb seither unbesiedelt. Zahlreiche Pflanzen wie Mangroven, seltene **Vögel**, darunter Dauergäste oder Zugvögel aus Europa und vom Aussterben bedrohte **Meeresschildkröten** nahmen die Insel und einen großen Teil der Bucht in Beschlag. Heute ist hier ein Naturschutzgebiet, dass nur mit Permit betreten werden darf (Infos beim Tourist Centre oder beim Marine Research Centre). Doch auch von den Uferbereichen lassen sich die Tiere mit einem Fernglas gut beobachten.

Umm al Quwain

Altstadt

In dem Western „High Noon – 12 Uhr mittags" schreitet der Held allein durch menschenleere Straßen – die Altstadt von Umm al Quwain bietet zur Mittagszeit ungefähr solch ein Bild. Von der ehemaligen **Stadtmauer**, welche die erste Siedlung nach Südwesten abschloss, blieben nur drei als **Türme** übrig. Hier kann man seinen Wagen stehen lassen und einen Spaziergang machen. Hält man sich am rechten Ufer, kommt man zur alten **Festung** ①, die von 1768 bis 1969 Sitz der herrschenden Familie war und heute ein **Museum** beherbergt. Davor spenden Palmen mehreren Kanonen und wenigen Besuchern Schatten, innen sind neben den üblichen volkskundlichen Gegenständen, die in der jüngeren Vergangenheit verwendet wurden, vor allem Artefakte der beiden wichtigen Ausgrabungsstellen von Al Dur und Tell Abraq (s. S. 216) von Interesse.

Auf dem weiteren Weg durch die Altstadt ist der Verfall der alten Häuser ständiger Begleiter. Eigentlich ein trauriger und zugleich bizarrer Anblick, hält man sich vor Augen, dass nur eine Autostunde entfernt im Emirat Dubai das höchste Gebäude der Welt in den arabischen Himmel ragt.

Nicht weit vom Museum liegt der **Fischmarkt** ②, auf dem es recht lebhaft zugehen kann. Nur wenige hundert Meter nördlich davon empfängt Umm al Quwains **Tourist Centre** ③ seine Besucher. Hier, am **Strand** fest vertäut, liegt die stillgelegte „**Gulf Fantasie**", ein ehemaliger Ausflugsdampfer. Wer sich ein paar aktive Stunden am Wasser gönnen möchte, kann hier surfen oder einen **Jetski** mieten.

Am nördlichen Ende der Landzunge befindet sich das **Marine Research Centre**, eine Meeresforschungsstation, der auch ein **Aquarium** ④ angeschlossen ist.

ARABIAN

GULF

Aquarium & Marine
Research Centre **④**

Sea
Port

Emam Abu
Hneefa
☾ Mosque

Al Lohar
Mosque ☾

Faisal Street

☾ Al
Shareef
Mosque

Tourist
Centre
7 ③

UAQ Wall

Puplic
Park

Cardoba
Theater

✚

Flamingo
Resort

(Al Corniche St.)

Al Moalla Road

(Al Corniche St.)

*AL
LIMGHADAR*

Grave
Yard

☾

Juma Al
Masjid

Fort (Museum) **①**
Juma
Mosque

☾ **OLD TOWN**

Corniche Road **②** Fish Market

*UAQ
Harbour*

Deep Channel

Al Corniche St.

Al Moalla Road

Sheikh Ahmed Bin Rashid al Moalla Rd

Ministry of
Environment
& Water

*AL
HAWIYAH*

UAQ Chamber of
Commerce & Industry

Al Diwan

★ UAQ
Municipality

Khor Umm

Musalla
Roundabout

National
Bank
of Dubai

Eid Gah ☾

al Emir Rd

✚ UAQ
Hospital

Theater

UAQ
Court

Erimi Court

*JAZIRAT
AL
GHALLAH*

*AL
RAAS*

Road

*AL
KHOR* ✉

Al Arabi
Sports Club ☾

Al Kuwait

Stadion

Wedding
Hall

Palma Beach
Resort

al

Mangroves

Shabiyah
Roundabout

Road

Al Siddiq

Al Sadeeq ☾

Road

Quwain

King Faisal Road

Al Moalla Road

Lulu Supermarket

Ministry
of Interior

☾

UAQ
Co-operative
Society

Abu Bakr

Al Safad

*AL
DAR AL
BAIDA*

Marine Club &
Riding Centre

*AL
RAAS*

*AL
RIQQAH*

Omer Bin Al Katab Rd

Al Bir

Mangroves

Electricity
Generation
Plant

Fire
Station

Al Rashed

*MASJID AL
MAZROUI*

Emaar Spa

Electricity
Roundabout

Al Aqba

Bin

Al Nafe Road

Al Sheikh

*AL
MAIDAN*

*AL
HUMRAH*

*AL
HUMRAH*

Vegetable
Meat & Fish
Souq

Umm Al Quwain
Beach Hotel
● UAQ Beach
Restaurant

▲ Ajman, Ras al Khaimah,
Dreamland Aquapark,
Baracuda Resort

▲ Pearl Hotel

6

Nördliche Emirate und Musandam

UMM AL QUWAIN	
0	500 m

© Nelles Verlag GmbH, München

Dreamland Aqua Park

Für Freizeitaktivitäten stehen etwa 20 km von Umm al Quwain (Richtung Ras al Khaimah) zwei Einrichtungen zur Verfügung: Der Vergnügungspark **Dreamland Aqua Park** ㉔ ist eigentlich ein riesiges Freibad. Hier locken neben den Schwimmbecken und 25 verschiedenen **Wasserrutschen** eine **Go-Kartbahn** und Videospiele. Auf dem nahen **Sportflugplatz** bietet sich – neben **Ballonfahrten** und **Hubschrauberrundflügen** – auch die Gelegenheit zu einem **Tandemfallschirmsprung**.

Ausgrabung von Al Dur

Ebenfalls an der Straße Richtung Nordosten liegt die **Ausgrabung von Al Dur** ㉕, woher etliche der historischen Exponate des Museums im Fort stammen. Mit 4 km Länge ist sie eine der größten präislamischen Siedlungen der Emirate. Über das Gelände verstreut fin-

den sich rund 2000 Jahre alte Überreste von Gebäudekomplexen. Sie waren unterschiedlich groß, manche bestanden nur aus einem großen Raum, bei anderen ist eine Wohnstruktur noch erkennbar. Dazwischen kamen Hunderte Gräber zum Vorschein. Seit 1970, als ein irakisches Team dort mit Ausgrabungen begann, fanden sich wertvolle Artefakte, die darauf schließen lassen, dass die Siedlung mit ihrem Hafen im ersten vorchristlichen Jahrhundert ihre Blütezeit hatte und zu dieser Zeit weitreichende Handelskontakte pflegte. Zum Vorschein kamen kostbares römisches Glas, Trinkgefäße, Waffen, Schmuck, Eisenobjekte, Tonscherben und Münzen aus heimischer Prägung und aus Übersee. Zu den wichtigsten Ruinen gehört der **Tempel**, in dessen verfallenen Mauern ein Basin mit Inschriften verriet, dass er der semitischen Gottheit *shams* (arabisch für Sonne) geweiht war.

Die zweite, weniger für Touristen als vielmehr für Archäologen interessante Stätte ist **Tell Abraq** an der Grenze zum Emirat Sharjah. Auffallendstes Bauwerk

Oben: Jetski-Vergnügen in Umm al Quwain.

muss ein mächtiger Turm gewesen sein, dessen Fundamente einen Durchmesser von 40 Metern aufweisen und auf das Ende der Umm al Nar-Zeit (um 1800 v. Chr.) datiert werden. Nur wenige Meter daneben fand sich ein für die Epoche typisches **Rundgrab** mit den sterblichen Überresten von 350 Bewohnern, die hier zwischen 2200 v. Chr. bis 300 v. Chr. gelebt haben. Die Siedlungsreste liegen am Rand einer großen Senke, die im Winter nach heftigen Regenfällen überflutet wird, Wissenschaftler gehen deshalb davon aus, dass Tell Abraq eine Hafenstadt war und sich der Küstenverlauf in den vergangenen 4000 Jahren verschoben hat. Denn auch hier fand sich ausländische Ware aus dem Industal, aus Mesopotamien, Afghanistan und dem Iran.

EMIRAT RAS AL KHAIMAH

Im Oktober 2010 verstarb der am längsten regierende Scheich der VAE, Saqr bin Mohammed al Qasimi, der seit 1948 Ras al Khaimah, das größte der drei nördlichen Emirate, regiert hatte. Nachfolger wurde sein Sohn Saud bin Saqr al Qasimi, der seinen Vater bereits 2003 inoffiziell abgelöst hatte.

Das „Kap des Zeltes" (das etwa bedeutet der Landesname Ras al Khaimah) überblickt 1700 km² und 270 000 Einwohner leben darin. Woher der Name kommt, ist nicht genau überliefert, aber er wird mit den bis zu 1900 Meter hohen Gipfeln des nahen Hajjargebirges in Verbindung gebracht. Dieser Teil der VAE gehört zu den landschaftlich abwechslungsreichsten und schönsten. Da ist zum einen die lang gestreckte Küstenregion (die allerdings im Norden etwas öde wirkt), dann die Berge, durch die sich stellenweise wunderbare Felsschluchten ziehen, die man mit Geländewagen erkunden kann. Dazwischen breitet sich eine weite Ebene aus, in der dank reichlich Grundwasser viel **Landwirtschaft** betrieben wird, unter anderem auch Rinderhaltung. Die Tiere

fühlen sich wohl in ihren klimatisierten Ställen, die relativ hohen Niederschläge sichern das Nachwachsen von Viehfutter sowie das Gedeihen von Obst, Gemüse und Datteln.

Ras al Khaimah hat Glück gehabt: Seine Grenzen wurden so gezogen, dass es ein Stück vom Ölkuchen abbekam, leider jedoch nur ein klitzekleines, das schwer zu finden war. Erst seit Mitte der 80er Jahre spült es ein paar Dollar in des Emirs Schatulle. Deshalb lebt es wie seit eh und je auch von der Fischerei, deren Flotte in der großen Bucht, an der auch die Stadt Ras al Khaimah liegt, einen natürlichen Hafen hat. In den letzten Jahren hat es jedoch auch viel in seine touristische Infrastruktur investiert und es entstanden z.T. sehr exklusive Hotels – und wie anderswo auch glaubt man hier nicht auf eine eigene künstliche Insel verzichten zu können. Dafür schloß man mit dem spanischen Fußballgiganten Real Madrid einen lukrativen Vertrag: hier wird das weltweit erste zum Meer hin offene Stadion gebaut und aus der Vogelperspektive wird man das Logo des Spanischen Fußballclubs im Meer erkennen.

Seit „sehr unvordenklicher Vergangenheit", wie auf der Website des Emirates zu lesen ist, leben Menschen in diesem Gebiet, unterstützt wird die Aussage von den zahlreichen Gräbern und Artefakten aus Ras al Khaimas Erde. Seit 5500 v. Chr. ist eine durchgehende Besiedlung, wenn auch an verschiedenen Orten, nachgewiesen.

Zu den bekanntesten Siedlungen der Antike gehört zweifelsohne der historische Hafen *Julfar*, der ein paar Kilometer östlich der heutigen Stadt seine Schiffe in die entferntesten Länder der damals bekannten Welt entsandte. Seine Anfänge liegen im 2. oder 3. Jh., seine Blütezeit erreichte er zwischen dem 14. und 17. Jh. Nach Persien, Indien, China oder Ostafrika machten sich die Händler auf, und berühmte Reisende wie Marco Polo, Al Idrisi oder der Marokkaner Ibn Battuta besuchten Julfar und hielten

6

Nördliche Emirate und Musandam

ihre Eindrücke von der reichen und schönen Stadt für die Nachwelt fest.

In Julfar wechselte nicht nur chinesisches Porzellan den Besitzer, im Hinterland stellte man selber Töpferwaren her, die ihren eigenen Stil hatten und als „Julfar-Ware" bezeichnet werden. Als Julfar längst Geschichte war, töpferten die Menschen trotzdem für den Eigengebrauch weiter, und die letzten Brennöfen sind erst vor wenigen Jahren erloschen.

Der berühmte arabische Navigator Ahmed bin Majid, der „Löwe der Meere", erblickte im Jahr 1435 hier das Licht der Welt.

Im Lauf der Geschichte gingen hier persische Truppen, kurz Portugiesen und Holländer und – später, aber nachhaltiger – die Briten an Land. Sie beschossen und eroberten Julfar, bauten Festungen und wurden wieder vertrieben. Von all dem ist wenig erhalten, so reich und schön die Stadt war, so verschwunden ist sie heute, kaum ein Stein ist auf dem anderen geblieben.

Noch vor dem Ende Julfars entstand eine neue Stadt, das heutige Ras al Khaimah, in der bald um die Al-Qasimi-Familie das Sagen hatte. Ihr erfolgreichster Ahn war Scheich Sultan bin Saqr, der von 1804 bis zu seinem Tod 1866 herrschte, auch über das heutige Sharjah. Nach seinem Ableben gab es jedoch Turbulenzen um die Frage, welcher Sohn wo regieren sollte. 1908 einigte man sich, und die beiden Emirate wurden voneinander unabhängig.

★Jazirat al Hamra

Auf dem Weg von Umm al Quwain kommt man etwa 20 km vor Ras al Khaimah an einer kleinen Perle vorbei, der ★**Jazirat al Hamra** ❷❻ („Rote Insel"). Es handelt sich dabei um ein altes, verlassenes Küstendorf. Der verwirrende Ortsname rührt daher, dass es sich bei der Landzunge, auf der das Dorf errichtet

Oben: Im Norden des Emirats Ras al Khaimah rückt das Hajjargebirge nah an den Strand heran (bei Ash Sham). Rechts: Auf dem Fischmarkt in Ras al Khaimah.

Foto: Rainer Hackenberg

wurde, um eine Teilzeit-Insel handelte. Bei jeder Flut mussten die Menschen rudern, wenn sie irgendwo anders hinwollten. Um das zu ändern, wurde die Lagune Mitte der 1970er Jahre aufgeschüttet und auf dem so gewonnenen Neuland eine moderne Kleinstadt hochgezogen, die einen höheren Lebensstandard versprach. Also zogen die Menschen um und ließen vieles stehen wie es war. Und genau das ist heute das Schöne – wer sehen will, wie ein Dorf mit seinen verstaubten Wegen, Moschee mit windschiefem Minarett und Häusern aus Korallengestein wirklich ausgesehen hat, sollte sich Zeit für einen Spaziergang durch die leeren Gassen nehmen. Die Restaurierung und Umgestaltung zum **Heritage Village** ist bereits geplant.

Ras al Khaimah

Von der Altstadt von **Ras al Khaimah** 27 ist immer weniger übrig (und das wenige eigentlich kaum sehenswert), weil sukzessive Alt gegen Neu umgebaut wird. Wer nicht muss, kommt nicht in die Stadt, die bis auf eine Ausnahme – ihr Museum – kaum etwas zu bieten hat. Natürlich gibt es kleinere Märkte hie und da, am **Hafen** ist morgens Betrieb und der **Iranian Souk** 1 (Iranischer Markt; viel Plastikware) mit den alten Dhaus im Hintergrund ist ein guter Platz, um Alltagsszenen zu beobachten. Aber sehenswert ist vor allem die Landschaft dieses Emirates.

★Nationalmuseum

Nachdem sich der Pulverdampf englischer Kanonen 1820 gelichtet hatte, war von der alten **Festung** nicht mehr viel übrig. Also baute sie der damalige Scheich Sultan bin Saqr – mit Englands Genehmigung – wieder auf: als Familienresidenz der herrschenden Al-Qasimi-Familie. Später diente sie als Polizeihauptquartier, und heute ist hier das ★**Nationalmuseum** 2 untergebracht. Letzteres genießt einen sehr guten Ruf, der zwar nicht unbedingt eigens die Anreise aus Sharjah oder Dubai rechtfertigt, aber wer sich für Historie interessiert

» Karte S. 118-119, Stadtplan S. 220, Info S. 226-227

Nördliche Emirate und Musandam

6

NÖRDLICHE EMIRATE UND MUSANDAM

Fish and Meat Souq

Hilton Ras Al Khaimah Resort & Spa

Al Mamourah Rd.

① Iranian Souq

INDUSTRIAL AREA

Al Jazah Road

Documentation & Studies Centre

Chamber of Commerce & Industry

Electricity Road

Electricity Generating Center

Julphar

ARABIAN

GULF

Abdul-Raheem Muhammad Al-Ali Mosque

HSBC

Fruit and Vegetable Souq

Electricity & Water Department

Port Saqr Deep Water Habour

Julphar Towers

★ National Museum ②

RAK General Police Office

Al Hisn Road

Al Hisn Park

Al Hisn Road

Palm Roundabout

Al Hisn Road

Commercial Centre, Hilton

RAK Health Centre

OLD TOWN

Jamey Farnaz Mosque

Dubai Library Distributors

RAK Bank

Al Waha Centre

Dhow Roundabout

Folk Arts Society

Lands Department

Sabkha Street

Beach Centre

Sidroh Street

Faisal Road

Al Quwasim Corniche Road

Al Quwasim Corniche Road

DAFAN

RAK Municipality

Mangroves

Ad-Dahan Park

King

Mangroves

Khor Ras al Khaimah

Pizza Inn

Ministry of Labor & Social Affairs

Central Post Office

Courts Department

Ministry of Jutice & Islamic Affairs

Tower Links Golf Course

RAK Mall

Al Nahadah St.

Eid Musallah

Road

Shaikh Zayed Mosque

Khor Ras al Khaimah

Mangroves

Khuzam Road

School Health Centre

Eid Prayer Ground

Emirates Centre for Diving & Marine Sports

Tower Links Golf Course

Police Club ★

Ras al Khaimah

Al Saif Wedding Hall

Khuzam Road

KHUZAM

Dubai, Ajman, Sharjah, Umm al Quwain Bin Majid Beach Resort, Al Hamra Fort Hotel & Beach Resort

Dubai, Ajman, Sharjah

RAS AL KHAIMAH

0   400 m

© Nelles Verlag GmbH, München

Foto: Camerapix

und gerade auf der Durchreise ist, sollte einen Besuch erwägen. Ausgestellt sind die üblichen Dinge des täglichen Lebens, von der Kleidung über Waffen und Silberschmuck bis zum Kochlöffel. Interessant sind vor allem die Fundstücke aus den archäologischen Ausgrabungen, sie belegen die weitreichenden Handelsbeziehungen Julfars (Münzen, Tonscherben aus Mesopotamien und China) und den damit einhergehenden Wohlstand (Schmuckstücke aus Silber oder Gold).

Shimal

Der Palast der Königin von Saba?

Nahe dem kleinen Ort **Shimal** ➋➑ finden sich die **Ruinen** einer beeindruckenden, festungsartigen Anlage, die wohl einstmals die Handelswege aus dem Landesinneren Richtung Julfar sichern sollte. Sie wird mit einer legendenumwobenen Dame in Verbindung gebracht, die allerdings vermutlich

niemals hier war – Bilkis, die berühmte Königin von Saba. Wenn auch nur die Hälfte aller Ruinen und Häuser des südlichen Arabiens, die angeblich von ihr errichtet und bewohnt wurden, wirklich von ihr stammten, kann Bilkis nie zu Hause gewesen sein, da sie permanent mit Umzügen beschäftigt gewesen wäre. Überhaupt ist zweifelhaft, ob es diese Königin je gab, und ihren berühmten Besuch bei König Salomo soll sie schon im 10. Jh v. Chr. gemacht haben – die hier zu sehende Ruine hingegen ist wesentlich jünger: Sie stammt erst aus dem 16. Jahrhundert nach Christus.

Thermalquellen von Khatt

Wenn Sie entlang der Küstenstraße gekommen sind, nicht die gleiche Strecke zurückfahren wollen und viel Zeit haben, könnten Sie das Hinterland südlich der Stadt Ras al Khaimah erkunden. Ideal ist ein Geländewagen für Abstecher in die Berge; aber auch im Pkw kommen Sie durch reizvolle Landstriche.

Oben: Die Ruinen der Burg von Shimal.

» **Karte S. 118-119, Info S. 226-227**

Verlässt man die Küste Richtung Flughafen, folgt zunächst das unscheinbare Örtchen **Kharran**, das am nördlichen Rand eines ausgedehnten **Dünenfeldes** liegt. Für eine Mittagsrast stehen hier Schatten spendende Bäume, am späten Nachmittag zaubert die tief stehende Sonne kräftige Farben in den Sand.

Wie im Film folgt ein abrupter Schnitt, plötzlich tauchen saftige **Obst- und Gemüseplantagen** auf, Palmen stehen am Straßenrand Spalier, dazwischen eine Ziegenherde oder vereinzelte Kamele. Sie sind in der vom Grundwasser verwöhnten **Jiri-Ebene** angekommen, wo Sie zuerst durch die Stadt **Digdagga** ❷❾ fahren, in der vor allem **Rinder- und Geflügelzucht** betrieben wird.

Hinter der Stadt folgen Sie ca. 20 km der Beschilderung nach **Khatt** ❸⓿, das für seine heilenden **Thermalquellen** mittlerweile in der ganzen Golfregion bekannt ist. Bis vor ein paar Jahren sprudelte das heiße Wasser einfach so auf die Felder, inzwischen ist dort das wie ein Wüstenschloss anmutende **Golden Tulip Khatt Springs Resort and Spa** entstanden, mit nach Geschlechtern getrenntem Innen- und gemischtem Außenpool. **The Harmony Ayuverda Centre** sorgt für die Wellness der Besucher. Wer kein Zipperlein zu kurieren hat, möchte vielleicht nur in der Bar oder im Restaurant mit seinem appetitlichen Büffett eine Pause einlegen.

Von Khatt führt die Straße dann weiter nach Manama, wo man rechts abbiegend via Al Dhaid direkt auf Sharjah zufährt.

HALBINSEL ★MUSANDAM (OMAN)

Ein empfehlenswerter Ausflug führt von Ras al Khaimah auf die zum Sultanat **Oman** gehörende ★**Musandam-Halbinsel**. Die 45 km-Anfahrtstrecke bis zur Grenze gehört zwar nicht zu den schönsten – hier ist viel Industrie angesiedelt – aber gleich hinter der Grenze beginnt die traumhafte ★**Küstenstraße**, die erst Ende der 90er Jahre asphaltiert wurde: links das Meer, rechts die steil aufragenden Felswände der **Rus al Jibal**, „Köpfe der Berge", wie das **Hajjargebirge** hier genannt wird.

Erst vor wenigen Jahren öffnete Sultan Qaboos bin Said al Said, Regent Omans, die Grenzen, denn die Halbinsel war lange militärisches Sperrgebiet aufgrund ihrer strategischen Lage direkt an der Straße von Hormus, die für die Weltwirtschaft von vitalem Interesse ist – 90 % des Golföls müssen sie passieren, und der schiitische Iran ist nur 60 km entfernt.

Mittlerweile gibt es in der Provinzhauptstadt Khasab neben einfacheren auch gute Hotels. Und seit die nötigen Visa für die Einreise nach Oman und die Rückreise in die VAE an der Grenze erhältlich sind, kommen zunehmend mehr Gäste, denn die ★**Landschaft** ist atemberaubend schön. Das „Norwegen des Nahen Ostens" wird sie auch genannt, ein nicht völlig schiefer Vergleich mit einem großen Pluspunkt für die arabischen **Fjorde**: Während jene im hohen Norden Europas zur Winterzeit beinahe zufrieren, ragen die Felswände Musandams in einen strahlend blauen Himmel, und das bei Temperaturen, die zum Baden einladen.

Etwa 13 km hinter der Grenze machen die Felswände ein wenig Platz für den kleinen Ort **Bukha** ❸❶. Zwar „nur halb so groß wie der Chicagoer Friedhof, aber zur Mittagszeit doppelt so tot", könnte man glatt dran vorbeifahren, wäre da nicht die alte **Moschee**.

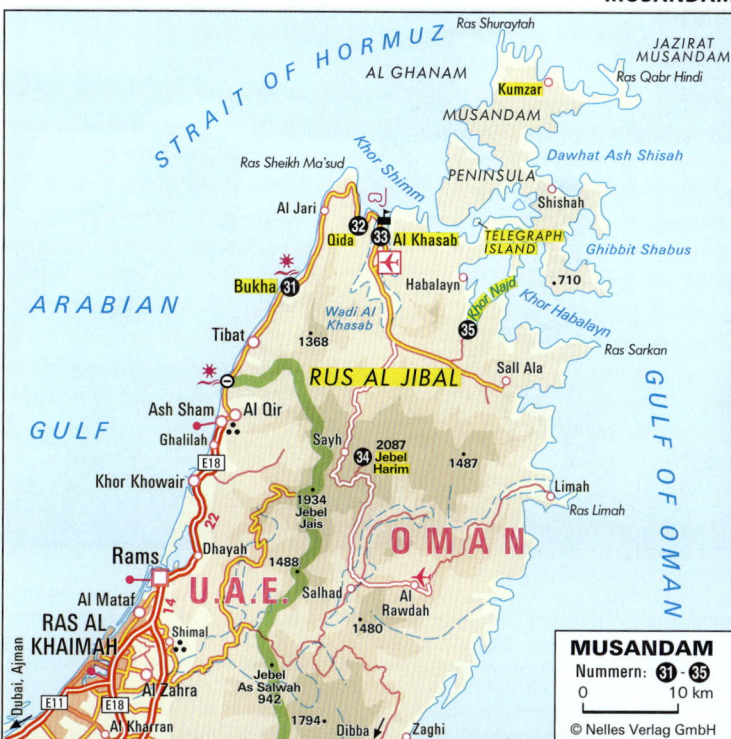

Noch Mitte der 90er Jahre schien ihr Schicksal besiegelt, die verrotteten Palmenstämme des Daches waren ebenso eingestürzt wie Teile des Mauerwerkes, doch sie wurde wieder aufgebaut. Das Besondere ist, dass sie nicht wie die meisten Moscheen aus getrockneten Lehmziegeln gemauert ist, sondern aus dem Gestein der Berge, das sonst nur für die massiven Mauern der Festungen Verwendung fand – so wie bei der **Burg**, die schräg gegenüber steht.

Kurz hinter Bukha lädt ein **Sandstrand** zum Spaziergang ein, bevor sich die an schönen Aussichten reiche Küstestraße in Serpentinen über die Bergrücken windet, um dann auf der anderen Seite wieder an das schmale Ufer hinabzufallen. Kurz vor Khasab liegt in einer engen 180°-Kurve das kleine Örtchen **Qida** ㉜. Von dort führt eine unbefestigte Piste (langsam und vorsichtig auch mit einem Pkw zu befahren) in ein enges Tal, das an einem Bergnest endet. Auf ein paar herabgestürzten Felsbrocken sind **Felsritzungen** mit **Tierdarstellungen** zu finden.

Khasab

Hinter der nächsten Kurve erwartet einen der **Hafen** von **Khasab** ㉝, in dem eine Fischereiflotte beheimatet ist, der aber auch von wagemutigen Schmugglern genutzt wird. Es ist ein Schauspiel, wenn Dutzende offener persischer Motorboote, voll gepackt mit Ziegen, über die Straße von Hormus

»» **Karte S. 223, Info S. 226–227**

Foto: Peter Franzsky (Bedu Expeditionen)

auf den Hafen zurasen. Kaum angelegt, werden die Tiere auf die wartenden Kleinlaster umgeladen, die damit in die Emirate fahren. Dann werden mit Plastikfolie fest verschnürte Pakete an Bord genommen; darin sind hauptsächlich Zigaretten und Elektroartikel, die auf dem iranischen Schwarzmarkt verkauft werden. Alle warten, bis auch der letzte seine Ware an Bord hat, denn sie verlassen den Hafen wie sie gekommen sind: gemeinsam. Denn hin und wieder versucht die Küstenwache Irans, dem seit Jahren täglich zu beobachtenden Treiben ein Ende zu bereiten. Taucht so ein Polizeischiff auf, preschen die Schmugglerboote in alle Richtungen davon. Einer hat dann doch Pech und wird verfolgt, verhaftet – und nach kurzer Zeit wieder laufen gelassen.

Khasab liegt an einer schmalen **Bucht**, die den Eingang zu einer breiten Schlucht bildet. Der 20 000 Einwohner

zählende Ort ist überschaubar und lässt sich bei einem Spaziergang erkunden. In der Mitte der Bucht liegt der alte Stadtteil mit dem alten **Markt** und ein paar einfachen, aber guten Restaurants. Auf der westlichen Seite erstreckt sich ein großer **Palmenhain**, davor wacht ein kleines, altes portugiesisches **Fort** am Ufer. Es hat turbulente Zeiten erlebt, als Perser und Portugiesen sich um den Zugang zum Golf stritten. Richtung Süden liegt der neuere Stadtteil.

Khasab hat durchaus touristisches Potential: Der Hafen wurde ausgebaut, neue Hotels errichtet und lokale Agenturen bieten Tauch- und Bergsafaris an.

★Dhaufahrt

Interessant nicht nur für Schnorchler und Taucher ist ein ★**Ausflug** von Khasab mit einer **Dhau** in die planktonreiche „Wasser-Berg-Welt" des Khor Shimm, entlang einem halb versunkenen Ausläufer des Hajjargebirges; oft sieht man hier ★**Delfine** springen. Dabei wird u. a. die **Telegrafeninsel**

Oben und rechts: Eindrucksvolle Bilder vermittelt eine Dhaufahrt durch die Fjordlandschaft Musandams.

Foto: DTOM Frankfurt (Fremdenverkehrsamt Dubai)

angelaufen. Dort hatten die Engländer um 1860 eine Station für ihre Telegrafenverbindung von Indien über Irak bis England errichtet, die dann allerdings nur wenige Jahre genutzt wurde. Für die Soldaten, die auf dem kargen Eiland mitten in einem großen Fjord, dem **Khor Shimm**, über Monate ohne Urlaub Dienst tun mussten, war dies sicher kein Spaß. Es gibt in der englischen Sprache den Ausdruck *to go round the bend* (wörtlich „um die Biegung gehen"), der mit „verrückt werden" übersetzt wird – und manche behaupten, dies habe seinen Ursprung darin, dass der Khor Shimm vor seinem Ausgang ins offene Meer eine Biegung (*bend*) macht, und an der mussten die Soldaten vor und nach Ablauf ihres Dienstes vorbei. (Andere meinen allerdings, der Ausdruck käme von den aus Sichtschutzgründen gewundenen Zufahrten der ersten englischen Anstalten für Geisteskranke.)

Ebenfalls nur auf dem Wasserweg erreichbar ist das traditionelle Hafenstädtchen **Kumzar** – der nördlichste Ort Omans.

Rus al Jibal

Kurz hinter Khasab endet der Asphalt, es lockt eine tolle Tour in die wilde Bergwelt. Für eine Fahrt in das Gebirge **Rus al Jibal** ist ein **Geländewagen** nötig, wer keinen hat, kann bei einer örtlichen Agentur einen Tagesausflug buchen. Es sind nicht nur die kargen Berghänge, die beeindrucken, sondern auch die Bescheidenheit der Menschen und die wenigen Habseligkeiten, mit denen sie hier auskommen.

Nachdem die Straße hinter Khasab das gleichnamige schmale Wadi durchquert hat, beginnt die steile Auffahrt zum **Jebel Harim** ㉞, mit 2087 Metern der höchste Gipfel, weshalb die omanische Luftwaffe hier eine Radarstation betreibt. An seiner Westflanke breitet sich das **Sayh-Plateau** aus, auf dessen fruchtbaren Feldern von der Zwiebel bis zur Dattelpalme alles wächst. An den Hängen rund um die Ebene verstecken sich gut getarnt die alten **Behausungen**, ihre Mauern bestehen aus grob behauenen Felsen. Gewohnt haben darin die

» Karte S. 223, Info S. 226-227

Mitglieder des bis heute die Gegend dominierenden **Shihu-Stammes**, dessen Sprache den Linguistikern immer noch Rätsel aufgibt. Sie ist eine Mischung aus Persisch und Arabisch und wirft die Frage nach dem Ursprung dieses Stammes auf. Auch in anderen Dingen gibt es Unterschiede, so tragen die Männer zwar die arabische *dishdasha*, aber ihre traditionelle Waffe ist nicht der Krummdolch, sondern eine kleine Axt, *jirz*.

Vom Plateau ist es nicht mehr weit, bis man auf Höhe der **Radarstation** eine traumhafte ★**Aussicht** über die Bergketten des Hajjarmassivs genießt. In immer dunkler werdenden Schattierungen liegen sie hintereinander, dazwischen fruchtbare Täler, die teilweise bis heute nur zu Fuß erreichbar sind. Nach schweren Regenfällen müssen Hubschrauber bisweilen über mehrere Tage die Menschen dort mit dem Nötigsten versorgen.

Von diesem Aussichtspunkt führt eine Piste hinüber zur Ostküste der Emirate, leider bekommt man aber am Grenzposten in den Bergen keine Visa – also heißt es umkehren.

Bevor man am Fuß der Berge nach Khasab zurückfährt, empfiehlt sich ein Abstecher zum **Khor Najd ㉟**. Es ist eine der schönsten Buchten Musandams, die man auf dem Landweg erreichen kann, und wer am frühen Morgen hierher kommt, erlebt einen grandiosen **Sonnenaufgang**.

Auf dem Weg dorthin sieht man seltsame niedrige, fensterlose Gebäude, deren Mauern nur einen Meter in die Höhe ragen. Man nennt sie **Bait al Qafl** – „Haus des Schlosses". Es sind Vorratskammern, deren Boden gut einen Meter tief in die Erde gegraben wurde, damit es den in großen Tonkrügen gelagerten Ernteerträge in den heißen Sommermonaten nicht zu warm wird. Die kleinen Holztüren verriegelte man mit schweren Vorhängeschlössern, daher der Name. Viele sind in einem guten Zustand, denn sie werden immer noch benutzt.

AJMAN (☎ 06)

www.ajmantourism.ae/en

Alle Restaurants der „feineren" Kategorie und auch Bars finden Sie im **Ajman Kempinski Hotel**, Tel. 714 5555. Dazu gehören das **Sabella's** (italienisch) mit seiner Terrasse am Meer, das **Café Kranzler** (international – rund um die Uhr geöffnet und eher kleine Gerichte) und die beiden Asiaten **Bukhara** (indisch) und **Hai Tao** (chinesisch).
Ansonsten finden sich in den Straßen der Stadt Ajman diverse einfachere Lokale, wo man gut und günstig isst.

Die Bars im Kempinski heißen **World Cup** (d. h. im TV laufen Sportereignisse) und **Entertainment Lounge** (zum Entspannen).

Das größte Angebot hat das Kempinski Hotel mit **Tauchzentrum**, **Golf Putting Green**, **Windsurfen**, **Segeln** und sowohl **Fitness**- als auch **Wellnesscenter** (Ayurveda-Behandlung). Daneben gibt es ein paar Strandclubs mit Restaurants, wobei der **Holiday Beach Club** (Tel. 742 4555) und der **Lilley Club** (Tel. 742 2574), beide an der Corniche, im wesentlichen nur Strand zu bieten haben, während der **Marina Club** (Tel. 742 3344) auch über Squashplätze und Fitnesscenter verfügt.

In Ajman gibt es einen **Goldmarkt** in der Omar bin al Khatab Street und ein paar **Einkaufszentren**: City Center, Ajman Center und den Souk, alle an der Straße nach Umm al Quwain. Allerdings: Zum Einkaufen fährt man besser nach Sharjah oder Dubai.

TAXI / SAMMELTAXI: Für Sammeltaxen gibt es nur eine Haltestelle am Rand der Stadt, jedes Taxi bringt einen dorthin – man kann aber auch gleich bis Sharjah durchfahren.

Central Postoffice in der Masfut Street. Alternative: die Hotelrezeption.

BANK / WECHSELSTUBEN: finden sich alle in der Hamed bin Abdul Aziz Street.

APOTHEKE: In den Einkaufszentren findet man Apotheken.

KRANKENHAUS: **Kuwait Hospital**, Sheikh Rashib bin Humeed Street, Tel. 744 8585, **Zahra Hospital**, Tel. 743 0656.

UMM AL QUWAIN (☎ 06)

Die Einwohner von Umm al Quwain essen gern auswärts, am liebsten in Sharjah oder Dubai – denn „Haute cuisine" ist leider Mangelware. Wer hungrig ist, findet jedoch in der King Faisal Road einfache Restaurants.

Das Angebot beschränkt sich auf die Bars in den Hotels Pearl, Umm al Quwain Beach Resort und Flamingo. Nicht unbedingt sehr gemütlich, man ist eher auf einheimische als auf europäische Gäste eingestellt.

Wer Segeln, Jetski, Surfen, Wasserski oder auch Paragliding ausprobieren möchte, begibt sich zum **Tourist Resort** (auch Flamingo Resort), Tel. 765 0000, im Norden der Stadt.

Dinge des täglichen Bedarfs wie z. B. Zahnpasta findet man in der King Faisal Road. Souvenirs kauft man dagegen besser in Sharjah oder Dubai.

TAXI / SAMMELTAXI: Sammeltaxen warten nahe der Altstadt und am südlichen Stadtausgang – wenn sich genug Mitfahrer finden kostet eine Fahrt nach Sharjah ca. 10 DH; wenn nicht, das Dreifache.

Das **Postamt** ist in der Sheikh Rashid bin Saeed al Maktoum Road.

BANK / WECHSELSTUBEN: in der King Faisal Road.

KRANKENHAUS: Umm al Quwain Hospital, King Faisal Rd, Tel. 765 6888.

RAS AL KHAIMAH (☎ 07)

www.ras-al-khaimah.eu

Etwa 20 km südlich der Stadt liegt an einem Sandstrand das **Al Hamra Fort Hotel and Resort**, Tel. 244 6666, mit mehreren Restaurants: **Don Camillo** (italienisch), **Le Chalet** (internat.), **Al Jazira** (libanesisch), **Pearl** (Seafood) und den **Al Shamal Coffee Shop** (international).

Das **Hilton Hotel** in der Bin Dahir Road, Tel. 228 8888, wartet mit dem **Hoof'n Fin** (Steakhaus) und dem **Al Khor Restaurant** (international) auf. Ansonsten gibt es in der Stadt viele kleinere Restaurants und auch Fastfoodlokale westlicher Prägung.

Das **Scirocco** im Al Hamra Fort ist zum Entspannen, das **Malibu** eine Disco.
Die **Havana Bar** im Hilton Hotel eignet sich gut zum Relaxen.
Der **Red Lion Pub** im Bin Majid Hotel ist eine typisch englische Kneipe.

Im **Al Hamra Fort Hotel** sowie im neuen **Hilton Resort & Spa** kann man Surfen, Segeln, Tauchen lernen, Minigolf spielen, Kajak fahren, Wasserski laufen, Jetskis mieten oder im Meer baden.

Man sollte nicht zu viel erwarten. In der **Kuwait Hospital Road** gibt es einige Juweliere und indische Stoffhändler.
Die **Manar Mall** ist ein modernes Einkaufszentrum in der Neustadt.

TAXI / SAMMELTAXI: Der „Bahnhof" für Sammeltaxen ist in der King Faisal Road am südlichen Ortsausgang nahe dem Bin Majid Beach Hotel. Eine Fahrt nach Sharjah oder Dubai kostet ca. 20 DH. Keine Funktaxis, es fahren genügend Taxis herum.

Hauptpostamt in der King Faisal Road, Postamt im Stadtteil Al Nakheel in der Sheikh Saqr bin Mohammed Road.

BANK / WECHSELSTUBEN: In der Oman Road.

KRANKENHAUS: Saqr Hospital, Ecke Oman / Al Hudeeba Road, Tel. 222 3666. **Saif bin Ghobash Hospital**, beim Kreisverkehr mit der Lampe, Tel. 222 3555.

6

Nördliche Emirate und Musandam

**Jeden Freitag erneutes Kräftemessen –
Bullenkampf in der Arena von Fujairah**

Foto: Rainer Hackenberg

EMIRAT FUJAIRAH UND DIE OSTKÜSTE

MASAFI

DIBBA

BIDIYAH

KHOR FAKKAN

FUJAIRAH

KALBA

BITHNAH

7

Emirat Fujairah und die Ostküste

EMIRAT FUJAIRAH

Die Ostküste der Vereinigten Arabischen Emirate ist vor allem ein Naturjuwel und wird auch von den Einheimischen so wahrgenommen. Ein etwa 90 Kilometer langer Küstenstreifen bietet weiße ★**Strände**, die vor der kargen Bergkulisse des Hajjargebirges noch heller als an der Westküste zu schimmern scheinen. Der Eindruck trostloser Felshänge täuscht jedoch, denn dazwischen verlaufen breite Täler und schmale Schluchten, in manchen ist ganzjährig Wasser zu finden und in einigen Regionen sprudeln Thermalquellen aus dem Boden.

Im Norden, bei der Ortschaft Dibba, wird die Küste von der zu Oman gehörenden Musandam-Halbinsel begrenzt, hier sind die Uferbereiche recht schmal und felsig. Doch je weiter man nach Süden kommt, um so breiter dehnt sich die Küstenebene aus, bis sie – allerdings schon im Sultanat Oman – zu einem 40 Kilometer breiten Gürtel wird. Der arabische Name dieser Küste ist Batinah, abgeleitet von dem Wort *batn*, der Bauch. Denn weil die Berge den Regen „anzie-hen" und das ablaufende Regenwasser den Grundwasserspiegel beständig hoch hält, wächst alles, was dem Bauch der Menschen in den letzten 3000 Jahren Freude bereitet hat – Obst, Gemüse und Datteln. Zu den Emiraten gehören zwar nur die Ausläufer, dennoch ist die Ostküste so etwas wie eine Kornkammer, zu der sich in den letzten Jahren intensive Rinder- und Geflügelwirtschaft gesellt hat.

Wer einen Ausflug an die Ostküste plant, sollte sich gut überlegen, ob er nicht doch für ein oder zwei Tage einen Geländewagen mietet, denn die Naturschönheiten gehören zu den Hauptattraktionen dieser Region (hilfreich bei der Orientierung ist der *UAE Off-Road Explorer*). Wer Zeit hat und gerne wandert, lässt sich mit einem Taxi an den Rand der Berge fahren (Abholung vereinbaren) und erkundet sie zu Fuß. Der Reiz dieser Gegend setzt sich unter Wasser fort: Vor der Küste liegen interessante Tauchreviere.

Wer es eilig hat, nimmt den neuen **Sheikh Khalifa Highway** von Dubai nach Fujairah. Die gut ausgeschilderte, 3-spurige Autobahn, auf der Lkw nicht erlaubt sind, wurde erst Ende 2011 eröffnet. Sie führt ostwärts durch eine fulminante Bergwelt und trifft bei Hayl, kurz vor Fujairah, auf die alte Schnellstraße E 89, die dann nach Fujairah hinein führt.

Links: Die Oase Bithnah vor der Kulisse der Hajjarberge.

» **Karte S. 232, Info S. 242-243**

OSTKÜSTE
Nummern: **36** - **43**
0   10 km
© Nelles Verlag GmbH

Tauchen an der Ostküste

Die meisten Gäste kommen an die Ostküste für einen Bade- oder Tauchurlaub, denn die Bedingungen sind ideal. Das Meer ist meist ruhig, die Wassertemperatur auch im Winter erträglich, und die Tauchgründe liegen nah am Ufer. Dazu gehören z. B. der **Dibba Rock** (Marine Reserve), in dessen artenreicher Umgebung sich Thunfische, Riffbarsche, Feuerfische, Skorpionfische, Muränen und Tintenfische tummeln. **Shark Island** (Hai-Insel) hat seinen Namen nicht von ungefähr, und Taucher sind sehr daran interessiert, einen Hai vor die Maske zu bekommen (nicht tauchenden Schwimmern wird vor Ort versichert, dass das Baden ungefährlich sei). Die Felsen der Hai-Insel sind zerklüftet, weshalb sich in den Höhlen und Nischen 15 Meter unter dem Meeresspiegel viele Hummer und Fledermausfische tummeln.

Beliebt ist auch das **Hole in the Wall** (Loch in der Wand) bei Khor Fakkan, eine Unterwasserhöhle, in der sich gern Meeresschildkröten aufhalten. In 25 Metern Tiefe finden sich Korallengärten, in 16 bis 18 Metern Tiefe faszinieren Anemonengärten, bevölkert von Rochen, Langusten, Barrakudas, Stachelmakrelen und Kraken.

Den wohl bizarrsten Anblick bietet ein Tauchgebiet nördlich von Khor Fakkan: Da Schiffswracks fehlen, hat man 1985 dort **Autos** versenkt.

Es gibt Tauchschulen, die Grundkurse für Anfänger und Nachttauchgänge für Fortgeschrittene anbieten. Wen es beim plötzlichen Auftauchen eines riesigen (ungefährlichen) Rochens im Licht der Unterwasserscheinwerfer eher gruselt, der bleibe mit Surfbrett, Segelboot oder Jetski lieber an der Oberfläche oder am weißen Strand.

Geschichte des Emirats Fujairah

Bis auf ein paar kurze Küstenabschnitte im Norden bei Dibba, in der Mitte bei Khor Fakkan und im Süden

Foto: Christian Mietz

7

Emirat Fujairah und die Ostküste

bei Kalba darf der Herrscher von Fujairah, Scheich Hamed bin Mohammed al Sharqi, diesen Landstrich sein Eigen nennen. Das Emirat ist 1200 km² groß, die 130 000 Einwohner blicken auf den Golf von Oman, der sich vor ihrer Küste erstreckt. Er ist ein Teil des Indischen Ozeans. Seine Gewässer sind kälter als die des Persischen Golfes und damit zu kalt für wertvolle Perlenmuscheln.

Gab es früher keine Perlen, so gibt es heute kein Öl, weshalb die Wirtschaft sehr stark von den Zuwendungen aus Abu Dhabi, der Landwirtschaft und der Fischerei abhängig ist. Letztere hat sich in den letzten Jahren zu einem florierenden Geschäft entwickelt, denn der Golf von Oman zählt zu den artenreichsten Gewässern überhaupt. Allerdings haben die hohen Fangquoten zu einem ernsten Problem geführt: Die wenigsten Boote fahren auf hohe See hinaus, meist wird im Küstenbereich

Oben: Begegnung mit einem Schwarm von Blaugestreiften Schnappern (lutjanus kasmira) beim Tauchen vor Fujairah.

gefischt, wo sich laut Forschungsberichten hauptsächlich Mutterfische mit Jungtieren aufhalten. Deshalb sind bei einigen Arten die Bestände gefährdet, und im Nachbarland Oman wurden schon Fangquoten eingeführt.

Immer wieder stößt man, sehr zur Freude der Archäologen, auch in Fujairah auf die Spuren früher Besiedelung. Vor allem aus der im 2. Jahrtausend v. Chr. beginnenden Eisenzeit gibt es zahlreiche Fundstellen, sowohl in den Bergtälern als auch an der Küste. Erst im Januar 2005 meldete die einheimische Presse, dass französische Archäologen bei **Bithnah** (s. S. 242), etwa 13 km westlich von Fujairah-Stadt, die Reste eines Tempels freigelegt haben, der zu einer religiösen Kultstätte aus der Eisenzeit (ca. 1250-350 v. Chr.) gehörte. Seit Jahren wird in der Umgebung des Ortes geforscht, und die aufregendste Entdeckung war bisher ein Grab, das in jener Zeit angelegt, aber über mehrere Jahrhunderte genutzt wurde. Das belegen zumindest die Beigaben verschiedener Epochen, die heute im Museum von

» **Karte S. 232, Info S. 242-243**

Foto: Rainer Hackenberg

Fujairah zu sehen sind. Aufgrund seiner eigenwilligen Form (es sieht aus wie ein „T") und der ungewöhnlichen Bauweise, die man so noch nicht gesehen hatte, erhielt es den Namen „Bithnah-Grab".

1997 entdeckte man in Meraishid, im Südwesten der Stadt Fujairah, ein Grab in der Form eines großen „U".

Perser – Araber – Portugiesen – Holländer – Engländer

Für Turbulenzen in der Geschichte sorgten fremde Eroberer. Schon in vorchristlicher Zeit ließen sich die Perser hin und wieder blicken, eroberten einen Küstenabschnitt, bauten eine Festung und wurden wieder vertrieben.

633 n. Chr. wurden in der Schlacht von Dibba einheimische Stämme, die Mohammeds Nachfolger Abu Bakr keinen Tribut zahlen und sich wieder vom Islam abwenden wollten, durch Araber aus Mekka und Medina besiegt.

Oben: Wochenmarkt in Masafi. Rechts: Der Strand von Dibba – klein und mit fast mediterranem Flair.

Im 16. Jh. nutzten portugiesische Soldaten die bisweilen gut erhaltenen persischen Anlagen und erweiterten sie oder bauten ein neues Fort. Doch scheinen sie schlechte Architekten gehabt zu haben, jedenfalls ist bis auf ein paar Wachtürme kaum etwas von ihrer Bautätigkeit geblieben, bis auf ein ausführliches Buch und eine Landkarte aus dem Jahr 1635. Diese hatte allerdings der spanische König Philip IV. in Auftrag gegeben, der zugleich König von Portugal war und mehr über „seine" Kolonien wissen wollte. Nur dank jenem Buch und der Karte hat man heute eine Vorstellung, welche Ausmaße z. B. die Burg in Dibba hatte, die immerhin zu den größten an dieser Küste gehörte. Das Buch trägt den schönen Titel „Livro das Plantas de todas as Fortelezas, Cidades e povoacões do Estado da India Oriental" und wird in Portugal in der Bibliothek von Évora aufbewahrt.

Die Holländer schickten im 17. und 18. Jh. hin und wieder ein Erkundungsschiff vorbei, aber es waren die Briten, die sich im 19. Jh. auch in diesem Teil der Erde durchsetzten.

Foto: Volkmar E. Janicke

Ein wichtiges Datum in der Geschichte des Emirates ist 1952, in diesem Jahr wurde es offiziell unabhängig. Seit 1903 hatte der Stamm der Sharqiyyin, dem heute noch die überwiegende Mehrheit der Bevölkerung im Emirat Fujairah angehört, darum gekämpft. Seit 1971 ist Fujairah fest integriertes Föderationsmitglied. Das zweite wichtige Datum ist das Jahr 1976, als die erste Asphaltsstraße durch die Berge gen Westen fertig gestellt wurde, auf der auch heute noch die Anreise erfolgt.

Masafi

Auch wenn man unbedingt baden will, sollte man nicht gleich bis an die Küste durchfahren, denn am Wegesrand liegt das eine oder andere Kleinod, das zumindest einen kurzen Stopp verdient. Der Ort **Masafi** ㊱ ist eigentlich ein unscheinbares Nest, trotzdem ist er in aller Munde – durch die **Mineralquellen**, deren Wasser in Flaschen abgefüllt wird, die überall zu kaufen sind. Jeden Freitag findet ein **Wochenmarkt** statt, bei dem

es ein Sammelsurium an handwerklichen Produkten, darunter Töpferwaren, Teppiche oder aufblasbare Nikoläuse zu kaufen gibt, nichts Spektakuläres, aber wenn man die Wahl des Reisetages für einen Ausflug nach Fujairah hat, dann wäre dieser Markt ein Pluspunkt für den Freitag. Allerdings herrscht auf dem Wochenmarkt im Küstenörtchen Bidiyah (s. S. 236) ebenfalls buntes Treiben, er findet jedoch schon am Donnerstag statt.

★Dibba

Bei Masafi teilt sich die Straße, nach rechts geht es gen Süden direkt nach Fujairah, links Richtung ★**Dibba** ㊲. So klein und so geteilt: Zwei Emirate und ein Sultanat teilen sich diese kleine Stadt. Der nördliche Teil gehört zu **Oman**, das Stadtzentrum zu **Sharjah** und der Süden zu **Fujairah**. Am Rande Dibbas liegt ein riesiger **Friedhof**, auf der die Gefallenen der großen Schlacht von 633 n. Chr. bestattet sind – der Prophetennachfolger Abu Bakr ließ die vom Islam abgefallenen Bewohner Dibbas wieder unterwer-

Foto: Thomas Stankiewicz

fen, was tausende Todesopfer auf beiden Seiten forderte. Dass es hauptsächlich Männer sind, erkennt man daran, dass es pro Grab meist nur zwei Grabsteine gibt. Bei Frauen wurde (und wird) oft ein kleinerer Stein dazwischen aufgestellt, für den Fall, dass sie unbemerkt schwanger waren.

Die Lebenden haben es sich zur Aufgabe gemacht, die Metalltore ihrer Häuser möglichst bunt und mit traditionellen Motiven zu verzieren, weshalb ein Spaziergang durch die schmalen Gassen zu empfehlen ist. Frühaufstehern sei ein Besuch in Dibbas natürlichem, bis 633 auch bedeutendem **Hafen** ans Herz gelegt, der nicht sehr groß ist, aber einen fast mediterranen Touch hat. Hier kann man auch einen der Fischer fragen, ob er bereit ist, mit seinem **Motorboot** eine **Tour** entlang der landschaftlich reizvollen zerklüfteten **Küste** nordwärts Richtung Oman zu machen, wo es herrliche **Strandbuchten** gibt.

Für Geländewagenfahrer sei die Strecke von Dibba nach Ras al Khaimah erwähnt, die durch die grandiosen Schluchten des **Wadi Bih** und **Wadi Khab Shamsi** führen. Man sollte Off-Road-Erfahrung mitbringen, die Strecke ist stellenweise nicht ohne!

Bidiyah

An der Küstenstraße gen Süden folgt auf einen schönen langen ★**Sandstrand** mit den Hotels **Sandy Beach** (mit Restaurant, Bar, Pool und Tauchschule) und **Le Meridien al Aqah** der Ort **Bidiyah** ③⑧ (Badiyah), an dessen Eingang, rechts der Straße, ein kleines historisches Gebäude steht – die wohl älteste ★★**Moschee** der Emirate, entstanden zwischen 1446 und 1668. Ungewöhnlich ist ihre Architektur, denn die vier kleinen **Kuppeln**, die von einer Säule in der Mitte des Gebetsraumes gestützt werden, tragen je einen „Zipfel". Das hat keine andere Moschee in den Emiraten. Die meisten alten Ge-

Oben: Die Moschee von Bidiyah gilt als die älteste der Emirate. Rechts: Die Ostküste bietet einige angenehme Strandhotels (Fujairah Beach Motel).

Foto: Thomas Stankiewicz

7

Emirat Fujairah und die Ostküste

betshäuser hatten kein Minarett, aber zumindest wurde für Fenster und Türsturz Holz verwendet. Die Moschee in Bidiyah ist dagegen nur aus Steinen und getrockneten Lehmziegeln errichtet, und in die dicken Mauern waren winzige Alabasterfenster eingelassen. Erst vor wenigen Jahren begann die aufwändige Umgestaltung: Die Moschee bekam einen hellen Anstrich, gepflasterte Wege wurden angelegt, ein paar Pflanzen aufgestellt und ein kleiner Laden mit Erfrischungsgetränken und sauberen Toiletten eröffnet. Nach Störungen durch Besucher während der Gebetszeiten wurde die Innenbesichtigungserlaubnis wieder aufgehoben. Trotzdem sollte man das historische Bauwerk nicht einfach links liegen lassen, denn für einen **Panoramablick** von oben – nicht nur auf das kleine Gebetshaus, sondern auf die Plantagen des Hinterlandes und den Indischen Ozean – lohnt die Besteigung der beiden restaurierten **Wachtürme** auf einem Felsrücken, errichtet wahrscheinlich von den Portugiesen.

Interessant ist der lebhafte **Donnerstagsmarkt** von Bidiyah.

Einen Allradwagen benötigt man für einen Abstecher (bei Zubarah) ins **Wadi al Wurriyah** ㊲. Das Wadi gehört zu den schönsten im Emirat Fujairah, denn es führt das ganze Jahr über Wasser, ist deswegen mit reichlich Flora und darüber hinaus mit einem **Wasserfall** gesegnet, der Ausflug lohnt sich. Aber wer jetzt mit der Hoffnung losfährt, die arabischen Niagarafälle zu entdecken, weil die Einheimischen erzählen, dass man dort unbedingt hin muss, möge bedenken: Süßwasser war in diesen Breitengraden in der Vergangenheit eines der kostbarsten Güter. Wenn irgendwo so viel davon floss, dass es sogar natürliche Schwimmbecken füllte, dann war (und ist es noch heute) ein sensationelles Ausflugsziel.

Khor Fakkan

Wer keinen Geländewagen hat, fährt weiter nach **Khor Fakkan** ㊵, einem eher stillen Bade- und Hafenort an der Shumayliyah-Küste. Da dieser Abschnitt

EMIRAT FUJAIRAH UND DIE OSTKÜSTE

Khor Fakkan, Harbour ↑

① Fujairah Beach Motel

Safeer Mall

Kuwait Road

Al Fasseel Road

F19

Youth Centre & National Theatre

✚ Fujairah Private Hospital

Al Luluah Road

E99

Sharjah, Ain Al Madhab Garden, Heritage Village, New Fujairah Hospital

Al Qasar Road

Al Kalaa Road

DATE

Al Basra Road

AL FASEEL

Faisal Road

King Road

F30

Madab Road

Fort

OLD TOWN

GARDENS

Social Club

Neptunia, Octavia, Sallor's Terrace, Fez Bar

Fujairah Hilton

Mathar Road

Fujairah Museum ②

Al Nakheel Road

C

Great Mosque C

GMC Hospital ✚

Fujairah Stadium

AL OWAID

Corniche

Sharqi Road

Sheikh Zayed Mosque

Al Salam Road

Sheikh Zayed Bin

Al Diyafah

T.V. Station

Al Muntazah Road

Gulf of Oman

AL MAHATTA

Fahim

Safeer Hypermarket

Al Zaman

Al Muntazah Road

Maternity Hospital ✚

AL SHABUR

Gurfah Road

Fishing Harbour

Municipality

F30

Sultan Road

Kindi Rd.

SAFAD

E99

City Plaza

The Olive Tree, Mumtaz

C

Al Diar Siji

E89

Hamad   Bin   Abdullah Road

Night Souk

AL GUFRA

Al Diwan, Asmak

Law Court

Al Tarbosh

Saif Al Dawlah Rd.

★ Police

Central Market

Jenis Rd.

Jerusalem

Merashid Road

Al Muhait Road

Al Diyar Residence

FUJAIRAH

0   400 m

MERASHID

Airport   Road

Oman, Bull Arena ↓

© Nelles Verlag GmbH

zum **Emirat Sharjah** gehört, dürfen Sie in den Restaurants keinen Alkohol erwarten. Viel zu sehen gibt es nicht, aber die **Strandpromenade** ist nett bepflanzt und am Wochenende sehr belebt, Cafés bieten Blick auf das Meer und die vielen **Öltanker** vor der Küste, denn Khor Fakkan ist ein wichtiger **Ölhafen**. Bei den meisten handelt es sich um VLCCs (Very Large Crude Carriers – sehr große Rohöl-Tanker) und ULCCs – Ultra-Large-Tanker mit bis zu 350 m Länge. Mit einbrechender Dunkelheit zieht sich die Kette ihrer Positionslichter quer über den Horizont.

Foto: Rainer Hackenberg

Fujairah

Die Emiratshauptstadt **Fujairah** ❹❶ lebt vom Warenumschlag, der über ihren Flug- und Seehafen abgewickelt wird. Wie wichtig vor allem der Seehafen ist, zeigte sich während der Golfkriege, als die Fahrt durch die Straße von Hormuz zu den Ölverladehäfen im Persischen Golf schwer beeinträchtigt war.

Als erstes erblickt man von Fujairah die Hochhäuser entlang der **Hamad bin Abdullah Road**, die von der Küste im rechten Winkel direkt in die Stadt führt. Angesichts der kleinen Provinzdörfer, die man zuvor passiert hat, wirken diese Wolkenkratzer etwas unwirklich.

Seit 2015 hat Fujairah ein wirkliches Wahrzeichen und mit der 210 Mio Dirham (51 Mio €) teuren **Scheich-Zayed-Moschee** die derzeit zweitgrößte Moschee des Landes. An den sechs dünnen Minaretten und 65 Kuppeln erkennt man sofort das architektonische Vorbild, die Sultan-Ahmed-Moschee (auch blaue Moschee) in Istanbul. Gut 28 000 Gläubige passen in das neue Gebetshaus an der Mohammed bin Matar Road, nochmal 14 000 im Innenhof, Nichtmuslimen bleibt derzeit nur der Blick von außen.

Wer nicht unbedingt Lust auf Fujairahs Hauptstraße – mit viel Verkehr und

wenig Einkaufsmöglichkeiten – hat, sondern lieber einen Blick auf das alte Fujairah werfen möchte, sollte beim **Beach Motel** ❶ rechts auf die Kuwait Road abbiegen. Nach etwa 1,5 km zweigt links die Al Qala'a Road ab, und schon ist man da. Auf einem kleinen Hügel thront die etwa 360 Jahre alte **Festung**. Sie wurde durch englischen Kanonenbeschuss ramponiert und dämmerte lange verlassen vor sich hin. Dann unternahm man einen missglückten Restaurationsversuch, indem man auf die alten Lehmmauern Betonziegel setzte, doch das sah alles andere als gut aus. Inzwischen hat man dazugelernt und sie mit den ursprünglichen Materialien wieder aufgebaut. Der ursprünglich geplante Umzug des Nationalmuseums in die Festung wurde allerdings noch nicht realisiert.

Um den Burghügel herum lag früher die **Altstadt**, bis vor kurzem ein trauriges Lehmziegel-Ruinenfeld. Nach und nach wurden die Häuser jedoch wieder aufgebaut und sollen in Zukunft als Freilichtmuseum mit Grünanlagen

Rechts: Beliebtes Fotomotiv – Moschee mit Kaffeekannen-Denkmal in Fujairah.

» **Karte S. 232, Stadtplan S. 238, Info S. 242-243**   239

7

Emirat Fujairah und die Ostküste

Foto: Rainer Hackenberg

und mit Cafeterias die Besucher erfreuen.

In einem unscheinbaren Gebäude nahebei ist das **Nationalmuseum** ② untergebracht, doch man braucht schon Geschichtsenthusiasmus für den Besuch, und wer sich für Archäologisches nicht erwärmen mag, sollte lieber den Sonnenschein genießen. (In einem Reiseführer wird ein Blick zur Decke empfohlen, weil die Stuckatur so schön bunt ist ...) Wer jedoch wissen möchte, wo die einzelnen Ausgrabungen im Emirat Fujairah liegen und was den Verstorbenen in der Eisenzeit mit auf die Reise ins Jenseits als **Grabbeigaben** ins Grab gelegt wurde (z. B. Waffen oder fein gearbeitete Tonwaren), der wird sehr gut informiert. Für Numismatiker dürften die prä-islamischen **Silbermünzen** von Interesse sein. Nicht verschwiegen werden soll auch die **Ethnografische Abteilung** mit den Dingen des täglichen Lebens, aber die sind in den Museen Ras al Khaimahs oder Dubais schöner präsentiert.

Der Kuwait Road weiter gen Stadtausgang folgend, gelangt man zu den **Ain-al-Madhab-Gärten**. Sie liegen recht schön in einem kleinen Tal am Fuß der Berge, knapp außerhalb der Stadtgrenze. Ihre Besonderheit sind die natürlichen **Mineralquellen** mit warmem, schwefelhaltigem Wasser. Für ein Entspannungsbad stehen zwei **Schwimmbecken** (eines für Damen, eines für Herren) zur Verfügung, für eine Übernachtung können Chalets gemietet werden. An Feiertagen (religiös und national) finden in den Gärten öffentliche Folkloreveranstaltungen statt.

Neben den Ain-al-Madhab-Gärten liegt das **Heritage Village** von Fujairah. Es ist in den letzten Jahren ein wenig vernachlässigt worden und hat für den, der schon in Dubai oder Sharjah im Museum war, kaum etwas Neues zu bieten – bis auf *al yazrah*, einen Brunnen, aus dessen Tiefen das Wasser in riesigen Ledersäcken hochgeholt wurde, die so

Oben: Die Festung von Fujairah. Rechts: An der Strandpromenade von Kalba vergnügen sich „Expats" in ihrer Freizeit.

Foto: Rainer Hackenberg

schwer waren, dass man Ochsen dafür einspannte.

Stierkampf

Ihre Augen treffen sich, fixieren den Gegner. Sie stehen sich am Freitagnachmittag in der **Bull Arena** gegenüber, die Zuschauer sind still geworden. Die Köpfe gesenkt, nur wenige Zentimeter voneinander entfernt, riechen sie den Schweiß des Gegners. Angst? *Asshewel* (die „Planierraupe") hat schon einige Kämpfe gewonnen, gilt als Favorit. Aber er sollte sich vom Namen seines Kontrahenten nicht täuschen lassen, denn *al Asshaer* (der „Poet") ist ein Kraftpaket. Die Minuten vergehen, nichts passiert. Dann die Attacke, der Poet macht zwei kräftige Schritte nach vorn, prallt mit voller Wucht auf den Schädel von Planierraupe, dieser scheint überrascht, macht zwei Schritte zurück – und hat somit verloren. Der Kampf ist aus. Kein Blut, kein Schwert, kein Mensch sticht ein Tier ab. Und es kämpfen immer nur Stiere gegeneinander, die gleich groß,

gleich alt und von gleicher Rasse sind.

Dieser Sport hat eine lange Tradition nicht nur in den Emiraten, sondern entlang der gesamten Batinah-Küste, also auch in Oman. Angeblich hatten schon die ersten Rinderzüchter in prähistorischer Zeit Spaß daran, die Kraft ihrer Tiere im unblutigen Wettstreit zu messen, und auch portugiesische Soldaten hatten vielleicht im 16. Jh. ihren Spaß daran, aber das ist eher eine Vermutung. Gesichert ist dagegen, dass vor der Einführung von Dieselpumpen und Traktoren entlang der gesamten Ostküste solche Kämpfe stattfanden. Damals hatte jeder mindestens einen Ochsen für den Feldpflug oder die Arbeit am Brunnen. Mit der Modernisierung kam der Niedergang, die Menschen verkauften ihre Zugtiere, denn allein für den Verzehr war die Haltung zu aufwändig.

In den 1970er Jahren fast völlig verschwunden, erlebte der Sport bald darauf seine Renaissance. War früher die schwere Arbeit das Training, werden die Kälber heute speziell für die Auseinandersetzung vorbereitet. Dazu gehört auch ein besonderes Kraftfutter, bestehend aus Milch, Gras, Datteln und getrockneten Sardinen. Aber es ist eigentlich eher ein Spaß als ein Sport, trotzdem nehmen die Besitzer ihn ernst. Es winken zwar keine Preisgelder, aber der Ruhm eines siegreichen Bullen färbt auch auf den „Trainer" ab und steigert den Marktwert des Tieres beträchtlich.

Kalba

Kalba 42 gehört zum Emirat **Sharjah**. Zu einer Pause laden die kleinen Cafés an der ruhigen **Corniche** ein. Ornithologen interessieren sich für die in den weiten **Mangrovenwäldern** des **Khor Kalba** lebenden (Zug-)Vögel. An historischen Gebäuden seien die **Ruine** einer portugiesischen Wehranlage, das **Museum** in der örtlichen **Festung** mit einer kleinen Geschichtsausstellung und das restaurierte Wohnhaus von Scheich Saeed al Qasimi, das ebenfalls als **Museum** genutzt wird, genannt – alle liegen an der Corniche.

Vor den Toren Kalbas begrüßt seit 2016 ein außergewöhnlicher Tierpark seine Besucher: im **Al Hefaiyah Mountain Conservation Centre** sollen bedrohte einheimische Tierarten vor dem Aussterben bewahrt werden, darunter der Arabische Wolf, der Karakal und der ziegenartige Arabische Tahr. Prominentester Gast und Publikumsmagnet dürfte der Arabische Leopard (*Panthera pardus nimr*) sein.

★Bithnah

An der Strecke von Fujairah nach Masafi liegt in **Bithnah** 43 (Bathna) noch ein kleines Zuckerl für jene, die sich gerne schöne Forts ansehen: Ein Abstecher zur restaurierten ★**Burg** lohnt, man ahnt noch ihre einstige strategische Bedeutung am Zugang zur Küste. Sie thront vor ausgesprochen fotogener Bergkulisse. In der Nähe liegt die eingangs erwähnte Fundstätte des **Bithnah-Grabs**.

Obwohl nicht alle Städte der Ostküste zum Emirat Fujairah gehören, haben sie die gemeinsame Vorwahl 09.

Über die touristischen Gegebenheiten der Städte **Khor Fakkan** und **Kalba** informiert die Tourismusbehörde in **Sharjah** (siehe Seite 180).

Das **Emirat Fujairah** hat kein eigenes Fremdenverkehrsbüro im Ausland, vor Ort kann man sich an das **Fujairah Tourism Bureau** wenden, Tel. 223 1554, www.fujairah-tourism.ae.

KHOR FAKKAN (☎ 09)

Khor Fakkan ist recht klein, entlang der Corniche und der Sheikh Khalid Road, der Hauptstraße durch den Ort, gibt es mehrere einfache, aber gute Restaurants.

Die beiden einzigen „nobleren" Lokale sind im **Oceanic Hotel** (Tel. 238 5111), das unübersehbar am nördlichen Ende der Bucht thront. Den schöneren Blick bietet eindeutig das **Al Gargour Rooftop Restaurant** – wie der Name sagt, ist es auf dem Dach des Hotels. Mittags gibt es ein großes Buffet, Abends hat man die Qual der Wahl von einer gut sortierten Speisekarte, auf der sich viele Früchte aus Neptuns Garten finden. Am Wochenende (Donnerstag und Freitag) wird es voll; insbesondere am Freitag wird ein spezielles Programm geboten: da gibt es Live-Entertainment, meist dralle Mädels mit kurzem Rock und einer dünnen Stimme, die garantiert jedes Lied falsch singen können. Das andere „vornehme" Lokal im Oceanic Hotel ist das **Al Murjan Restaurant**, dessen Küche international ausgerichtet ist.

Auch beim Sportangebot hat das **Oceanic Hotel** eine Monopolstellung, denn es bietet Tennisplätze, Swimmingpool, Fitnessraum, **Windsurfen**, **Wasserski** oder **Segeln**. Außerdem organisiert es diverse **Ausflüge**, die per **Dhau** an der Küste gen Norden führen. Wenn Sie zu dritt sind (das ist die Mindestteilnehmerzahl) können Sie sich einen anderthalbstündigen **Rundflug** organisieren lassen. Oder lieber am Boden bleiben und mit einem **Geländewagen** die Wadis der Umgebung ausprobieren?

ür Romantiker wäre ein Sonnenuntergangs-**Fischerbootausflug** zu erwägen – aber denken sie daran: Die Sonne geht im Westen hinter den Bergen unter! Gigantische Meeressäuger gibt es – mit etwas Glück – bei der **Walbeobachtungstour** zu sehen. Das Hotel hat außerdem eine eigene **Tauchschule**.

Eine weitere **Tauchschule**, die **Sea Divers**, Tel. 238 7400, befindet sich in der Nähe des Neuen Souks.

🛒 Die Shoppingmöglichkeiten sind in Khor Fakkan begrenzt, die meisten Geschäfte befinden sich in der **Sheikh Khalid Road**, dort sind auch **Banken**, **Apotheken** und das **Postamt** zu finden.

FUJAIRAH (☎ 09)

🍴 *ARABISCH*: Das **Alrous al Bahr**, Tel. 222 7866, Fasil Road, hält an der Ostküste die Fahne der libanesischen Küche hoch. Das Restaurant ist einfach eingerichtet, aber das sehr höfliche Personal und die gute Küche lohnen den Besuch. Der Name des Lokals bedeutet „Meerjungfrau", aber die muss man sich selber fangen.

INDISCH: Probieren Sie doch mal die Küche von Pakistan, das immerhin bis 1946 zu Indien gehört hat; eine gute Adresse dafür ist das **Maikana** im Ritz Plaza Hotel, Tel. 222 2202, denn die Kellner sind aufmerksam und das Essen köstlich, besonders das frische Fladenbrot. Trotz des wohlklingenden Namens sollte man im **Taj Mahal**, Tel. 222 5225, Hamad bin Abdullah Road, keine nordindische Moghul-Palastküche erwarten, dafür isst man hier einfach und gut und wird flott bedient.

ITALIENISCH: Im Fujairah Trade Center, Hamad bin Abdullah Road, ist das **Pizza Inn**, Tel. 222 2557. Das klingt ein wenig nach Fastfood, aber der Name trügt. Außer guten Pizzen machen einen hier auch leckere Nudelgerichte satt. Das **The Olive Tree** im Ritz Plaza Hotel, Tel. 222 2202, ist ein kleines, gemütliches Restaurant mit europäischer Dekoration und über Italiens Grenzen hinausgehender mediterraner Küche.

SEAFOOD: Das **Neptunia** im Hilton Hotel, Tel. 222 2411, ist die erste Adresse für ausgezeichnete Fischgerichte, entweder bereits zur Mittagspause oder in aller Ruhe zum Dinner. Einfacher in der Einrichtung, aber mit nicht weniger schmackhaften Gerichten präsentiert sich das **Asmak Restaurant** im Al-Diar-Siji-Hotel, Tel. 223 2000.

🍸 Das **Hilton Hotel** (Tel. 222 2411) hat drei nette Bars: einmal die **Octavia**, in der auch kleine Gerichte serviert werden, ebenso wie in der **Sailor's Terrace** auf der schönen Strandterrasse – klasse! Oder man trinkt einen Absacker in der **Fez Bar** bei Livemusik.

🎾 Das **Hilton Hotel** (Tel. 222 2411) hat das umfangreichste Sport- und Freizeitangebot, darunter auch **Angelausflüge** und einen kleinen **Golfplatz** (Betonung auf klein).

TAUCHEN: **Scuba International**, im International Marine Club, Tel. 222 0060, oder im Hilton Hotel.

🔄 *BUSSE*: Gibt es nicht.

TAXI: Das Taxiangebot ist zwar eingeschränkt, aber in Fujairah fahren fast immer einige herum, Ruftaxen gibt es nicht.

SAMMELTAXEN: Der „Bahnhof" ist in der Hamad bin Abdullah Road nahe dem auffälligen Kreisverkehr mit dem Rosenwassersprenkler, es gibt hauptsächlich Direktverbindungen nach Dubai und Sharjah (je ca. 90 DH), andere Städte werden seltener angefahren.

✉ Das Central Post Office liegt im Zentrum der Stadt in der Al Sharqi Road Richtung Flughafen.

💳 *BANKEN / GELDWECHSEL*: Banken mit Geldautomaten stehen in der Hamad bin Abdullah Road, Geldwechsler haben dort und in der Zayed bin Sultan Road ihre Filialen.

✚ *APOTHEKE*: In der Hamad bin Abdullah Road gibt es mehrere Apotheken.

KRANKENHAUS: **New Fujairah Hospital**, Tel. 224 2999, am westlichen Ortsausgang in der Al Njaimat Road. **Al Sharq Medical Center**, Tel. 223 2555, am nördlichen Ortsausgang, an der Küstenstraße (Al Paseel Road).

REISEVORBEREITUNGEN

Reisezeit

Die beste Reisezeit ist in den Wintermonaten, von Ende Oktober bis in den April hinein. Die Tagestemperaturen betragen dann durchschnittlich 25 °C, das Wasser ist mit 18-20 °C erfrischend. In dieser Zeit fällt zwar auch der meiste Regen, aber es sind vorwiegend kurze Schauer, selten regnet es länger als zwei Tage hintereinander, oft regnet es sogar nur an zwei Tagen im Jahr.

Von Mai bis September ist mit Tageshöchsttemperaturen um 40 °C (Juli/August: Spitzenwerte bis 50 °C) zu rechnen. Während es sich in der Wüste um trockene Hitze handelt, gesellt sich an der Küste extrem hohe Luftfeuchtigkeit (bis über 90 %) dazu, was sehr anstrengend sein kann.

Einreisebestimmungen

Es wird empfohlen, sich vor Reiseantritt bei einer Botschaft der VAE (Adresse s. u.) oder dem Auswärtigen Amt aktuell zu informieren.

Für die Einreise in die Emirate ist ein biometrischer **Reisepass** nötig, der noch mindestens sechs Monate gültig ist. Kinder brauchen einen eigenen Reisepass. EU-Staatsangehörige benötigen für die Einreise in die VAE zu touristischen, geschäftlichen (ohne Arbeitsaufnahme) oder zu Besuchszwecken für die Dauer von höchstens 90 Tagen innerhalb von 180 Tagen kein Visum.

Ausreisebestimmungen

Nur wer die VAE auf dem Landweg verlässt, muss eine Ausreisegebühr von 20 DH (nach Musandam 25 DH) pro Person in Landeswährung entrichten. Das gilt aber nicht für Dubai und die Grenze zu Oman bei Hatta.

Geld

Die Währung der VAE ist der **Dirham** (DH oder AED) zu 100 Fils.

1 € ≈ 4 DH, 1 DH ≈ 0,25 €. Tagesaktuelle Kurse unter www.oanda.com. Der VAE-Dirham ist, zu seinen Ungunsten, derzeit noch fest an den US-Dollar gekoppelt: 1 US $ = 3.67 DH.

Kreditkarten werden fast überall, außer in kleinen Läden am Straßenrand akzeptiert. Beinahe überall, wo man einkaufen kann, finden sich Geldautomaten für Kreditkarten und Girokarten (Cirrus oder Maestero, nicht VPay!). Man sollte einige Euro in bar mitnehmen, wobei Wechselstuben meist bessere Umtauschkurse bieten als Hotels, Banken oder der Flughafenwechselschalter.

Hotel- und Restaurantrechnungen beinhalten eine **Tourismusabgabe**, die je nach Emirat unterschiedlich ausfällt.

Gesundheit

Die medizinische Versorgung in den Emiraten ist sehr gut, es gibt staatliche Krankenhäuser und (teurere) Privatkliniken. In Dubai steht die **Medical City**, ein medizinisches Versorgungszentrum der Superlative. Es gibt auch deutschsprachige Ärzte, deren Adresse man an der Hotelrezeption, bei einem Repräsentanten des Reiseveranstalters oder bei der Botschaft erfragen kann. Nur die Notfallversorgung ist kostenlos, alles andere muss vor Ort bezahlt werden. Eine private Auslandskrankenversicherung ist sinnvoll.

Die Emirate in Zahlen

Fläche: 77 700 km^2
Landwirtschaftliche Nutzfläche: 3 %
Bevölkerungsdichte: 52 Einw./km^2 (zum Vergleich: BRD ca. 230 Einw./km^2), ein Großteil der Bevölkerung (88 %) lebt in den Städten, in gut 60 % des Landes lebt 1 Einw./km^2 und weniger.
Bevölkerung: 8,2 Millionen
Ausländeranteil: über 80 % (v. a. Inder, Iraner, Nicht-VAE-Araber, Bangladescher, Pakistaner und Philippiner)
Religion: Islam (überwiegend Sunniten; schiitische Minderheit: 15 %)
Arbeitslosigkeit: Vollbeschäftigung
Städte: Abu Dhabi (Hauptstadt der VAE) 860 000 Einw., Dubai 3,1 Mio., Sharjah 1,4 Mio.

Botschaften
Botschaften der Vereinigten Arabischen Emirate
Deutschland:
Botschaft der VAE, Hiroshimastr. 18-20, 10785 Berlin, Tel. 030/51 65 16, Fax 51 65 19 00, www.uae-embassy.ae
Generalkonsulat der VAE, Lohengrinstr. 21, 81925 München, Tel. 089-41200-10/-11/-12-0, www.uae-embassy.de.
Österreich:
Botschaft der VAE, Peter-Jordan-Str. 66, 1190 Wien, Tel. 01/3 68 14 55, Fax 3 68 44 85, www.bmeia.gv.at.
Schweiz:
Generalkonsulat der VAE, Rue de Moillebeau 58, 1209 Genf, Tel. 022/ 9 18 00 00, Fax 7 34 55 62, www.uae-mission.ae/mission/ch.

Diplomatische Vertretungen
In Abu Dhabi:
Deutsche Botschaft, Abu Dhabi, Abu Dhabi Mall / Towers at the Trade Center West Tower, 14th Floor, Tel. 02/644 6693, Fax 644 6942, www.abu-dhabi.diplo.de.
Österreichische Botschaft, Abu Dhabi, Al Khazna Tower, Kalifa St., Tel. 02/676 6611, Fax 671 5551, abu_dhabi-ob@bmaa.gov.at
Schweizer Botschaft, Abu Dhabi, Dhabi Tower, Hamdan St., Tel. 02/627 4636, Fax 626 9627, www.eda.admin. ch/uae.
In Dubai:
Deutsches Konsulat, Khalid bin Waleed St., Bur Dubai, Tel. 04/397 2333, Fax 397 2225, www.dubai.diplo.de.
Schweizer Konsulat, Dubai World Trade Center, Tel. 04/329 0999, Fax 331 3679, vertretung@dai.rep.admin.ch.

Fremdenverkehrsämter
Sehr gut ist das FVA von **Dubai** (www.dubaitourism.co.ae); in **Deutschland**: Bockenheimer Landstraße 23, 60325 Frankfurt/Main, Tel. 069/7100 020, Fax 7100 0234, dtcm_ge@dubaitourism.ae. **Österreich und Schweiz**: Hinterer Schermen 29, CH-3063 Ittigen-Bern, Tel. +41 (0)31/924 7599, Fax 921 9008, dtcm_ch@dubaitourism.ae. Die offizielle **DTCM DefinitelyDubai App** verschafft Smartphonebesitzern einen Überblick über alles touristisch Interessante im Emirat.

Das Emirat Abu Dhabi verfügt ebenfalls über ein Büro in Deutschland: **Abu Dhabi Tourism Authority**, Josephspitalstraße 15, 80331 München, Tel.: 089/55 25 33 835, www.aviarepstourism. com. Vor Ort hilft das Büro in der Al Salam Street, Tel. 02 444 0444 weiter, www.abudhabitourism.ae. Die **Visit Abu Dhabi-App** (kostenlos) bietet u.a. eine Liste aller Hotels, Restaurants, Attraktionen, Events und Shoppingmöglichkeiten in Abu Dhabi.

In allen Emiraten gibt es Touristeninformationsbüros (siehe Infoboxen der Regionalkapitel).

REISEWEGE IN DIE EMIRATE

Das Gros der Touristen landet auf einem der drei Flughäfen Dubai, Abu Dhabi oder Sharjah. Immer beliebter werden Kreuzfahrten mit Stopp in Dubai.

REISEN IM LAND

Flug
Es gibt keine nennenswerten Flugverbindungen innerhalb der Vereinigten Emirate. Die Distanzen sind kurz, und man ist mit Sammeltaxen schneller und günstiger unterwegs.

Bus und Metro
Abu Dhabi, Sharjah und Dubai verfügen über ein innerstädtisches Busnetz, in den anderen Emiraten fährt man Taxi. Eine günstigere Alternative sind Sammeltaxen (siehe unten) oder Linienbusse, die regelmäßig zwischen Abu Dhabi, Dubai und Al Ain verkehren. Ins Nachbarland Oman verkehren Überlandbusse ab Dubai und Abu Dhabi; Information bei Roads and Traffic Authority RTA, Tel. 04/208 0808.

Dubais neue Metro fährt fahrerlos,

8

Reise-Informationen

teils als U-, teils als Hochbahn: die rote Linie verläuft küstenparallel bis Jebel Ali, die grüne City-Linie verbindet Nord- und Südseite des Creek. Weitere Linien sind in Bau. Die für Besichtigungen praktische 24-Stunden-Karte kostet 14 Dirham.

Sammeltaxen

In jeder Stadt (siehe Infoboxen) gibt es „Sammeltaxi-Bahnhöfe", große Standplätze, wo die Kombis und Kleinbusse stehen und auf Gäste warten. Ist ein Wagen voll, geht es los; wer es eilig hat, kann auch für zwei oder drei eventuell noch leere Plätze bezahlen, damit der Fahrer sofort startet. Unterwegs wird, wenn Platz ist, jeder mitgenommen, der an der Straße steht.

Für manche Städte (Abu Dhabi – Dubai) gibt es Direktverbindungen, bei anderen muss man umsteigen. Die Preise sind fest.

Taxi

Da (fast) alle Taxen mit Taxametern und ausländischen Fahrern ausgestattet sind, ist es nicht nötig, den Preis auszuhandeln, dafür sollte man sich vergewissern, dass man sich dem Fahrer verständlich machen kann und er weiß, wo er hinmuss. Das Problem dabei: Kein Fahrer gibt zu, dass er keine Ahnung hat. Nehmen Sie es gelassen und planen Sie von vornherein eine etwas längere Fahrzeit ein.

In Dubai gibt es auch Taxen nur für **Frauen** mit Fahrerinnen.

Mietwagen

In allen großen Städten gibt es Vermietstationen, ein gültiger internationaler Führerschein ist nötig. Allerdings: In der Rush Hour (mittags und spätnachmittags; donnerstags beginnt gegen 17 Uhr der Wochenendstau) mit einem Leihwagen in die City von Dubai zu fahren, macht wenig Spaß, zudem sind dort Parkplätze knapp.

Wer ein bestimmtes Fahrzeug wünscht, reserviert besser ab Deutsch-

land. Die Fahrzeuge sind in gutem Zustand, vom Geländewagen (ca. 1000 DH/Tag, Mindestalter des Fahrers 25 Jahre) bis zum Kleinwagen (ab 70 DH/Tag, Mindestalter des Fahrers 21 Jahre) ist alles vorhanden. Eine Klimaanlage gehört in allen Fahrzeugen zur Grundausstattung. Schauen Sie bei der Wagenübernahme das Auto genau an, damit Ihnen bei Rückgabe nicht bereits vorhandene Macken in Rechnung gestellt werden. Auch ein Blick unter die Motorhaube kann nicht schaden!

Im Mietpreis ist eine Kaskoversicherung mit Selbstbeteiligung enthalten, fragen Sie nach der Höhe. Diese Selbstbeteiligung kann durch eine Zusatzversicherung (CDW, *collision damage waiver*) ausgeschlossen werden. Sie sollten unbedingt eine persönliche Unfallversicherung (PAI, *personal accident insurance*, kostet ca. 10 DH/Tag) abschließen. Sollten Sie in Deutschland eine solche abgeschlossen haben, fragen Sie vorher, ob diese auch in den VAE gilt. Kaputte Reifen müssen in jedem Fall ersetzt werden – achten Sie auf ein gesundes Profil, gerade bei Geländewagen.

Alle Autovermieter verlangen eine Kaution, üblich ist ein Abzug der Kreditkarte. Fragen Sie nach Wochenendtarifen oder Langzeitrabatten.

Straßenverkehr

In den Emiraten wird rechts gefahren, in den Städten und auf den Überlandstraßen gibt es Geschwindigkeitsbegrenzungen (im Stadtgebiet zwischen 40 und 80 km/h). Die Wegweiser sind arabisch und englisch beschriftet. Die Straßen sind in ausgezeichnetem Zustand, die meisten Autobahnen nachts beleuchtet, das Tankstellennetz sehr dicht. Es werden sporadisch Radarkontrollen durchgeführt!

Trotz Zäunen laufen immer wieder Kamele auf die Straße und verursachen schwere Unfälle: Wenn sie ein Kamel am Straßenrand sehen, sofort runter mit der Geschwindigkeit, die Tiere sind unberechenbar! Bei heftigen Regenfällen ebenfalls langsam fahren, die Straßen können sehr rutschig sein. In jedem Fahrzeug erklingt ab 120 km/h ein akustisches Warnsignal – Sie haben also keine Ausrede!

Promillegrenze: 0,0. Verstöße werden hart geahndet (siehe Stichwort „Alkohol").

Bei **Unfällen** ist immer sofort die Polizei zu verständigen, auch bei banalen Park-Blechschäden. Ohne Polizeibericht dürfen Werkstätten keine Reparaturen durchführen (eine Maßnahme gegen Unfallflucht), die Versicherungen verweigern die Zahlung, und Sie können große Unannehmlichkeiten haben, wenn Sie mit einem beschädigten Auto in eine Polizeikontrolle geraten.

Bei **Verkehrsunfällen mit Personenschaden** eines Emiratis erfolgt in der Regel eine Inhaftierung des Unfallgegners bis zur vollständigen Genesung des Verletzten. Verletzungen, die durch Erste-Hilfe-Maßnahmen nach Unfällen verursacht werden, lastet man voll dem Helfer an, mit allen daraus resultierenden Konsequenzen. Die Schuldfrage bei Verkehrsunfällen wird durch die Verkehrspolizei an Ort und Stelle geklärt. Aber meist wird dem Teilnehmer die Schuld gegeben, dem es leichter fällt, die Schäden zu bezahlen, d. h. der eine gültige Versicherung besitzt oder vermögender als der andere aussieht (z. B. westliche Ausländer). Die Entscheidung der Polizisten kann im Nachhinein angezweifelt werden und ein Gericht zur Klärung der Sache angerufen werden. Allerdings ist dies ein äußerst langwieriger und bürokratischer Weg, sodass auch zu Unrecht Beschuldigte sich meistens mit dem Ergebnis abfinden, besonders dann, wenn die Versicherung sowieso den Schaden zahlt wird.

PRAKTISCHE TIPPS

Alkohol

Die Vereinigten Arabischen Emirate sind, verglichen mit Saudi-Arabien, großzügiger im Umgang mit dem islamischen Alkoholverbot. Das heißt: Es gibt Alkohol – allerdings nicht im Supermarkt zu kaufen, sondern nur im Duty Free Shop am Flughafen oder in lizenzierten Alkoholläden; Alkoholausschank ist in lizenzierten Restaurants und internationalen Hotels erlaubt. Eine Ausnahme ist jedoch das Emirat **Sharjah**: Hier wird wegen der engen Beziehungen zu Saudi-Arabien gar kein Alkohol verkauft oder serviert.

Der verhältnismäßig „liberale" Umgang mit Alkohol hat Grenzen: In der Öffentlichkeit darf man nicht trinken, eine Alkoholfahne zu haben ist tabu, es droht eine Geld- plus Haftstrafe! Muslime erhalten – ungeachtet der Staatsangehörigkeit – außerhalb des Emirats Dubai bei Alkoholdelikten zudem 80 Stockhiebe. Im Straßenverkehr gilt 0,0 Promille – wer trotzdem fährt, hat keinen Versicherungsschutz und bei einem Unfall ein riesiges Problem. Während des Fastenmonats Ramadan wird der Ausschank eingeschränkt, in vielen Hotels darf Alkohol dann nur auf dem Zimmer konsumiert werden.

Alleinreisende Frauen

Alleinreisende Frauen sind in den Emiraten relativ sicher vor lästiger Anmache, allerdings: An öffentlichen Stränden kann es Annäherungsversuchen von Männern kommen (weniger durch die Einheimischen, eher durch asiatische Gastarbeiter) – dann gilt es, selbstbewusst aufzutreten. Manchmal werden Europäerinnen mit russischen „Freischaffenden" verwechselt („How much?"). Die meisten Parks und Strandclubs können bedenkenlos besucht werden, die meisten haben sogar einen *Ladies Day*, einen Frauentag, an dem keine Männer zugelassen sind.

Apotheken / Medikamente

Es gibt alle international gängigen Medikamente zu kaufen. Wer ein Medikament im Gepäck hat, sollte sich unbedingt vorab erkundigen, ob die **Ein-**

8

Reise-Informationen

fuhr erlaubt ist, es drohen **Haftstrafen!** (http://www.uaeinteract.com/travel/drug.asp).

Verboten ist u.a. **codeinhaltige Arznei**, **Ritalin**, Valium und Prozac. Apotheken, deren Personal englisch spricht, gibt es auch in Malls; geöffnet von 8-12 und 16-20 Uhr. In der Tagespresse werden Nachtapotheken genannt, Auskunft: Tel. 223 2323.

Behinderte

Fast alle modernen (Bade-)Hotels in den Emiraten verfügen über Behindertengerechte Zimmer und Serviceleistungen. Ausführliche Informationen über behindertengerechte Einrichtungen in Dubai erhält man auch vom Dubai Fremdenverkehrsamt DTCM (siehe Dubai Informationen).

Auf Anfrage bei der DTC (Dubai Taxi Corporation, Tel. 208 0808) fahren Taxen für Rollstuhlfahrer vor. Der Zugang zu diversen Museen (z.B. Dubai Museum) und den Einkaufszentren ist kein Problem.

Drogen

Bei Drogenbesitz und -handel droht Gefängnis oder die Todesstrafe. Haftstrafen kann es bereits wegen Mohnbrötchenkrümeln oder Codein-haltigem Hustensaft geben!

Einkaufen

Die Emirate – insbesondere Dubai – sind ein Einkaufsparadies, v. a. donnerstagabends und freitags sind die Malls gut besucht. In den großen Einkaufszentren und auf den Souks gibt es immer Geldwechsler oder Geldautomaten.

Die Händler sind von den steigenden Besucherzahlen noch nicht dazu getrieben worden, gefälschte Waren (Schmuck, Gold) anzubieten oder völlig überteuerte Preise zu verlangen. Allerdings ist Feilschen in den Souks der VAE durchaus üblich; man kann erstmal mit einem 50 % niedrigeren Gegenangebot antworten. In Geschäften mit „festen" Preisen entspricht dem Feilschen die Frage nach einem „discount".

Elektrizität

Die Netzspannung beträgt 220-240 Volt, verwendet werden dreipolige britische Steckdosen mit eckigen Kontakten (Typ G). In Hotels jedoch passen meist die zweipoligen Eurostecker. Falls für europäische Stecker ein Adapter nötig ist, verleiht diesen meist die Hotelrezeption. Ansonsten sind Adapter billig in jedem Supermarkt erhältlich.

Essen

Man kann alles problemlos essen, es gibt strenge Hygienevorschriften. Auch das Leitungswasser ist sauber, auch Salate oder Eiswürfel in Straßenrestaurants.

Feiertage

Der **Freitag** ist der „Sonntag" in den Emiraten. Früher war der Donnerstag der zweite freie Tag, heute ist es meist der Samstag. Gewechselt wurde, um mehr gemeinsame Arbeitstage mit der nichtislamischen Welt zu haben.

Staatliche Feiertage: 6. August: Scheich Zayeds Thronbesteigung
2./3. Dezember: Nationalfeiertag anlässlich der Staatsgründung der VAE
1. Januar: Neujahr

Religiöse Feiertage: Das islamische Jahr ist 11 Tage kürzer, deshalb verschieben sich die Feiertage jedes Jahr. Die genaue Festlegung, etwa des Ramadan, erfolgt jedoch kurzfristig, deshalb sind die folgenden Daten nur ungefähre Angaben.

Maulid al Nabi (Geburtstag des Propheten Mohammed): 8.10.2022, 27.9.2023.

Lailat al Miraj (Himmelfahrt des Propheten Mohammed): 1.3.2022, 18.2.2023.

Ramadan (Fastenmonat): 2.4.-5.2022, 23.3.-22.4.2023. Der Ramadan endet mit dem Fastenbrechen, dem „Eid al Fitr". Vier Tage lang wird dann geschlemmt und gefeiert, mit Feuerwerk,

Paraden und traditionellen Tanzvorführungen.

Eid al Adha (Großes Opferfest im Pilgermonat): 9.7.2022, 29.6.2023.
Al Hijri (Islamisches Neujahr): 30.07.2022, 19.7.2023.

Fotografieren

Die Höflichkeit gebietet es Personen vorher zu fragen, ob man sie ablichten darf, besonders bei Frauen. Arabische Männer lassen sich in der Regel gerner fotografieren. Die meisten sprechen Englisch. Sprachbarrieren können mit Gesten überwunden werden – doch ein „Nein" muss akzeptiert werden. Fotografierverbot herrscht an Flughäfen, militärischen Anlagen, Erdöl- und Erdgasanlagen, öffentlichen Gebäuden und Herrscherpalästen; auch die Polizei möchte nicht auf Urlaubsbildern erscheinen!

Tagsüber kann ein Polarisationsfilter vor dem Objektiv die Bildqualität stark verbessern. Bei Ausflügen in die Wüste leistet eine Plastiktüte als Sandschutz gute Dienste.

Internet

In den Städten finden sich genügend Internetcafés. Manche sind schlicht eingerichtet und nur zum E-Mailen oder Surfen ausgelegt, andere haben auch Raucherplätze und servieren Getränke und Snacks am Platz. Fast alle größeren Hotels verfügen über ein „Business Centre", in dem Hotelgäste kostenlos, Außenstehende gegen Gebühr ins World Wide Web einsteigen können.

Der Internetzugang ist nur über die staatliche Telefongesellschaft Etisalat möglich; der Zugriff von Privatpersonen auf das Internet erfolgt über einen Proxy, der Inhalte zensiert. Offiziell soll die Zensur den Zugang zu Pornografie verhindern, es werden aber auch Seiten gesperrt, die die islamische Kultur verletzen, etwa ausländische Seiten, die Glücksspiel (auch Lotto) anbieten, manche christliche Seiten, Kochrezepte für Schweinefleisch und Seiten von

Bekanntschaftsvermittlungen (wobei Heiratsvermittlung in den VAE legal ist).

Im Widerspruch dazu steht der ungehinderte Empfang ausländischer Sender über Satellit; auch ist die unzensierte, aber teure Nutzung ausländischer Internet-via-Satellit-Provider möglich.

Die Verbreitung, Veröffentlichung und Speicherung von Fotos, Informationen, Kommentaren, Szenen, News etc. ohne Einverständnis der betroffenen Personen kann eine Verletzung der Persönlichkeitsrechte bedeuten, was mit Geldstrafen bis zu 500.000 AED und Haft bis zu 6 Monaten geahndet wird. Auch die Nutzung von VPN-(Virtual Private Network) Software steht unter Strafe, wenn die Software im Zusammenhang mit anderen Rechtsverstößen zum Einsatz kam (z.B. Nutzung illegaler Webseiten oder Download urheberrechtlich geschützter Inhalte).

Medien / Zeitschriften

Medien üben freiwillige Selbstzensur, so dass Verstöße gegen die Zensurgesetze seitens der Zeitungsherausgeber oder Radiosender kaum vorkommen. Das Fernsehen ist in staatlicher Hand. Importierte Zeitschriften müssen vorab der Zensurbehörde (Informationsministerium) vorgelegt werden, die anstößige Bilder, auf CD-Covern unter Umständen auch das christliche Kreuz, schwärzt.

In einigen Hotels gibt es Kioske mit deutschen Zeitungen. Die *Gulf News* sind eine englische Tageszeitung mit Aktuellem aus der ganzen Welt (und den Bundesligaergebnissen).

Nachtleben

Das beste Nachtleben findet sich in Dubai mit seinen Restaurants, Bars und Nachtclubs; in Abu Dhabi ist es etwas eingeschränkter, in Sharjah wegen des Alkoholverbotes nicht vorhanden, in allen anderen Städten beschränkt es sich auf die Hotelbars. Kontaktfreudige Damen aus aller Welt bevölkern die Bars von Dubai; das horizontale Gewerbe

8

Reise-Informationen

ist offiziell jedoch verboten und ein Tabuthema. Gelegentlich werden Razzien in Nachtclubs durchgeführt.

Notfälle / Notruf

Feuerwehr: Tel. 997
Polizei und Ambulanz: Tel. 999
Touristenpolizei: Tel. 800 4438

Öffnungszeiten

Der Freitag (als Moscheetag) ist der Ruhetag der Woche, die Souks öffnen dann meist erst nachmittags. Am Samstag wird oft kürzer gearbeitet, am Sonntag morgen beginnen die Verkehrsstaus wieder. Die unten genannten Zeiten sind eher als Richtwerte zu verstehen, es kann vorkommen, dass ein Geschäft erst um 9 oder 9.30 Uhr öffnet. Andere, wie kleine Lebensmittelläden in den Souks oder in den Einkaufszentren, haben bis 22 oder 23 Uhr geöffnet.

Banken: Sa-Do 8-13 Uhr, Fr geschlossen.

Geschäfte: Sa-Do 8/9-13 Uhr, 16-20/22 Uhr, Fr 9-11, 16/17-20/22 Uhr.

Geldwechsler: wie Geschäfte

Souks: Sa-Do 8-13 und 16-21 Uhr, am Freitag erst ab 16 Uhr.

Museen: meist Sa-Do 9-13 Uhr und 16 bis 19 Uhr, Fr oft nur am Nachmittag. Die meisten Museen kosten Eintritt (ca. 5 DH / Person).

Restaurants: Kleine Restaurants an der Straße öffnen gegen 9 Uhr und sind durchgehend geöffnet, nur freitags ist während des Mittagsgebetes zwischen 11.30-12.30 Uhr geschlossen. Hotelrestaurants und Speiselokale öffnen täglich von 11-15 Uhr und 18-24 Uhr.

Während des **Fastenmonats Ramadan** ändern sich die Bürozeiten. Es wird weniger gearbeitet, viele Firmen (z. B. lokale Reiseagenturen) beginnen um 8 Uhr und schließen gegen 14 Uhr. Die Einkaufszentren sind bis in die Nacht geöffnet.

Parken

Falls Sie Ihren Mietwagen in einer Großstadt parken wollen, nehmen Sie genug Kleingeld (1-DH-Münzen) mit, denn es stehen überall Parkuhren, und Strafzettel werden recht fleißig verteilt.

Post

Es gibt viele Poststellen und Briefkästen in den Emiraten. Ein Brief nach Deutschland kostet 3 DH, eine Postkarte 2 DH; nach einer Woche ist die Post in Europa. Sie können Postkarten auch an der Hotelrezeption abgeben.

Preise

Man kann in den Emiraten günstig oder teuer leben: Eine 0,25-l-Flasche Wasser kostet im Straßenverkauf 1 DH, im Restaurant 5 DH und im Hotel Burj Al Arab 25, eine Mahlzeit 10-80 DH. Ein Sandwich kostet 5 DH, ein Bier zwischen 7 (happy hour) und 25 DH. Der Preis für einen Liter Superbenzin beträgt ca. 1,70 DH. Der Grundpreis für Taxen beträgt 3 DH, eine Fahrt von der Stadtmitte zur Mall of the Emirates kostet ca. 60 DH.

Restaurants

In allen Restaurants laufen Klimaanlagen: Pullover/Jacke nicht vergessen! In teureren Restaurants gibt es einen *dresscode*, d. h. Jeans und Schlappen sind verpönt. Reservieren ist sinnvoll, besonders am Donnerstag und Freitag! Manche Lokale berechnen eine *service-charge* – ein Bedienungsgeld.

Sicherheit / Rechtliches

Die Emirate sind ein sehr sicheres Reiseland. (Taschen-) Diebstähle kommen kaum vor und man kann sein Auto auch bedenkenlos in einer Seitenstraße parken. Trotzdem gehören Wertgegenstände besser in den Safe – an der Hotelrezeption oder auf dem Zimmer.

Laut Artikel 7 der Verfassung ist die Scharia (die z. B. die – in Dubai nicht angewandte – Prügelstrafe für Muslime bei Alkoholverstößen, Körperverletzung oder außerehelichen Beziehungen vorsieht) die Hauptrechtsquelle, v. a. beim Familienrecht; das Wirtschaftsrecht hingegen ist westlich orientiert.

Das Rechtssystem bevorzugt emiratische Bürger gegenüber Ausländern; letztere tragen die Beweislast. Bei Tod eines Einheimischen, verursacht oder begünstigt durch eine andere Person, muss als Ausgleich bis zu 200 000 DH Schmerzensgeld gezahlt werden.

In Europa unbedenkliche Äußerungen zu Religionsfragen können in den VAE als Beleidigung des Islams strafrechtlich verfolgt werden.

Zeigt eine Frau eine Vergewaltigung an, kann sie selbst strafrechtlich verfolgt werden – wegen des Verbots außerehelichen Geschlechtsverkehrs; auch außereheliche Schwangerschaft kann deswegen zu strafrechtlicher Verfolgung führen; ledige Schwangere sollten sich dessen bewusst sein.

E-Zigaretten sind verboten, es droht Beschlagnahmung und Strafe.

Telefonieren

Auslandsvorwahl der VAE: 00971. Es gibt überall Kartentelefone, teils auch für Kreditkarten. Telefonkarten (zwischen 30 und 120 DH) gibt es in Restaurants und Läden. Ortsgespräche sind gebührenfrei. Eine Minute nach Deutschland kostet tagsüber (7-21 Uhr) etwa 2,1 DH/min, nachts 1,3 DH/min. Telefonieren vom Hotel ist teuer. Erkundigen Sie sich an der Rezeption, ob Sie auch für eine nicht zustande gekommene Verbindung (wenn zu Hause niemand abhebt) bezahlen müssen.

Handys mit europäischen Mobilfunkverträgen funktionieren in den Emiraten, die Gebühren für Roaming können jedoch hoch sein. Mit emiratischen Prepaid-Karten telefoniert man günstiger im lokalen Netz; die *Speak Easy Prepaid GSM Card* gibt es bei der emiratischen Telefongesellschaft Etisalat, sie kostet ca. 300 DH u. ist nachladbar.

Toiletten

Toiletten in Hotels und Restaurants entsprechen überwiegend westlichem Standard, auch die an den Tankstellen haben meist einen Sitz. Allerdings fehlt oft das Papier, man sollte sicherheitshalber eine Rolle mitnehmen.

Trinken

Wasser aus der Leitung ist genießbar, es gibt überall Mineralwasser in Flaschen zu kaufen. In kleineren Restaurants steht oft eine Plastikkaraffe mit (sauberem) Wasser. Viele kleine Läden bieten Limonaden, frische Fruchtsäfte und Trinkjoghurt an.

Trinkgeld

Es ist üblich, Taxifahrern (wenn sie keine unfreiwillige Stadtrundfahrt gemacht haben), Kofferträgern (ab ca. 2 DH pro Gepäckstück) und in größeren Restaurants (ca. 10 % des Rechnungsbetrages) Trinkgeld zu geben. Die meisten „besseren" Lokale erheben eine *service-charge*. Da die jedoch seltenst dem Kellner zugute kommt, sollte man ihn bei gutem Service mit ca. 10 % extra belohnen.

Verhaltenstipps / Ramadan

Viele Emiratis haben sich zwar an den Anblick der in ihren Augen zu knapp bekleideten Touristen gewöhnt, doch selbst in Dubai wehrt man sich inzwischen mit strikten Bekleidungsvorschriften für den öffentlichen Raum (zu dem auch die Einkaufszentren gehören!), da man Ausländer in Badekleidung dort nicht mehr sehen möchte. Besonders in abgelegenen Regionen sollten sie sich den Sitten gemäß kleiden, d. h. Schultern und Knie bedeckt. Arabische Männer tragen kurze Hosen nur unter ihrer *dishdasha* – diese werden daher als Unterhosen betrachtet. Badekleidung gehört ausschließlich an den Strand.

Die Begrüßung unter Männern erfolgt per Handschlag (dabei sollten Sie keinen Diener machen – so haben früher die Sklaven ihre Herren begrüßt), ältere Männer spricht man mit dem Ehrentitel „ya hadsch" (ältere Frauen mit „ya hadschia") an, weil man annimmt, dass sie schon nach Mekka gepilgert

8

Reise-Informationen

sind. Sie sollten ihre Sonnenbrille abnehmen, wenn Sie jemanden begrüßen: Wer seine Augen verhüllt, hat etwas zu verbergen. Bei Frauen ist das anders, eigentlich begrüßt man sie nicht per Handschlag und sieht ihnen nicht in die Augen. Viele Frauen der jüngeren Generation strecken einem aber heute selbst die Hand zum Gruß entgegen.

Wenn Sie eingeladen sind, und sei es nur zum Tee, nehmen Sie sich Zeit! Die Araber verstehen nicht, warum wir immer so in Eile sind. Wenn man mit ihnen zusammensitzt, gilt es, bei den Themen Religion und Politik zurückhaltend zu sein. Warten Sie ab, welche Einstellungen ihr Gegenüber hat, bevor Sie „vom Leder ziehen". Als Atheist könnten Sie es Ihrem Gesprächspartner leichter machen, wenn Sie sich als Christ bezeichnen, denn der Glaube an Gott ist für die Emiratis essentiell.

Die Macht geht nicht vom Volk aus, und Kritik am Herrscherhaus ist tabu: Auch wenn man als Europäer vielleicht mit dem politischen System der VAE nicht klarkommt – die Emiratis tun es.

Im Fastenmonat **Ramadan** dürfen Muslime und Touristen tagsüber in der Öffentlichkeit nicht essen, trinken oder rauchen – das Fasten ist nicht einfach, da darf man als Nichtmuslim nicht rauchend, Wasser trinkend oder kauend provozieren; offiziell ist es auch Nichtmuslimen im Ramadan außerhalb der Hotels bei Strafe verboten – selbst das Kaugummikauen im Auto! Nichtmuslimische Touristen bekommen in den – dann mit einem Sichtschutz versehenen – Hotelrestaurants auch tagsüber zu essen und zu trinken, allerdings gibt es Alkohol erst nach Sonnenuntergang und oft nur über den Room Service. Frauen sollten insbesondere während dieser Zeit möglichst dezente, langärmelige Kleidung tragen, Männer auf das Tragen kurzer Freizeitkleidung verzichten. Der öffentliche Austausch von Zärtlichkeiten zwischen Mann und Frau ist auch außerhalb des Ramadans tabu; Männer hingegen können sich öffentlich umarmen, was jedoch nichts mit sexueller Zuneigung zu tun haben darf.

Zeit
Die VAE sind Mitteleuropa während der Sommerzeit um zwei, während der Winterzeit um drei Stunden voraus.

Zoll
Die Einfuhr von Landes- oder Fremdwährung ist bis zu einem Gegenwert von 100 000 AED uneingeschränkt möglich. Die Ausfuhr ist nicht beschränkt. Reisende, die das 18. Lebensjahr vollendet haben, können bis zu vier Liter Alkoholika oder zwei Kartons Bier (à 24 Flaschen/Dosen à maximal 355 ml) sowie bis zu 400 Zigaretten (Wert maximal 2000 AED) oder andere Tabakwaren im Wert von maximal 3000 AED einführen.

Tabu sind Waffen, Drogen (null Toleranz!) und Pornografie, was auch freizügige Zeitschriftencover betreffen kann. Nicht ausgeführt werden dürfen Korallen, Muscheln oder Archäologisches. Wer wissen möchte, was er nach Deutschland einführen darf, schaue unter www.zoll-d.de nach; die Einfuhr gefälschter Markenprodukte nach Deutschland ist z. B. verboten! Die Einfuhr von **E-Zigaretten** ist verboten.

SPRACHFÜHRER

Guten Tag	*assalaamu aleykum*
(Antwort)	*ua aleykum assalaam*
Guten Morgen	*sabaach alchär*
(Antwort)	*sabach innuur*
Guten Abend	*massaa alchär*
(Antwort)	*massa'a annuur*
Hallo	*märhabba*
Wie geht es?	*käf il haal*
Danke, gut.	*alhammdulillah*
Auf Wiedersehen	*maassalama*
So Gott will	*inschallah*
Gott sei Dank	*alhamdulillah*
danke	*schukran*
Keine Ursache	*al affu*
Verzeihung	*ismachli*
bitte (zu Mann)	*min faddlack*
bitte (zu Frau)	*min faddlick*

ja	*aiua / naam*
nein	*la*
rechts	*al jamien*
links	*al jassaar*
mit	*ma*
ohne	*bidun*
groß	*kabiir*
klein	*ssariir*
morgen	*buckra*
heute	*aljoom*
gestern	*amms*
Geld	*fuluus*
Wie bitte?	*lau ssamacht*
Wie heißt das?	*schu ism haadha*
Wo ist ...?	*uen ..?*
wo / wohin	*uen / illa uen*
welcher / was / wer	*ayya / shu / man*
wie / wie viel	*käf / bi kamm*
wann	*matta*
warum	*leesch*
Frühstück	*futuur*
Mittagessen	*radaa*
Abendessen	*a'sha*
Wasser	*mai*
Zucker	*sukkar*
Salz	*milach*
Pfeffer	*filfil*
Brot	*chubs*
Fisch	*ssamak*
Fleisch	*lachm*
Huhn	*daschaasch*
Beilage	*mudschamilaat*
Suppe	*schurba*
vegetarische Gerichte	*tabak al akl nabaati*
Gemüse	*chudrawaat*
Ei	*bayda*
Salat	*ssalata*
Dessert	*halaujaat*
Dattel	*tamr*
Obst	*fauaake*
Apfel	*tufaach*
Orange	*burtukaal*
Zitrone	*limun*
Limonade	*scharab al lajmuun*
Milch	*chalieb*
Kaffee	*Neskaffee*
arabischer Kaffee	*kachua*
Tee ...	*schai*
... mit Milch	*schai chalieb*
... ohne Zucker	*biduun ssuckar*

Orangensaft	*assir burtukaal*
Markt	*souk*
Tankstelle	*mahatat petrol*
Werkstatt	*garage*
Auto	*sayyara*
Ist das der Weg nach ...?	*haatha al tarik illa...?*
Sonntag	*joom il achad*
Montag	*joom il ithnän*
Dienstag	*joom il thalatha*
Mittwoch	*joom il arbaa*
Donnerstag	*joom il chamiis*
Freitag	*joom il dschuma*
Samstag	*joom il sabt*

Zahlen

0	*sifr*
1	*wahed*
2	*ithnän*
3	*thalatha*
4	*arba'a*
5	*khamsa*
6	*sitta*
7	*saba'a*
8	*thamania*
9	*tisa'a*
10	*ashara*
20, 30	*ashriin, thalathiin*
40, 50	*arbaiin, khamsiin*
60, 70	*sittiin, sabaiin*
80, 90	*thamaniin, tisaiin*
100, 1000	*mija, alf*

AUTOR

Henning Neuschäffer lebte mehrere Jahre in den Vereinigten Arabischen Emiraten, arbeitete für eine lokale Reiseagentur als Reiseleiter und als lizensierter Off-Road-Guide in den Dünen des Leeren Viertels. Er studierte Arabisch in Deutschland, Dubai und Damaskus und ist heute als Autor und Reiseleiter unter anderem in den Emiraten, dem Oman, der ägyptischen Ostsahara und dem Sudan tätig.

8

Reise-Informationen

REGISTER

REGISTER